马克思辩证法的知性维度研究

袁野

著

辽宁人民出版社

图书在版编目（CIP）数据

马克思辩证法的知性维度研究 / 袁野著 . — 沈阳：
辽宁人民出版社, 2024. 5. — ISBN 978-7-205-11227-1

Ⅰ . B024

中国国家版本馆CIP数据核字第2024YD3138号

出版发行：辽宁人民出版社
　　　　　地址：沈阳市和平区十一纬路25号　邮编：110003
　　　　　电话：024-23284321（邮　购）　024-23284324（发行部）
　　　　　传真：024-23284191（发行部）　024-23284304（办公室）
　　　　　http://www.lnpph.com.cn
印　　　刷：辽宁新华印务有限公司
幅面尺寸：170mm×240mm
印　　张：17.25
字　　数：243千字
出版时间：2024年5月第1版
印刷时间：2024年5月第1次印刷
责任编辑：高　丹
装帧设计：丁末末
责任校对：吴艳杰
书　　号：ISBN 978-7-205-11227-1

定　　价：68.00元

前 言

就思维方式来说，存在着辩证思维与形而上学思维方式的差别，前者是达到了认识真理层次的理性思维方式，而后者则是仅停留于认识事物表象的知性思维方式。因此，长期以来，我们要求在认识上坚持辩证法、反对形而上学地看问题。然而，纵观西方哲学发展的历史，我们会发现，形而上学式的知性思维恰恰是人类认识的第一个环节，而辩证思维则是在知性思维的基础和前提下，再向思辨思维进展，辩证法也要求将知性作为肯定性的环节，将其包含在自身之内再完成对它的超越。所以说，知性思维和辩证思维、形而上学和辩证法之间并不是非此即彼、相互割裂的对立关系，而是既克服又保留的扬弃关系。如此，这就要求我们必须重新反思和评估马克思哲学中辩证思维与知性思维的内在关系，特别是要审查知性思维对辩证法具有的不可或缺的前提性作用，这也是本文要研究的核心问题。

辩证法起源于古希腊哲学，古希腊哲学就是将世界二分为现象和本体，同时也将人的认识能力二分为感性与理性，辩证法就是人类的理性通过事物的表象达到对本体的追问。哲学之所以拒斥感性和现象，是因为现象世界是流动不居的，只能以感性直观的方式来反映它，若对其形成认识，首先要将其抽象为主观意识中的概念。然而，抽象出来的概念是僵死不动的，结果必然导致"规定即否定"的知性思维困境。辩证法就是让僵死的知性概念运动起来，通过本体内容的内化而使概念不断地丰富自身，从而打破知性概念的有限性而达到理性概念的无限性。正是在这个意义上，苏格拉底第一次提出了辩证法，其用意是在用心中的"善"来超越智者学派心中的思维矛盾，柏拉图的辩证法是让理念通过"回忆"再次在人的心灵中实现出来，从而达到理念与理性的内在统一。但同时，他们二人并没有否定知性的认识地位和作用，苏格拉底一直坚守着从"个别到一般"的归纳推理，柏拉图也始终承认现象是理念得以呈现的可感对象。

近代哲学受到了科学发展的巨大鼓舞，英国经验论坚信自然科学的正确性，相信感觉观念的确定性和可靠性，提出一切知识必须源于感觉经验；大陆唯理论哲学则崇尚数学的普遍确定性，更相信"天赋观念"的普遍必然才是科学知识的真正来源。但他们还是困守于知性立场，经验论无法解释如何从个别和偶然的经验世界中产生普遍和必然，唯理论更是无法实证出"天赋观念"的真实存在。这是知性思维的局限在近代哲学中再次呈现，并让以知性来建构知识论的近代形而上学的梦想就此破灭。于是，只有走向知性思维的有限性，才能建构起绝对知识论的形而上学，辩证法正是在这个思想背景上成为德国古典哲学的核心任务。康德的做法是将知性与理性严格划分为现象界和本体界两个相互割裂的领域，现象界是人类可知的必然世界，而人类思维若对本体形成知识，结果必然造成思维混乱的"逻辑幻象"。因此，在康德看来，人类认识应该回归到知性的界限之内，辩证法就是人类对于认识界限的非法僭越；黑格尔打破了康德的二元世界，建立了理念——自然——精神三者相统一的思辨哲学体系，并明确提出了辩证法的三个环节，即知性的肯定、辩证的否定和思辨的肯定，并且明确了知性是辩证法的一个必经环节，辩证法是将知性包含在自身之内完成了对它的超越。如此，辩证法不是对知性思维持坚决反对和绝对否定的态度，而是主张人类对世界的认知不能仅仅停留在知性的肯定环节上，而必须由知性的表象进展到辩证的真理。

马克思辩证法的直接来源是黑格尔，但马克思反对黑格尔将绝对理念作为辩证法的根基，马克思是用实践替代了理念，实现对黑格尔辩证法的实践颠倒，将辩证法运用到人类物质生产领域，并科学地揭示了人类社会运动发展的"历史真理"。与黑格尔相比，马克思将辩证法根基回归到了现实世界之中，原本被黑格尔视为可感的经验世界成为人类可改造的对象世界，原本被黑格尔视为有理念统摄的自然界也成为人类本质对象化的"属人世界"。于是，马克思变革黑格尔辩证法的关键是在"知性肯定"环节上发生了根本性转变，即由黑格尔的"知性肯定"的确定性转向马克思"感性活动"的确定性。也正是由于"知性肯定"环节的变革，才确立了马克思辩证法正、反、合的三个环节：从人类改造自然的感性活动出发（肯定环节）、生产活动中的人本质的对象化（否定环节）以及劳动产品中人性呈现（否定之否定环节）。不仅如此，正是由于马克思在辩证法"知性环节"的变革，也决定了马克思整个哲学变革的主基调，即由解释世界转向改造世界、由人类的精神解放转向人类的现实解放。因此，马克思辩证法不仅没有否定知性环节，而且还通过实践论的转身，确立了"知性优先"的实践原则。

中国特色社会主义革命与建设是马克思哲学具体化的实践写照，也是马克思辩证法"活的灵魂"的成功运用。我们在实践中充分发展了马克思辩证法中"知性优先"的实践原则，提出了实事求是、具体问题具体分析、中国道路等一系列与时俱进的哲学纲领，一步步地引领中国不断开拓出人类文明新形态的伟大实践。同时，重新审视马克思辩证法的知性肯定性维度，一方面可以纠正我们错误地将辩证法与形而上学思维方式对立起来的理论倾向，另一方面也可以为我们坚持中国特色社会主义道路自信提供有力思想理论支撑。

目 录

第一章 绪 论

第一节 选题背景和意义

纵观西方哲学发展的历史，一直存在坚持辩证法、反对形而上学的思想倾向。从思维方式维度看，存在着辩证思维与形而上学思维方式的差别，前者是达到了认识真理层次的理性思维方式，而后者则是仅停留于认识事物表象的知性思维方式。从辩证法发展的历史上看，不难发现，知性思维恰恰是人类认识的第一个思维环节，而辩证思维则是在知性思维的确定性基础和肯定性前提下，向更高层级思辨思维跃迁的中介。同时，辩证法也要求将知性作为肯定性的首置环节，将其包含在自身之内再完成对它的"内在超越"。所以说，在辩证法的领域内，知性思维和辩证思维、形而上学和辩证法之间并不是非此即彼、相互割裂的对立关系，而是呈现出一种深刻而复杂、既克服又保留的扬弃关系。如此，这就要求我们必须重新反思和评估马克思哲学中辩证法与知性思维的内在关系，重新重视起一直被忽视的马克思辩证法的知性维度研究，特别是要重新审查知性思维对辩证法具有的不可或缺的前提性作用，重新审视知性环节从属于辩证法全体过程中部分和整体关系。

辩证法起源于古希腊哲学，本质上是人类的理性通过事物的表象达到对本体的追问。古希腊哲学因辩证思想的萌发而存在主客二分的倾向，将世界二分为现象和本体，人的认识能力也对应为感性和理性，呈现了早期知性思维的确定性倾向。但哲学的本性拒斥感性和现象，因为现象世界是处于千变万化的流变之中，唯有以感性直观的方式来反映它，同样，在对现象形成认识的过程中，进入思维门槛的第一步就是知性环节，对感性现象做抽象加工，形成主观意识中的概念。这时抽象出来的概念具有僵死不动的特点，必然陷入"规定即否定"的知性思维困境。知性设置了一道界限，凡是超出界限就会陷入矛盾之中。辩证法试图解决这个问题，通过本体内容的内化而使概念不断地丰富自身，从而打破知性概念的有限性而达到理性概念的无限性，最终实现的目的就是让僵死的知性概念运动起来。苏格拉底第一次提出了辩证法，其用意是在用心中的"善"来超越智者学派心中的思维矛盾，柏拉图的辩证法是让理念通过"回忆"再次在人的心灵中实现出来，从而达到理念与理性的内在统一。但同时，他们二人并没有否定知性的认识地位和作用，苏格拉底一直坚守着从"个别到一般"的归纳推理，柏拉图也始终承认现象是理念得以呈现的可感对象。近代哲学受到了科学发展的巨大鼓舞，英国经验论坚信自然科学的正确性，相信感觉观念的确定性和可靠性，提出一切知识必须源于感觉经验；大陆唯理论哲学则崇尚数学的普遍确定性，更相信"天赋观念"的普遍必然才是科学知识的真正来源。但他们还是囿守于知性立场，经验论无法解释如何从个别和偶然的经验世界中产生普遍和必然，唯理论更是无法实证出"天赋观念"的真实存在。这是知性思维的局限在近代哲学中再次呈现，并让以知性来建构知识论的近代形而上学的梦想就此破灭，辩证法正是在这个思想背景上成为德国古典哲学的核心任务。康德将知性与理性严格划分为现象界和本体界两个相互割裂的领域，现象界是人类可知的必然世界，而人类思维若对本体形成知识，结果必然造成思维混乱的"逻辑幻像"。康德认为，人类认识有边界，不应对知性的界限之外做非法僭越。黑格尔打破了康德的二元世界，建立了理念——自然——精神三者相统一的思辨哲学体系，并明确提出了辩证法的三个环节，即知性的肯定、辩证的否定和思辨的肯定，并且明确了知性是辩证法的一个必经环节，辩证法是将知性包含在自身之内完成了对它的超越。如此，辩证法不是对知性思维持坚决反对和绝对否定的态度，而是主张人类对世界的认知不能仅仅停留在知性的肯定环节上，而必须由知性的表象进展到辩证的真理。马克思辩证法的直接来源是黑格尔，但马克思反对黑格尔将绝对理念作为辩证法的根基，马克思是用实践替代了理念，实现对黑格尔辩证法的实践颠倒，将辩证法运用到人类物质生产领域，并科学地揭示了人类社会运动发展的"历史真理"。与黑格尔相比，马克思将辩证法根基回归到了现实世界之中，原本被黑格尔视为可感的经验世界成为人类可改造的对象世界，原本被黑格尔视为有理念统摄的自然界也成为人类本质对象化的"属人世界"。马克思变革黑格尔辩证法的关键是在"知性肯定"环节上发生了根本性转变，即由黑格尔的"知性肯定"的确定性转向马克思"感性活动"的确定性。因此，马克思辩证法不仅没有否定知性环节，而且还通过实践论的转身，确立了"知性优先"的实践原则。这里不难发现，关于辩证法知性维度的研究在历史逻辑上也是具有学理研究价值的。

与此同时，以往学者关于马克思辩证法在知性维度的研究上也存在一些值得关注和商榷的地方：

其一，在方法论意义上，辩证法和形而上学的思维方式是否存在对立不相容的问题。教科书明确断言，作为以"联系、运动、发展"为特征的辩证法与以"孤立、静止、片面"为特征的形而上学是两种相互对立的思维方式。最初的表述是在恩格斯的《反杜林论》的概论中，"把各种自然物和自然过程孤立起来，撇开宏大的总的联系去进行考察，因此，就不是从运动的状态，而是从静止的状态去考察；不是把它们看作本质上变化的东西，而是看作固定不变的东西，不是从活的状态，而是从死的状态去考察。这种考察方式被培根和洛克从自然科学中移植到哲学中以后，就造成了最近几个世纪所特有的局限性，即形而上学的思维方式"。①恩格斯定义了形而上学的思维方式，即总是分别对研究对象加以孤立、静止、片面地考察，这个事物要么是A，要么不是A，对事物作非此即彼的非矛盾性判断。因从自然科学中移植而来，所以带有浓厚的经验直观意味；因在思维方式上符合常识，所以更易于被人们所接受。恩格斯对辩证法所做的规定如下，辩证法是"从它们的联系、它们的联结、它们的运动、它们的产生和消逝方面去考察"②事物及其观念上的概念投射，这样的思维方式是形而上学的"框子"所不容的。后来，将哲学史上"两个对子"的形式绝对化理解为"划分哲学基本形态的标准"③，进而导致了"辩证法与形而上学"的绝对对立。很多情况下，人们对知性存在误解，尤其是对辩证法的知性维度审视不足，简单将知性思维等同于形而上学的思维方式，恩格斯在《辩证法作为科学》一节中明确提出："知性的思维规定的对立性：两极化。正如电、磁等等出现两极化，在对立中运动一样，思想也是如此。"④这里恩格斯直接指出了科学的辩证法中知性思维的规定性是对立性，即两极性。用物理学和生物学的概念加以解释，并且提出关键一点——知性中潜藏着一种运动（运动的冲动），也存在对立面间的变化和

---

① 马克思恩格斯文集（第9卷）[M]. 北京：人民出版社，2009：24.
② 马克思恩格斯文集（第9卷）[M]. 北京：人民出版社，2009：25.
③ 郝立忠. 从"两个对子"到"两大形态"[J]. 哲学研究，2003（10）.
④ 马克思恩格斯文集（第9卷）[M]. 北京：人民出版社，2009：472.

转化，知性在思维方式上也存在对立两极的相对运动潜能，前提是"不能固执片面性"①。由此可知，人们关于知性、关于辩证法知性维度的最大误解就是将形而上学的思维方式等同于知性思维方式，因为从辩证法同形而上学相对立的前提出发，自然得出了"辩证法同知性思维相对立"的片面结论。这种"对立"导致将知性思维外在化于整个辩证方法之外，遮蔽了知性思维潜在具有运动（运动冲动）的特征。

其二，在逻辑层面上，因为割裂辩证方法与知性环节之间的整体与从属的关系，是否存在将辩证法狭义理解为辩证方法的第二环节——辩证法环节的问题。片面强化辩证法环节的否定性作用，忽视了知性作为整个辩证方法第一环节的肯定性前提作用，这时辩证法就滑向了"怀疑主义"。作为狭义使用辩证法的结果，包含"单纯的否定"②，绝对化强调了辩证环节对知性环节的否定性"外在化超越"，绝对化强调了辩证思维对知性思维的"单纯性"超越，导致了对知性在建构科学精神中的积极作用的忽视和漠视，"这种状况在几乎毫无知性训练传统的中国发生，消极后果不堪设想，因为知性乃科学之母，没有知性的训练就不会有科学精神"。③忽视了知性环节内在化于辩证方法整体之中的逻辑事实，遮蔽了辩证法知性维度的肯定性原则，从而无法真正理解思辨思维不仅是对辩证思维的否定性理解，更是对知性思维否定之否定的肯定性理解。

其三，在思想目的层面上，从黑格尔辩证法截然相反的两个原则出发，马克思辩证法获得了两种完全不同的辩证法取向，这是否存在因马克思辩证法的前提性缺失所引发的目的性迷失问题。第一是继承了黑格尔辩

---

① 马克思恩格斯文集（第9卷）[M]. 北京：人民出版社，2009：472.

② [德] 弗里德里希·黑格尔. 小逻辑 [M]. 贺麟，译. 北京：商务印书馆，1980：176.

③ 王天成. 黑格尔知性理论概观 [J]. 吉林大学社会科学学报，2010（03）.

证法的逻辑形式（知性），强调为了客观性而肯定或者解释、建构世界；第二是继承了黑格尔的革命的历史原则（狭义的辩证），强调为了革命性而否定或者改变、消解世界。两者该如何取舍，马克思辩证法的本质价值取向是肯定还是否定，还是这种非此即彼的问法本身就是形而上学的思维方式表达。

其四，将"实证主义"范式的辩证法理解为一种思想的倒退是否合理的问题。认为"实证主义"范式的局限性有二，一个是无法解释黑格尔辩证法内在结构的复杂性与统一性，另一个是不仅没有解释马克思如何对黑格尔辩证法进行的克服，反而将马克思的唯物主义学说退化矮化成了一种孤立事实、凝固变化，只能解释和肯定既有的社会"规律"。产生误解的原因是既没有辩证看到辩证法中否定环节中包含着的肯定性理解，也没有看到辩证法中肯定环节中包含着的否定性理解。知性思维规定的两极性，内蕴着相对运动和运动的冲动，确定性的理解中也包含着否定性的冲动，创造性和推动性的理解中也包含着肯定性的目的指向。

要回应这些问题，必须回到马克思辩证法中去，从知性维度出发重新审视和考察辩证法，正视知性环节在整个辩证方法中的积极作用，凸显马克思主义辩证法中"知性维度"的不可或缺。因为，在某种意义上，黑格尔所批判的形而上学思维不同于马克思恩格斯强调的知性的思维规定性，也就是知性思维方式。前者是静止僵化的，后者是两极化，内蕴着对立运动（运动的冲动），体现着知性思维的历史性原则，也为知性以环节的形式内在化于辩证法的整体之中提供了动力源。综上，本文集中探讨马克思辩证法的知性维度具有相当重要的学理意义。

第二节　选题的国内外研究现状

国内外对马克思辩证法的研究浩如烟海，灿若繁星，在时代精神的感召之下，不再囿于传统教科书的体系化呈现，转而以百花齐放的姿态，绽放于认识论、存在论、实践论、价值论、历史哲学等不同论域，彼此间相互联系又相互区别，切入角度既有交叉又有渗透。经整理和分析文献资料，发现学界普遍缺失了马克思辩证法知性维度的相关研究，模糊了辩证法的"唯物论"前提——即肯定性和实践性前提，也无法更好地理解马克思是如何转向唯物辩证法的，以何种理论进路研究马克思辩证法的奠基、生发与成熟，又是以何种思考角度实现实践进路上的革命性突破。反之，辩证法是以何种方式在马克思那里显现自身，都没有明确的答案和回答的角度。

一、国外研究现状

一直以来对于马克思辩证法的研究都是西方学界的重点，其中很多马克思辩证法的研究维度都是非常值得关注的，只是这些研究大多关注聚焦于第二国际的思想家的实证主义范式的辩证法、强调主观历史性原则的人本主义辩证法、强调客观肯定性原则的科学主义辩证法、马克思进入经济学研究后的辩证法。对于从哲学的思维方式入手，对马克思辩证法知性维度开展研究的文章和著作比较少。

第二国际思想家的实证主义范式的辩证法

以梅林、普列汉诺夫为代表的第二国际思想家先驱，用实证主义的科学范式将辩证法架空，名字虽然还叫作"辩证法"，但实质上已然沦为一种知性思维滥用下的形式工具。梅林和普列汉诺夫无意在原创思想上超越自己的导师，专注于将其系统化应用于科学领域，"使之能够替代对立的资产阶级学科，并为工人运动提供其战斗者们易于掌握的广泛而一贯的世界观"。①不难发现，其目的不在于辩证法的创新，而在于方便工人阶级掌握和使用，使之成为基础最广泛且可以一以贯之的世界观，足以说明第二国际思想家主要解决的是政治层面的意识形态问题，而非思想层面的纯粹哲学问题。自然，梅林和普列汉诺夫寻求一种"科学"战胜"哲学"，唯物主义战胜唯心主义的实证主义路径，寻找一个坚实的本体论基础，要求与黑格尔的唯心主义截然相反，目光自然落在了基于经验主义的自然科学身上，最终形成了实证主义范式辩证法——费尔巴哈的唯物主义基础加上黑格尔的历史辩证法。实际上，梅林和普列汉诺夫既没有理解黑格尔辩证法的思辨哲学基础，也没有理解黑格尔真实完整的辩证方法，对知性思维的滥用导致了内容和形式的割裂，辩证法终究没有逃离变成失去根基的形式化规定的命运。

实证主义范式辩证法因为对知性绝对化的理解，整体上呈现了一种思想上的倒退，对马克思辩证法进行粗暴的知性分解，一方面稀释了黑格尔辩证法结构复杂的整体思辨性，一方面对马克思辩证法作知性绝对化理解，固化现实、孤立事实地解释和肯定既有的社会生活"规律"。辩证法的否定性被极度抑制，推动原则和创造原则在科学化理解中被锁定，致使马克思辩证法失去了生命力，走向了辩证法的对立面"反辩证法"。

人本主义辩证法

对于第二国际思想家的实证主义范式辩证法，还是有很多反对的声

---

① ［英］佩里·安德森. 西方马克思主义探讨［M］. 高铦，等，译. 北京：人民出版社，1981：13.

音，以卢卡奇、柯尔施与葛兰西等人为代表的西方马克思主义者主张"历史唯物主义"辩证法，强调主观历史性原则。现实中，他们肩负着革命工团主义的政治目标，渐渐远离封闭与保守的实证主义化的"自然科学"立场。此时，他们需要的不是一种建立在知性思维上的解释方法，而是能够激发革命本质的具有推动性和创造性的火种。

卢卡奇的主体—客体辩证法，在"历史"的中介下，实现形式与内容、主体与客体的动态统一。历史既不是对过往事实经验的累加，也不是主观意识的"应当"，而是历史主体在自我认识以及自我创生中的实际完成过程。但是，卢卡奇的"总体性辩证法"却忽视知性维度的客体性原则，其代表作《历史与阶级意识》借助"总体性"范畴，重塑历史概念，卢卡奇提出"把这种方法限制在历史和社会领域"，认为历史和社会是辩证法的讨论域，而恩格斯"错误地跟着黑格尔把这种方法也扩大到对自然界的认识上"[1]，将辩证法扩展到了自然领域，认为"马克思主义哲学不是自然辩证法，而是历史辩证法"[2]。人类社会初期，人与自然直接的纽带非常牢靠，尚未被现代文明所冲击割裂，"自然关系占上风"[3]，但随着科学技术的日新月异，自然关系逐渐被社会关系所侵袭，"自然的范畴具有一种服从社会化的任务"[4]，社会生成的范畴外延逐渐丰富和宽泛，社会关系的重要性日益凸显，社会历史与自然的关系天平开始逐渐倾斜，历史的权重逐渐增加，人被异化自然愈加约束，人自身的异化就愈加凸显，自然的客观性被社会历史所决定，最终，自然和历史的关系变为"资本主

---

① Lukács G. History and Class Consciousness: Studies in Marxist Dia-lectics [M]. Cambridge: MIT Press, 1972: 24.

② ［匈］卢卡奇. 历史与阶级意识 [M]. 重庆：重庆出版社，1989：7.

③ ［匈］卢卡奇. 历史与阶级意识 [M]. 重庆：重庆出版社，1989：250.

④ ［匈］卢卡奇. 历史与阶级意识 [M]. 重庆：重庆出版社，1989：250.

义的赤裸裸的物化关系"①。认为马克思辩证法关注的对象不是自然，而是历史——人类社会的实践过程，形成了历史与实践的互解互释，将历史辩证法等同于实践辩证法。对马克思的观点作狭义化理解，将马克思主义辩证法直接理解为黑格尔逻辑学的产物，忽视马克思主义辩证法的唯物论知性前提，对于知性持否定性理解，直接导致黑格尔辩证法作为精神内核完全掩蔽了马克思辩证法的主张，将"实践"概念引向了对立面"唯心主义的直观"，失去了辩证法的现实性基础，取而代之的是一种强烈的主观主义色彩。

卢卡奇通过对青年黑格尔的哲学思想分析，从知性维度出发，把握了政治经济学与辩证法的内在关系，并以此来建构和阐释马克思主义辩证法的开创者。卢卡奇于1938年写成的《青年黑格尔》，是从知性维度出发，在政治经济学领域展开了对黑格尔和马克思辩证法思想考察和审视的开山之作，在卢卡奇看来，黑格尔不仅对法国大革命和拿破仑时代拥有最高和最正确的见解，而且同时也是唯一的德国思想家，他曾认真研究了英国的工业革命问题，把英国古典经济学与哲学问题、辩证法联系起来。"全部的辩证法问题，即使还没发展到后来的成熟形式，都是从他研究两个具有世界史意义的时代事件，法国大革命与英国工业革命发展出来的"。②关于辩证法，卢卡奇指出，经济学范畴和哲学范畴的交互关系的核心问题在于："社会科学的辩证范畴表现为这样一种辩证法的思想映像，这种辩证法，它独立于人的知识和意志之外，而客观地表现人的生活里，它具有客观性，其客观性使社会现实变成人的一种'第二自然'（天性）。我们只要

---

① 杨国斌. 卢卡奇：从自然辩证法到历史辩证法 [J]. 河南师范大学学报（哲学社会科学版），2005（03）.

② ［匈］卢卡奇. 青年黑格尔（选译）[M]. 王玖兴，译. 北京：商务印书馆，1963：142.

进一步地回想一下，就可以使我们认识到，正是在这种经济学辩证法里，如果掌握正确的话，会把人与人之间最原始最基本最有决定作用的关系呈现出来；并且认识到正是在这一片园地上，社会生活的辩证法可以就其没受歪曲的本来面目予以研究。"①从这里可以看出，一方面，社会生活的辩证法具有客观性，它在人们的意识面前呈现出一种天性的面目；另一方面，人与人之间的关系在社会生活的辩证法中可以被还原，那被遮蔽的本来面目可以被揭露。

　　马尔库塞与卢卡奇一样对知性持否定态度，重视发掘其中的批判性革命原则，不同的是马尔库塞针对的并不是"实证主义"的"科学"范式，而是反抗外在极权。马尔库塞从"人是理性的存在物"这一论题出发，认为人是理性人，不同于动物，应以理性为标准来安排自己的生活，便要求人通过改变现存事物的形态而符合概念，是一种否定的辩证法。马尔库塞认为历史的否定性来源于人对自由和幸福的现实追求，体现了马克思辩证法知性维度的价值取向，认为社会主义取代资本主义背后是理性对于一切奴役状态的扬弃，在价值层面就是人性的复归。而这里需要注意的是，马尔库塞所称谓的"人"，是个体集合的一般抽象物，而非马克思所指的现实的人，处于社会关系中从事现实劳动的人。

　　法兰克福学派则将理性划分为主观的理性（工具理性）和客观的理性（批判理性），攻击和否定工具理性，高扬和肯定批判理性。基于此，他们同样反对知性逻辑（形式逻辑）而拥护辩证逻辑，推崇思维的批判性和否定性，忽视思维的肯定性及知性前提。同样，他们反对科学技术，对人类前途命运悲观失望。

---

①　[匈] 卢卡奇. 青年黑格尔（选译）[M]. 王玖兴，译. 北京：商务印书馆，1963：27-28.

法兰克福学派的阿多诺，其代表作《否定的辩证法》以一种前所未有的"否定性"力量彻底将形而上学的同一性思维方式排除在辩证法之外。在其看来，黑格尔"极力用同一性哲学来同化非同一性哲学，用非同一性来规定同一性"。[①]企图打造一种整体性的同一性辩证法，对此必须给予批判，批判其否定性尚不够彻底，阿多诺否定的辩证法必须是完全彻底的否定，排除任何肯定成分的否定。阿多诺进而将同一性归因于知性思维方式，黑格尔整体性辩证思维就是建立在对知性思维的批判之上，将矛盾视为普遍必然的存在，万事万物就是矛盾永不停息的自展开过程。阿多诺认为"传统思维的错误在于把同一性当作目标，消除同一性现象的力量是思维本身的力量"。[②]这里要阐释清对同一性的消解是思维自身的要求，而不是思维外在力量的目标指向。

法兰克福学派的哈贝马斯对辩证法中知性的看法展现出"和解"的态度，认为工具理性——知性科学不能任由萨特的人学辩证法及其他后现代主义者批判和消解。本体论解释学兼具辩证法和现象学双重向度，却因缺乏形而上学的可论证支持而最终陷入困境，辩证法的确定性支撑前提是重新拾起对辩证法唯物论知性前提的重视，"通过对本能直觉的合理重构，形式语用学的普遍主义要求虽然不能在先验哲学意义上强迫得到兑现，但已让人信服"。[③]表征了一种普遍确定性的要求，"恰好证明了工具理

---

① Theodor W. Adorno. Translated by E. B Ashton. Negative Dialectics [M]. Routledge Press，2006：318.

② Theodor W. Adorno. Translated by E. B Ashton. Negative Dialectics [M]. Routledge Press，2006：149.

③ [德] 哈贝马斯. 交往行为理论（第1卷）[M]. 曹卫东，译. 上海：上海人民出版社，2004：137.

性——知性科学具有合理性，只是需要对其进行重新奠基"。①与此同时，哈贝马斯的可论证理论中论证过程、程序与结果三者对应于修辞学、诡辩术和逻辑学，共同构成动态生成辩证法的"三段论"环节，肯定的知性环节：论证过程通过修辞学着眼于命题表达的真实性要求；否定的辩证环节：论证程序通过诡辩术着眼于调整规范性正确性要求；否定之否定的思辨环节：论证结果通过逻辑学评价性表现行为的解释性要求。重点是哈贝马斯将论证（argumentation）定义为"是一种言语类型"②，那么修辞学作为肯定的知性环节是不可或缺的一环。

人本主义辩证法将批判的矛头共同指向了实证主义范式辩证法及其内在的知性科学思维，实证主义范式中内蕴的"科学性"是现实中对资产阶级意识形态妥协的折射，必须重拾辩证法的否定性原则，才能激发无产阶级的革命动力，背后的辩证法逻辑形式是对既有"异化"现实的扬弃。

科学主义辩证法

20世纪初，出于意识形态的政治考量，人们对马克思辩证法的理解倾向于"科学化"的实证主义范式，随着欧洲共产主义运动如火如荼地展开，"人本主义"倾向开始充斥西方马克思主义舞台，二战后，"科学主义"再次翻涌袭来，在强调主体向度的同时也时刻强调着解释的客体向度。

科莱蒂的新实证主义辩证法仍然坚持第二国际以来官方所坚持的"科学"立场，但反对教条式理解马克思辩证法的唯物论基础，认为唯一真正适合科学的形式是知性维度上的"无矛盾原则"——要求思维遵循知性逻

---

① 孙琳. 现象学与辩证法：哈贝马斯重构合理性的方法论探讨［J］. 江汉论坛，2020（01）.

② ［德］哈贝马斯. 交往行为理论（第1卷）［M］. 曹卫东，译. 上海：上海人民出版社，2004：17.

辑的基本规律。具体来讲，科莱蒂反对从逻辑上的辩证矛盾来推演乃至化解现实生活中的辩证矛盾，相反，他承认矛盾存在且存在于命题之间，也就是承认矛盾发生在思维的僭越之时，此时其具有不以人的意志为转移的客观实在性。这时，也要警惕客观实在不会被形式主义与主观主义所架空，滑向披着唯物主义外衣的理性独断论，"要么是思维与存在的同一性，要么是思维与存在的异质性——这种选择将独断论和批判的唯物主义区分开来"。①

阿尔都塞的结构主义辩证法，从斯宾诺莎的观点出发展开对经验主义的批判，批判了西方哲学史上所有认知结构，不仅内涵黑格尔辩证法，还包括以经验事实为研究材料的自然实证科学。阿尔都塞揭示了认知结构的困境，思辨哲学也好，实证科学也罢，在认知维度都需要通过思维认知的"抽象"完成对事物的"本质"占有。不难发现，阿尔都塞真正反对的是对实践做知性绝对化理解——抽象本体，拒斥一切实证主义范式，最终选择了结构主义辩证法。

同样，法国存在主义代表梅劳-庞蒂在《辩证法的历险》中将物质视为实践的支撑点，而非客观存在，对物质（唯物）前提持否定性态度，否定马克思辩证法的知性前提。以史蒂文·沃格尔（Steven Vogel）、安德鲁·芬伯格（Andrew Feenberg）、保罗·布拉克利奇（Paul Blackledge）等为代表的西方学者认为"西方马克思主义对于自然的批判存在其历史背景和历史渊源"②。

马克思进入经济学研究后的辩证法

关于马克思是如何转向唯物辩证法和辩证法是以何种方式在马克思那

---

① Lucio Colletti. Marxism and Hegel [M]. NLB，1973：97.

② Vogel S. For and Against Nature [J]. Rethinking Marxism，1999，11（4）：102−112.

里显现自身的双向问题，罗森塔尔认为是马克思在转向研究现实本身或进入经济学研究之后，这样一种理论思维就以唯物主义的方式显现出来。在其代表作《马克思主义辩证法史：从马克思主义产生到列宁主义阶段之前》中，罗森塔尔对唯心辩证法和唯物辩证法加以严格区分，前者是关于概念或其他观念实体的辩证法，后者是关于物质的事物和过程的辩证法，同时也是关于物质现实本身的辩证法。他认为马克思能够实现从唯心辩证法向唯物辩证法转变的关键性因素是马克思开始将研究的关注点转向物质现实本身，在研究物质现实本身的过程中逐步发现了唯物辩证法。事实上，这种看法在某种程度上是正确的，却又无法完全回答所有问题，比如马克思将研究的关注点转向物质现实本身就必然能发现唯物辩证法吗？那么如何解释马克思之前，蒲鲁东的经济学研究，甚至是黑格尔的经济学研究并没有发现唯物辩证法，无一例外都对当时的政治经济学实际做了唯心主义的阐释，将经济运动看作观念范畴运动的外化。

　　苏联学者格列茨基对罗森塔尔的上述观点表达了不同意见，认为"从唯心主义向唯物主义的转变是根本不能用纯逻辑方法来解释的。即使某个哲学家的唯心主义含有矛盾，那总是可以找到另一种当时尚能使人满意的唯心主义（或至少是二元论）。所以，想要唯心主义来一个根本转变，'翻转过来'，而且是在唯物主义从未存在过的领域（社会历史观方面）内，就非有重大的，哲学以外的根据不可"①。此处，直截了当地表述了研究对象和研究领域的转变，面向生活本身的事实和实际矛盾都不足以完全解释和说明马克思辩证法观念的转变，无法完全阐释清如何从黑格尔的"理性的自我运动"转向到"现实本身的自我运动"，因为黑格尔的辩证法也

---

① 沈真. 马克思恩格斯早期哲学思想研究 [M]. 北京：中国社会科学出版社 1982：145.

是基于解决现实问题本身而建构的，用理性的自我运动规范制约着现实运动的合理性。尽管格列茨基认为黑格尔辩证法中的理想主义和现实的残酷并不相符，观念指引下的现实呈现并未如预期而至，换句话说，现实中所呈现的非理性、社会利益矛盾和指称现实的普鲁士制度都不符合黑格尔观念辩证法中理性自我运动的结果。所以，观念中的辩证法失去切中现实的真实力量。格列茨基认为认识过程的转变不足以完全实现马克思辩证法的唯物主义转向，思想任务从革命民主主义立场转到无产阶级立场，进而带来的实践任务转变才是促使转向唯物主义的根本动因。原因是马克思从1842年的《莱茵报》时期到1843年的《黑格尔法哲学批判》时期，其辩证法思想依然没有超出黑格尔的理解范畴，还是具有目的论倾向的辩证法。尽管马克思接受了费尔巴哈把主词和宾词颠倒过来的提法，但仍未将唯物和唯心辩证法直接对立起来，甚至认为马克思早期思想中存在着唯心主义属性，对于革命民主主义的追求和探索，带有黑格尔理性辩证法的底色，将理性、自由和普遍利益想象为某种绝对的、超历史的东西，同非理性、不自由和具体历史地存在的利己私利相互对立起来，用理性对现存事实进行批判，用"绝对"对"非理性"的东西进行批判。格列茨基认为马克思转站无产阶级立场之时，恰是在物质经济领域遇到新的现实性问题之时，面对剥削和私有制等问题，现实的物质基础问题才显现出来。简单来讲，马克思对于黑格尔辩证法的希望幻灭源于对资产阶级民主主义纲领的失望，源于看到作为国家理性实质的普遍利益绝对化的唯心观念的彻底破产。格列茨基最后提出观点，实现唯物主义辩证法对唯心主义辩证法的彻底批判，必须将全部进程都放在历史唯物主义理论框架之内，以因果决定论取代标准目的论，将社会联系作为解释社会发展的唯一依据。

格列茨基针对罗森塔尔提出的问题在某种意义上说是很有启发意义的，但对问题的分析以及解决问题的方式还是值得商榷的。其一，对黑格尔辩证法的处理欠妥当。马克思转站无产阶级立场并未完全放弃黑格尔辩证法，从知性维度出发，在政治经济学批判领域，以现实中的社会关系为研究对象，重新开始理解和改造黑格尔辩证法，进而构建属于自己的马克思辩证法，这一切都是格列茨基所没有想到的。其二，马克思转站无产阶级立场势必强化对唯物主义的认识，随着研究领域的现实化转向，研究对象也转向为社会关系，逐渐发现并认识了以社会关系为基础的新唯物主义之实践本质。最后，具有目的论倾向和以因果决定论的联系为依据对黑格尔和马克思的辩证法做简单化区分，模糊了马克思对黑格尔辩证法的肯定性和否定性理解，特别是没有认识到马克思对黑格尔辩证法肯定意义的理解和发展，没有理解作为自我推动和自我创造的否定性原则，其中深蕴着一个肯定性指向原则或肯定性前提，自我否定的前提需要存在一个自我肯定的确证。根源上，对黑格尔辩证法积极内涵的忽视恰是完全用外在依据阶级立场来判定黑格尔逻辑学的价值是缺乏学理根据的。最后，马克思辩证法是否完全以因果决定论的联系为依据尚不能从学理上取得一致性认可。

二、国内研究现状

目前，通过使用知性的定量分析工具，在中国知网的网站上进行检索，以"马克思辩证法"为主题关键词，总共查询到1584个结果，其中学术期刊1315篇，学位论文143篇，其他若干篇。不难发现，从数量上就可以直观感受到国内学者对于马克思辩证法研究的热忱，同时也涌现了非常多的理论成果。就内容而言，也是多维度对马克思辩证法展开了观察与描述，大致从如下四个维度加以探讨：从思维方式的维度探讨马克思辩证法的思维前提，从方法论的维度探讨马克思辩证法的方法论前提，从本体论的维度探讨马克思辩证法的本体论前提，从批判性的维度探讨马克思辩证法的批判性前提。与此同时，在中国知网上使用高级检索，在全文同一句话中含有"马克思辩证法"和"知性"的文章仅有21篇，其中学术期刊13篇，学位论文6篇。从数量上可以直观发现马克思辩证法的知性维度相关领域的研究近似一片空白，在马克思的文本论述中本就对辩证法着墨较少，关于知性维度的相关论述更是难觅踪迹，但正是基于此，人们对马克思辩证法的理解也容易偏离马克思的本意，其中主要表现为对马克思辩证法知性维度研究的忽视。目前国内学者主要从思维方式、方法论、本体论和批判性四个维度对马克思辩证法及知性相关加以研究探讨。

从思维方式的维度探讨马克思辩证法的思维前提

吉林大学孙正聿教授在《思想中的时代：当代哲学的理论自觉》一书中，第一篇就提出"从两级到中介"的观点，将辩证法从过去关注本原问题上的自然本体同精神本体的抽象对立和思维方式上的客体性原则同主体性原则的互不相容，以一种新的思维方式聚焦于哲学道路的新探索，其积极成果就是自觉形态的辩证法理论。康德关于两种"本体"的承诺，人可通过感性形式（时空）和知性范畴（判断）把握现象界，人无法把握自身认知边界以外为"物自体"，前者更为积极，后者更为消极。与其说消解了自然本体同精神本体的抽象对立，更是描绘出一种对立不可克服的场景。康德真正积极表达的是自然本体和精神本体不是两极对立而是对立统一，从被动地理解人与世界关系的自在世界转换为主动理解人与世界关系的自为世界，继而进入到属人的实践理性领域，并将其作为人类所有行为的依据。这种依据推动了自觉形态的辩证法理论的向前发展，"从主体的活动出发去体认自然与精神、客体与主体的交互作用，阐发其间的辩证转化"。①费希特以具有能动性的"自我"为逻辑出发点，实现"非我"的建

---

① 孙正聿. 思想中的时代：当代哲学的理论自觉 [M]. 北京：北京师范大学出版社，2004：5.

构过程，但并未在真正意义上实现"自我"和"非我"的合而为一，只是一个"应当、努力、展望"①。黑格尔真正实现了辩证法理论的本体论、认识论和逻辑学的统一，弥合了自然本体和精神本体的抽象两极对立，破除了主体性原则同客体性原则的不可兼容，凭借的是一个"中介环节——概念的世界"②，这里，孙正聿教授非常明确地将"概念"规定为自在的具有客体性原则的客观世界同自为的具有主观性原则的主观世界的双向生成，换句话说，就是概念勾连起外部世界同思维规定的相互转化，两极对立统一于自在自为的"概念的世界"之中。

孙正聿教授在《思想中的时代：当代哲学的理论自觉》中提出"马克思恩格斯坚定不移地承认外部自然界对人及精神的'优先地位'"③，其中对"优先地位"的证明必须通过实证科学和人类的实践活动加以呈现，而对上述两个方面的忽视，离开人的现实活动和历史进程去把握"本原"问题上的对立，必然导致不可调和的矛盾，构成"非此即彼"的形而上学的思维方式。

孙正聿教授批判传统两极对立的思维方式，将世界分裂为非此即彼的抽象对立，认为是"反历史（反现实）的形而上学的思维方式"④，因中介哲学具有历史性原则，故反对对绝对确定性的追求，马克思辩证法在其合理形态上，对现存达成肯定性理解的前提下，作出否定性的期盼和暂时

---

① ［德］弗里德里希·黑格尔. 哲学史讲演录（第四卷）［M］. 贺麟，王太庆，译. 北京：商务印书馆，1978：320.

② 孙正聿. 思想中的时代：当代哲学的理论自觉［M］. 北京：北京师范大学出版社，2004：5.

③ 孙正聿. 思想中的时代：当代哲学的理论自觉［M］. 北京：北京师范大学出版社，2004：5.

④ 孙正聿. 思想中的时代：当代哲学的理论自觉［M］. 北京：北京师范大学出版社，2004：10.

性的判断，体现了历史的进步性，也反映了历史的局限性，对立统一中展现了历史的可能性，而这种新的历史可能性正表现为"自我扬弃的辩证发展过程"①。其中体现的辩证思维方式既不是追求绝对的绝对性，也不是追求绝对的相对性，而是相对的绝对性，在相对历史时空范畴内的绝对确定性追求，以中介的观点对待现存事物，通过聚焦过程来弥合共时态和历时态的两极对立。

王成华教授在《辩证逻辑：黑格尔的贡献》一文中认为形式逻辑的研究对象是知性思维，是以静态、抽象的方式研究思维形式。辩证逻辑的研究对象是辩证思维，形式逻辑是初级思维形式，辩证逻辑是高级思维形式，后者是对前者的包含和超越，这里不自觉地将马克思辩证法的辩证思维与知性思维对立来谈，忽视了马克思辩证法的知性维度研究，没有将知性逻辑和知性思维放到辩证法整体的内部前提性位置来谈。

孙利天教授在《论辩证法的思维方式》一文中，认为现代哲学通过"对知性思维方式的消解"和"对实体本体论的摧毁"这两种瓦解策略，传统理性形而上学被终结，哲学也就进入了"后形而上学"②。通过马克思辩证法中知性思维维度取消和瓦解来宣告"后形而上学"时代的到来，资本逻辑全球化拓展的晚期资本主义时代的到来。

从方法论的维度探讨马克思辩证法的方法论前提

王元化教授钟情于《小逻辑》的原因被其自述为黑格尔有关知性问题的论述具有极大的启迪性，是思想解放的催化剂。认识二分法"感性—理性"本身就具有"形而上学"的意味，强调知性的不可或缺性，"知性是理性认识的一个阶段，……不能看到共相与殊相以及殊相彼此之间的内在

---

① 孙正聿. 思想中的时代：当代哲学的理论自觉 [M]. 北京：北京师范大学出版社，2004：11.

② 孙利天. 论辩证法的思维方式 [M]. 长春：吉林人民出版社，2006：181-186.

联系，……恰恰是在知性阶段上发生的"①。知性作为认识的一种自带内驱力的能力和必要环节是完全有必要的，尽管知性和理性都是对感性直观的抽象，但是抽象的差别还是非常巨大的，而这一点恰恰容易被忽视和模糊对待，马克思辩证法知性维度研究的缺失是一个值得被重视的问题。王元化先生对这个问题做了回应，根据《小逻辑》中知性的相关论述，结合马克思《政治经济学批判（1857—1858年手稿）导言》中所提出的"由抽象上升到具体"，将马克思辩证法的全过程分为三个阶段"关于整体的一个混沌的表象，并且通过更切近的规定我就会在分析中达到越来越简单的概念；……而是一个具有许多规定和关系的丰富的总体了"②。提出"感性—知性—理性"的认识三分法，"感性"阶段对应整个过程始于混沌的关于整体的表象，"知性"阶段对应分析的理智所作的进一步简单规定，"理性"阶段对应多样性规定综合的统一总体。辩证法非但不排斥知性，更将其含蕴在自身内在环节之中，视为从感性通往理性的必由中项，为思维行程中实现具体再现所作的抽象规定准备，在有限中承认其确定性和坚定性，而非单纯的否定，最后指向对否定的否定——肯定（具体统一再现）。

　　以西方马克思主义辩证法研究成果为依据，在一般方法论维度上，将辩证法和形而上学视为两种截然对立的思维方式。华中科技大学王晓升教授在《形而上学经验如何可能——阿多诺的形而上学构想及其启示》一文中，对比探讨了黑格尔和阿多诺关于辩证法和"形而上学"的思维方式关系问题上的异同，认为黑格尔把握绝对的形而上学是按照同一性逻辑来进行的，强调将一切要素整体性纳入形而上学体系中。阿多诺认为这是同一

① 王元化. 读黑格尔《小逻辑》笔记选 [J]. 复旦学报（社会科学版），1998 (01).

② 马克思恩格斯文集（第8卷）[M]. 北京：人民出版社，2009：24.

性的辩证法，是表征肯定的辩证法，是一个完整且无法逃离的封闭体系。而他的辩证法是否定的辩证法，辩证法不能达到绝对，否定了辩证法的肯定性环节。①

从本体论的维度探讨马克思辩证法的本体论前提

贺来教授在《辩证法与本体论的双重转换——马克思辩证法理论的本体论变革意蕴》②一文中认为，马克思的实践观点揭示了实践活动及其所生成的现实世界的辩证性质，一种全新的辩证法本体形态——实践本体论——呈现和展开在面前。现实世界由现实的人在现实的生活中通过自己的实践活动创造出来的生活世界，贺来教授将其评价为"真正禀赋辩证本性的世界"，实现了对黑格尔"辩证本体论"的超越，对抽象的形而上学本体进行了无情的消解。对"实践活动"加以重新定义，既不是纯粹抽象的逻辑观念世界，也不是无人身的纯粹自然界，而是人和自然之间，"感性对象性"和"理性能动性"所处矛盾两极的否定性统一活动。换句话说，就是以实践活动作为中介，勾连"感性对象性"和"理性能动性"两极的对立相互运动。马克思所创造的"实践本体论"实现了对黑格尔"辩证本体论"关于辩证法和本体论的双重变革，在马克思哲学视域内辩证法与唯物主义达成内在统一。

干成俊教授在《马克思辩证法的现实根基及其展开形式》一文中认为，辩证法与本体论之间存在一体两面的关系，两者同时在场。本体是辩证法的绽开方式，本体是辩证法的自展开载体，失去本体的辩证法，会因为失去内容而沦为纯粹形式化的方法和随意套用的戏法。马克思辩证法究

① 王晓升. 形而上学经验如何可能——阿多诺的形而上学构想及其启示 [J]. 马克思主义与现实，2020（12）.

② 贺来. 辩证法与本体论的双重转换——马克思辩证法理论的本体论变革意蕴 [J]. 哲学研究，2020（07）.

其本质是人与自然和谐统一的辩证法，理解世界和把握世界离不开人的视野，人的历史活动和人的生存方式。马克思的辩证法同样关注人与实践的关系，在某种意义上，实践规定着人的现实性，人在通过"感性活动"改变世界时就实现了人自身存在的确证。干成俊教授认为以实践为中介，将"感性活动"这种客观的物质性活动作为载体，实现精神与物质的统一集合就是"个人的全部活生生的感性活动"，而这些"感性活动"共同构筑的生活世界，才是"辩证法的真正内容之所在"①。

从批判性的维度探讨马克思辩证法的批判性前提

华中科技大学邓晓芒教授在《马克思的黑格尔哲学批判对重建形而上学的启示》中认为马克思辩证法是否定性的辩证法，在"辩证法"一节的讨论中，将否定性视为马克思辩证法的本质特征。重建当代形而上学必须在实践中从感性上升到理性，并运用人类几千年来理性思维的逻辑成就，使人类感性生活呈现出它本质上的辩证法，才有可能成功。②尽管强调使用千年来到逻辑成就，赞同黑格尔和马克思的辩证方法范式，但忽视了人类认识发展阶段的"三段式"逻辑表达："感性具体—知性抽象—理性具体"，忽视了中间环节"知性抽象"，用缺少中间环节的非完整逻辑形式表达富有辩证法的逻辑内容，这也是一种对立和割裂。

旷三平教授认为建立唯物主义辩证法，可以从根本上摆脱知性化思维的纠缠。③辩证法的出现，本可以成为批判和取代知性化思维最有力的思维方式，但经由辩证法大师黑格尔之手，天然具有唯心主义倾向，仍然无

---

① 干成俊，邓丰．马克思辩证法的现实根基及其展开形式［J］．学术界，2019（09）．

② 邓晓芒．马克思的黑格尔哲学批判对重建形而上学的启示［J］．湖北社会科学，2020（01）．

③ 旷三平．马克思哲学：思维方式变革与本体论重建［J］．人文杂志，2003（02）．

法摆脱知性化思维的纠缠，无法消解同一性逻辑的强制影响，最终沦为一种"知性化思维特征明显非批判的实证主义"辩证法。马克思第一次对辩证法施以唯物主义存在论奠基，一举冲破知性化思维范式所树立的坚壁高墙，使得辩证法的原则得以真正贯彻。

三、国内外研究现状评析

国内有很多学者从多维度对马克思辩证法进行了深入探索和研究，取得了丰硕的成果，其中很多观点都是非常有见地且值得继续深入研究和探索的。

吉林大学孙正聿教授关于以自在自为的"概念的世界"为中介环节，实现辩证法理论的本体论、认识论和逻辑学的统一，这一点无疑是非常正确的，"概念"作为外部世界同思维规定双向生成的"中介"，兼具物的尺度与人的尺度的统一性和合规律性与合目的性的同一性，逻辑上讲，先具备了"真"的前提性依据，主观目的性必须符合客观意义，继而实现了"善"的目的性要求，在思维中实现自然本体同精神本体、客体性原则同主体性原则的统一，最后通过概念的"外化"，外部实践性活动对象化生成一个人所要求的世界。黑格尔逻辑学的概念论中潜藏着历史唯物主义的萌芽——辩证法中"概念的实践理解"[①]，以实践活动为中介，将自然本体同精神本体、客体性原则同主体性原则相统一，借此阐释客观世界对人的生成的天才设想。这里的"概念世界"具有中介性的地位，其成立的合法性前提却没有进行深入的探讨和分析，明确了"真"作为前提性依据而存在，推动了辩证法理论形态的向前发展，却没有继续深入探讨其与辩证

---

① 孙正聿. 思想中的时代：当代哲学的理论自觉 [M]. 北京：北京师范大学出版社，2004：5.

法知性维度之间的关系。正如概念的世界勾连主观和客观世界，知性也起着中介性的作用，勾连起感性直观同辩证理性，对理解实践活动实现客观世界和主观世界相统一起着巨大的推动作用。

孙正聿教授同时坚定不移地承认外部自然界对人及精神的"优先地位"，非常赞同这种观点，体现了自然的优先原则，也是客体的优先性原则，就此而言，奉行自然科学研究方法都在坚持唯物论的存在论原则，以实证科学和人的实际生活活动为中介调和传统两极的抽象对立，消解黑格尔辩证关系的神秘化，将以概念运动言说实践活动倒置为以实践活动解释概念辩证发展。进一步说，就是将概念内在化于实践之中。而概念的辩证发展如何内在化于实践之中并未做深入的探讨，马克思辩证法理论的唯物论前提如何体现，如何把握马克思辩证法的唯物论原则都有待从马克思辩证法的知性维度加以分析和研判。

孙正聿教授认为辩证思维方式都应面向过程，以现实生活中的人的历史活动为中介实现人与世界的对立统一。赞同这种观点，将人们从事的现实实践活动作为内在化环节，从客观唯物论原则和非线历史性原则出发，辩证把握人类历史展开过程中体现的进步性、局限性和可能性，进一步揭示了人在现实生活中所从事的最基本的实践活动——物质生产活动。但就如何理解这种最为基本的实践活动并未给出明确的方向指引，特别是从马克思辩证思维方式的维度，如何能更好将马克思辩证法理论同物质生产活动相结合，实现理论视野和实践视野的双向融合。

解决问题的途径就是重新审视马克思辩证法的知性维度，反思黑格尔概念辩证法的实践维度，将概念规定作为"感性活动"的内在环节，通过"感性活动"确定性范畴这个中介对传统主客抽象对立加以扬弃，将人的现实生活本身作为对立统一的依据。

马克思从黑格尔的辩证法中汲取了养分，同时也指出其局限性，将概念——中介环节——简单理解为客体主观化和主体客观化的双向生成媒介，纯化理解概念自身通过外化实现思维和存在的主客统一，将概念的自为生成演变为"无人身理性"的自为对置，神秘化了外部世界同思维规定间的辩证关系。因此，马克思有必要将神秘化的概念辩证法扬弃为实践辩证法，将以概念的辩证运动阐释人的现实活动对置为以人的现实实践活动阐释概念的辩证发展，具体的做法就是将"概念辩证法扬弃为实践辩证法的内在环节"①，将"实践活动本身视为人与世界对立统一的根据"②，这也是马克思辩证法的核心所在，恩格斯在《辩证法作为科学》一节中明确知性思维的规定性，"知性的思维规定的对立性：两极化。正如电、磁等等出现两极化，在对立中运动一样，思想也是如此"③。揭示了知性前提的重要性和知性思维具有能动的历史性原则，知性思维规定了两极，中介破解了异质直接转化的难题，知性环节内在化于辩证法整体之中，实现了各个思维环节的不停留和永延续，实现了在对立中运动。

曹瑞英教授关于马克思辩证法之重要来源黑格尔知性观做了透彻的分析，通过阐释"思想对三态度"滥用知性的种种表现，揭示这一切皆非知性的过错，而是在人的整个认识过程中，陷入知性思维不能上升到理性的痛苦之中，同样承认"没有知性作中介认识不能从感性上升到理性"④。在辩证法的三个阶段中，知性起着中介性的作用，进入知性阶段标志着正式迈入思维的门槛，其致思取向是用抽象概念来把握感性直观，通过对具

① 孙正聿. 思想中的时代：当代哲学的理论自觉 [M]. 北京：北京师范大学出版社，2004：6.

② 孙正聿. 思想中的时代：当代哲学的理论自觉 [M]. 北京：北京师范大学出版社，2004：6.

③ 马克思恩格斯文集（第9卷）[M]. 北京：人民出版社，2009：472.

④ 曹瑞英. 论黑格尔的知性观——读《小逻辑》"导言"[J]. 辽宁大学学报，1990（3）.

体事物的析别，对思维内容赋予抽象的普遍形式。非常赞同这种观点，但并没有明晰指出辩证法包含着知性维度，只有明确辩证法包含着知性维度，也正是知性对思维自身赋予抽象的普遍形式，才是知性不可停留走向消极理性的内在驱动，一方面赋予抽象的普遍形式，一方面又遵循"是其所是"的同一律要求，背后是普遍性与特殊性的相互对立，是给予抽象的普遍与坚持自身的特殊间的相互对立，如何解决这个问题，必须进入下一个阶段——消极理性，因为知性阶段无法解决矛盾发展中全部复杂性的思维展开，人们对于"非此即彼"思维方式的批判不应简单落在知性思维这个前置阶段，重新审视辩证法的知性维度，非常重要的一点便是破除知性外在化于整个辩证法之外的误解，知性思维并不是思维的终点，而是内化于辩证法整体之中，而知性思维所体现出的同一性原则是思维逻辑的根本性原则，知性是运思之起点，在开端处必须坚持"是其所是"的"肯定性"原则，以确保每一个思想绝不存在"有空泛和不确定之处"①。

国外关于马克思主义辩证法的研究非常细致和广泛，国外人文主义的马克思主义学者如法兰克福学派的霍克海默、阿多诺、哈贝马斯和齐泽克都反对知性思维，对知性思维持否定的态度。霍克海默和阿多诺认为启蒙的文明在现实当中又倒退回了野蛮状态，20世纪初法西斯主义的源头恰恰隐藏在由理性同一性逻辑构建的第二自然之中，启蒙理性在展开过程中产生了非理性，并且以理性的方式展开了这种非理性，这直接导致理性同一性原则成为社会的唯一原则，世界都被工具理性同化，理性被逐出了道德和法律领域，导致世界呈现出种种"野蛮状态"：法西斯主义暴行席卷世界、社会主义国家苏联的极权统治以及民主主义国家美国"文化工业"的

---

① ［德］弗里德里希·黑格尔. 小逻辑［M］. 贺麟，译. 北京：商务印书馆，1980：175.

猖獗。以否定辩证法理念来否认一切的同一性和肯定性，试图用客观理性来对抗、消解工具理性。哈贝马斯认为理性的"客观理性"和"主观理性"两个维度并不是完全对立的，而是并行发展的，可以在理性的价值和工具之间找到一种平衡来重建现代性，批评霍克海默和阿多诺由于视角狭隘没有发现交往理性，哈贝马斯相信通过将"交往理性"理论化为出现在自由和有意志的主体之间的一种非强制性的交流形式，就能够完成启蒙的建构过程，进而解决理性化的问题。实际上，承认了黑格尔辩证法的肯定性维度，也就客观上肯定了黑格尔辩证法的知性维度。法国存在主义代表莫里斯·梅洛-庞蒂在《辩证法的历险》中将物质视为实践的支撑点，而非客观存在，对物质（唯物）前提持否定性态度，否定马克思辩证法的知性前提。梅洛-庞蒂拒斥康德基于感性—知性之区分的"先验哲学"概念，揭示了"形式"的每一个外在都是"一个事件"，并且都是接受、辨识先在安排的"一个新辩证法的建制、一个现象之新领域的开启、一个建构者的建立"①。感性—知性的区分之所以不能基于对人类经验之结构的摧毁，正是因为知性并不是能够脱离其特定辩证躯体的单纯运动。匈牙利哲学家卢卡奇借助"总体性"范畴，重塑历史概念，认为自然已经完全被历史化取代，传统哲学世界观的基础——自然，被具有客观性的历史全面代替，否认恩格斯的"自然辩证法"，认为恩格斯误读了黑格尔的辩证法，显然这种说法潜藏了对马克思辩证法唯物论前提的否认，否认了知性的确定性原则，霍夫曼就曾深刻批判，"不以自然史为根据，整个马克思主义大厦就会建立在沙滩上"②。承认自然和自然史的基础性地位，承认自然界具

① Maurice Merleau-Ponty. The Structure of Be-havior [M]. Alden Fisher, Pittsburgh: Du-quesne University Press, 2002: 208.

② [英] 霍夫曼. 实践派理论和马克思主义 [M]. 北京: 社会科学文献出版社, 1988: 78.

有辩证性质，才能得出整个世界具有辩证性质的结论，也就是说，承认马克思辩证法的唯物论前提，承认马克思辩证法中知性的基础性地位，才能更好地把握和理解马克思辩证法的本真内涵。所以，真正误读黑格尔辩证法的"不是恩格斯，而是卢卡奇自己"[①]。

纵观国内关于马克思辩证法的知性维度研究，大多数学者以西方马克思主义辩证法研究成果为依据，将马克思辩证思维与知性思维对立来谈，强调辩证法同知性思维的对立或对知性思维的超越，对知性和知性思维持否定或外在化态度，忽视知性思维在辩证法方法论中的重要地位，没有明确指出马克思辩证法"知性维度"的不可或缺性。大多数学者认为马克思辩证法否定知性思维的主客二元性，在与当代人文主义哲学的对话中，高扬了哲学的主体性原则，几乎都反对以主客体分离为特征的"知性思维"，新世纪以来绝大多数的专业化的辩证法研究都强调辩证法的整体性对主客二分性的超越，甚至，为了避免主客体对立而用马克思辩证法、马克思主义辩证法的概念取代了"唯物辩证法"的概念表述。大多数学者反对工具理性，认为工具理性是科学精神的本质，是"资本逻辑主宰下的工具理性膨胀为一种'总体性'，成为控制人类世界的绝对权力"[②]。绝对化的工具理性最终嬗变为"反理性"。有些学者反对现代性的同一性宰制，赞成马克思辩证法中知性思维维度取消。

国内外很多学者都关注马克思辩证法具体内容的理论研究和中国化道路的现实实践，关注马克思辩证法的方法论、本体论、存在论和批判性前提，却不自觉地忽视了马克思主义辩证法的知性维度前提，忽视了马克思

---

① ［英］霍夫曼. 实践派理论和马克思主义 ［M］. 周裕旭，杜章智，译. 北京：社会科学文献出版社，1988：60.

② 刘同舫. 启蒙理性及现代性：马克思的批判性重构 ［J］. 中国社会科学，2015（02）.

辩证法"感性活动"确定性研究，忽视了"知性思维"在整体性辩证思维（广义理解）中的积极作用。本文将从"知性优先"的实践原则出发，展开对马克思辩证法知性维度的细致研究。

第三节　基本观点和研究思路

一、基本观点

在研读马克思相关经典著作和参考阅读国内外关于马克思辩证法文献的基础上，尝试从以下观点对马克思辩证法的知性维度研究做出有价值的探索。

第一，从思维方式的维度来说，存在着辩证思维与形而上学思维方式的差别。前者是达到了认识真理层次的理性思维方式，而后者则是仅停留于认识事物表象的知性思维方式。从辩证法发展史上来说，知性思维恰恰是人类认识的第一个环节，而辩证思维则是在知性思维的确定性基础和肯定性前提下，再向更高层级的思辨思维跃迁。辩证法要求将知性作为肯定性的首置环节，将其包含在自身之内再完成对它的内在超越。所以，在辩证法的视域内，知性思维和辩证思维、形而上学和辩证法之间并不是非此即彼、相互割裂的对立关系，而是呈现出一种深刻而复杂、既克服又保留的扬弃关系。

第二，从辩证法变革的维度来说，马克思是用实践替代了理念，将辩证法运用到人类物质生产领域，并科学地揭示了人类社会运动发展的"历史真理"。马克思变革黑格尔辩证法的关键是在"知性肯定"环节上发生了根本性转变，即由黑格尔的"知性肯定"的确定性转向马克思"感性活动"的确定性。从某种意义上可以说，马克思辩证法的变革源于"知性肯定"环节的变革，奠定了马克思整个哲学变革的主基调，即由解释世界转向改造世界、由人类精神解放转向人类的现实解放。因此，马克思辩证法不仅没有否定知性环节，而且还通过实践论的转身，确立了"知性优先"的实践原则。

第三，从马克思主义中国化的实践维度来说，中国特色社会主义革命与建设是马克思哲学具体化的实践写照，也是马克思辩证法"活的灵魂"的成功运用。我们在实践中充分发展了马克思辩证法中"知性优先"的实践原则，提出了实事求是、具体问题具体分析、中国道路等一系列与时俱进的哲学纲领，一步步地引领中国不断开拓出人类文明新形态的伟大实践。同时，重新审视马克思辩证法的知性肯定性维度，一方面可以纠正我们错误地将辩证法与形而上学思维方式对立起来的理论倾向，另一方面也可以为我们坚持中国特色社会主义道路自信提供有力思想理论支撑。

二、研究思路

本书从西方哲学史中梳理历史条线，从马克思经典著述中厘清概念，以问题为导向，以现实为蓝本，采用史论结合、推论与驳论结合的方式，进行马克思辩证法知性维度研究。基本研究思路如下：

辩证法起源于古希腊哲学，古希腊哲学将世界分为现象和本体，同时也将人的认识分为感性和理性，辩证法就是人类的理性通过事物的表象达到对本体的追问。辩证法以辩证思维为核心要义，它的发展以知性确定性为前提，同时构成人类认识的第一个环节，而这一思想最早孕育于古希腊哲学之中。古希腊哲学的开端为米利都学派，在寻求经验"本原"的过程中遇到了无法解决的内在逻辑困境，赫拉克利特肯定逻各斯的决定性作用并以此超离感觉经验，毕达哥拉斯学派认为数是万物的本原，开始崇拜

"数"的确定性，但"数"作为本原对事物的量规定性进行寻求，并非具有超验意义。而爱利亚学派在前人的基础上提出"存在"作为事物的本质，以"非存在"作为充满生灭变化的现象世界，由此开启了形而上学本质与现象的关系问题。古希腊哲学家在自然中寻找"本原"的感性客体，是以客体为原则寻找一种更为普遍的"本体"，进而形成了感性直观的客体意识，实体兼具实在性和物质性特征，形成了朴素的辩证思维，论证了知性的确定性。

随着自然科学飞速发展，人们对通过自身理性认识世界和改造世界信心越来越强，试图通过理性提升科技水平和知识认知来突破内部和外部的局限，进而通达自由的境界，这种提升是以主体性为原则、伴随着主体对知性自在运用的提升而来。近代西方哲学的认识论转向，就是要改变古希腊哲学中的"客观化"的本体论思维方式，对本体论发展出来的朴素的认识论进行反省。但是，随着主体性不断突破自身向着实现主客统一的目标前进的过程中，知性的有限性则成为人类实现理性自由过程中的桎梏，德国古典哲学正是在突破知性有限性困境中逐渐确立了辩证法。康德的做法是将知性与理性严格划分为现象界和本体界两个相互割裂的领域，现象界是人类可知的必然世界，而人类思维若对本体形成知识，结果必然造成思维混乱的"逻辑幻像"。因此，在康德看来，人类认识应该回归到知性的界限之内，辩证法就是人类对于认识界线的非法僭越；黑格尔打破了康德的二元世界，建立了理念—自然—精神三者相统一的思辨哲学体系，并明确提出了辩证法的三个环节，即知性的肯定、辩证的否定和思辨的肯定，并且明确了知性是辩证法的一个必经环节，辩证法是将知性包含在自身之内完成了对它的超越。如此，辩证法不是对知性思维持坚决反对和绝对否定的态度，而是主张人类对世界的认知不能仅仅停留在知性的肯定环节上，而必须由知性的表象进展到辩证的真理。

马克思辩证法的直接来源是黑格尔，但马克思反对黑格尔将绝对理念作为辩证法的根基，马克思是用实践替代了理念，实现对黑格尔辩证法的实践颠倒，将辩证法运用到人类物质生产领域，并科学地揭示了人类社会运动发展的"历史真理"。与黑格尔相比，马克思将辩证法根基回归到了现实世界之中，原本被黑格尔视为可感的经验世界成为人类可改造的对象世界，原本被黑格尔视为有理念统摄的自然界也成为人类本质对象化的"属人世界"。于是，马克思变革黑格尔辩证法的关键是在"知性肯定"环节上发生了根本性转变，即由黑格尔的"知性肯定"的确定性转向马克思"感性活动"的确定性。也正是由于"知性肯定"环节的变革，才确立了马克思辩证法正、反、合的三个环节：从人类改造自然的感性活动出发（肯定环节）、生产活动中的人本质的对象化（否定环节）以及劳动产品中人性呈现（否定之否定环节）。不仅如此，正是由于马克思在辩证法"知性环节"的变革，也决定了马克思整个哲学变革的主基调，即由解释世界转向改造世界、由人类精神解放转向人类的现实解放。因此，马克思辩证法不仅没有否定知性环节，而且还通过实践论的转身，确立了"知性优先"的实践原则。

中国特色社会主义革命与建设是马克思哲学具体化的实践写照，也是马克思辩证法"活的灵魂"的成功运用。我们在实践中充分发展了马克思辩证法中"知性优先"的实践原则，提出了实事求是、具体问题具体分析、中国道路等一系列与时俱进的哲学纲领，一步步地引领中国不断开拓出人类文明新形态的伟大实践。同时，重新审视马克思辩证法的知性肯定性维度，一方面可以纠正我们错误地将辩证法与形而上学思维方式对立起来的理论倾向，另一方面也可以为我们坚持中国特色社会主义道路自信提供有力思想理论支撑。

第四节　研究方法和理论创新

一、研究方法

第一，历史与逻辑相统一方法。本书依据西方哲学史，立足文本内容和问题导向推动辩证法中"知性确定性"发展的观点，从古希腊哲学中辩证思维的知性确定性开始展开，进入近代西方哲学知性的有限性困境，在德国古典哲学中达到知性确定性和辩证法的"和解"，马克思实现对黑格尔辩证法的实践颠倒，将黑格尔的"知性肯定"确定性转向马克思的"感性活动"确定性，为马克思整个哲学变革奠定了主基调，通过实践论的转身，确立了"知性优先"的实践原则。结合马克思辩证法中国化伟大胜利实际，将马克思辩证法的"感性活动"确定性理论和"知性优先"的实践原则作以中国实践诠释。

第二，文本采用分析与实证分析相结合方法对马克思主义主要经典著作进行系统研读和分析，用解释学方法发现其中内含的马克思辩证法的"感性活动"确定性理论和"知性优先"的实践原则，并加以梳理、推理和论证。用实证分析方法说明中国实践取得的一系列成就离不开"知性优先"的实践原则，以马克思辩证法的"感性活动"确定性理论指导改革开放新时期中道路的开辟、社会主义市场经济的建立、新时代中国特色社会主义建设都取得了举世瞩目的成功和胜利，都内含着肯定性辩证精神的中国智慧。

二、理论创新

本书创新性表现在马克思用"感性活动"的确定性替代了黑格尔概念辩证法中的理念，实现了对黑格尔辩证法的实践颠倒，并且将"感性活动"的确定性运用到人类物质生产领域，并科学地揭示了人类社会运动发展的"历史真理"。与黑格尔相比，马克思将辩证法根基回归到了现实世界之中，原本被黑格尔视为可感的经验世界成为人类可改造的对象世界，原本被黑格尔视为有理念统摄的自然界也成为人类本质对象化的"属人世界"。于是，马克思变革黑格尔辩证法的关键是在"知性肯定"环节上发生了根本性转变，即由黑格尔的"知性肯定"的确定性转向马克思"感性活动"的确定性。也正是由于"知性肯定"环节的变革，才确立了马克思辩证法正、反、合的三个环节：从人类改造自然的感性活动出发（肯定环节）、生产活动中的人本质的对象化（否定环节）以及劳动产品中人性呈现（否定之否定环节）。不仅如此，正是由于马克思在辩证法"知性环节"的变革，也决定了马克思整个哲学变革的主基调，即由解释世界转向改造世界、由人类精神解放转向人类的现实解放。因此，马克思辩证法不仅没有否定知性环节，而且还通过实践论的转身，确立了"知性优先"的实践原则。

第二章　古希腊哲学中辩证思维的
知性确定性溯源

辩证法起源于古希腊哲学，古希腊哲学将世界分为现象和本体，同时也将人的认识分为感性和理性，辩证法就是人类的理性通过事物的表象达到对本体的追问。辩证法以辩证思维为核心要义，它的发展以知性确定性为前提，同时构成人类认识的第一个环节，而这一思想最早孕育于古希腊哲学之中。

古希腊哲学的开端为米利都学派，米利都学派属于自然哲学派系，意在从经验中找到客观存在物作为世界的本原，而在经验世界中不存在无限制、无规定性的感性确定性的存在物，由此转向到感性确定性背后的根据。逻各斯的出现超离了感觉经验，但是无论是从自然哲学的感性经验出发还是到抽象的逻各斯都没有达到本原的确定性，毕达哥拉斯学派沿着抽象规定性的方向提出了量的规定性，用"数"作为万物的本原来对逻各斯进行进一步的规定。但"数"作为本原对事物的量规定性进行寻求，并非具有超验意义。爱利亚学派在前人的基础上提出"存在"作为事物的本质，以"非存在"作为充满生灭变化的现象世界，由此开启了形而上学本质与现象的关系问题。高尔吉亚针提出"三个命题"针对巴门尼德的"存在"进行了彻底的解构。这一消解意味着人的理性不能够认识事物的本体，意识只能存在于主观之中。因此，智者只能用存在于主观的诡辩论来进行反证，以此导致智者只注重辩论的技巧和形式而放弃对辩论的思想和内容的关注。苏格拉底注重对思想内容或真理的追求，这与智者派形成了鲜明的对比。苏格拉底把对本体或真理的探索从自然界拉回到人的自身或主体意识之中，并首次提出辩证法，将本体的"善"内化到人的心灵当中，以此化解智者思维中的矛盾。柏拉图的辩证法是让理念通过"回忆"再次在人的心灵中实现出来，从而达到理念与理性的内在统一。但同时，他们二人并没有否定知性的认识地位和作用，苏格拉底一直坚守着从"个别到一般"的归纳推理，柏拉图也始终承认现象是理念得以呈现的可感对象。亚里士多德在面对柏拉图的理念论时并不承认理念世界的真实存在性，并认为我们研究对象本身是实际存在的个别事物，并提出实体概念，用实体"一元论"终结了本体"二元论"。并用形式逻辑作为工具获取知性确定性的知识，但这种知识获得的是思维确定性，思维的确定性存在于主观之中，不能代替客观事物自身的确定性。因此，形式逻辑是思维中的法则，无法进入事物现象的内容，无法获得真理。

第一节　古希腊早期哲学中对感性确定性的拒斥

在古希腊早期，哲人们对世界本原问题进行了不懈的追问，这标志着人类在思想上发生着一次根本性的革命，即从哲学史前人类以神话原则解释世界向从世界内部寻找自身起源的转变，同时也标志着人类从神话的形象思维向知性思维的过渡，更是从神话到哲学的革命。这场革命的开始起源于作为希腊哲学或者说是西方哲学的开端——米利都学派。米利都学派属于自然哲学派系，以还原论路径的方式来追问世界的本原，意在从经验中找到客观存在物作为世界的本原，从经验中寻找的本原具有感性确定性，具有感性确定性的有形物质的本原必然带有具体的规定性，而规定性限制了有形事物成为其他事物。以此，"无定形"或"无限"成为世界的本原，而在经验世界中不存在无限制、无规定性的感性确定性的存在物，米利都学派在经验中寻找"本原"的问题上出现矛盾，陷入了逻辑困境。但先哲们并没有一直沉迷于自然哲学范畴在感觉经验当中寻找本原，而是转向到感性确定性背后的根据，赫拉克利特将抽象思想才能把握的定形称为逻各斯，以此超离感觉经验。用抽象思想的定形物解释矛盾运动变化的感性世界。这种方式不同于自然哲学路径，而是蕴含抽象的辩证思维表达事物的运动变化和相互转化的规律。在古希腊早期哲学寻求本原的过程中，无论是从自然哲学的感性经验出发还是到抽象的逻各斯都没有达到本原的确定性，毕达哥拉斯学派沿着赫拉克利特抽象规定性的方向提出了量的规定性，把"本原"问题投向事物背后的本质，用"数"作为万物的本原来对逻各斯进行进一步的规定。但"数"作为本原对事物的量规定性进行寻求，并非具有超验意义。而爱利亚学派在前人的基础上提出"存在"作为事物的本质，以"非存在"作为充满生灭变化的现象世界，由此开启了形而上学本质与现象的关系问题。

一、米利都学派寻求经验"本原"的内在逻辑困境

米利都学派之前，按照康福德的观点应该是希腊神话阶段。在希腊神话中表达的方式较为梦幻，赫西阿德的《神谱》中的"三谱"：宇宙谱、神谱、英雄谱。用朴素的自然宗教的方式将神以自然想象，潜在地表达了关于宇宙起源和自然演化的朴素思想，并在其中特别强调海洋的重要地位，在古希腊诸多神话中海洋之神与河流之神成为关注对象。而希腊哲学乃至全部西方哲学的开端都与古希腊神话中对海洋之神与河流之神的地位

影响颇深。它对世界起源的终极关怀的探讨并没有诉诸在神秘力量上，而是放在了自然力量之中。由此，人类的思维能力发生了根本性的变化，这种变化是从哲学史前人类以神话原则解释世界向从世界内部寻找自身起源的转变，同时也标着这人类从神话的形象思维向知性思维的过渡，更是从神话到哲学的革命。而这场革命的开始，起源于作为希腊哲学或者说是西方哲学的开端——米利都学派。

米利都学派属于自然哲学派系，它以还原论路径的方式来追问世界的本原，也就是从世界的质料意义上追问世界是由经验中的何种事物发生，意在从经验中找到客观存在物，并以感性确定性作为根据。从哲学史上公认的哲学第一人泰勒斯开始，他将万物的本原确定为是从水中产生的，将经验中的水确定为世界万物的"一"，黑格尔认为这个命题之所以是哲学，是因为"水被了解为普遍的本质"①，而这种"普遍本质"存在于经验现象世界之中，属于感性直观层面。感性直观的水不能和自然元素或自然物等殊相等同视之，而应被当作溶合于世界万物的内在的"一"。"以'一'为真实，乃是哲学的看法"②。泰勒斯将水作为世界万物的本原是一种通过时间上的回溯追问事物的"始基"，以此不同于从空间上寻找基本自然元素的构成。这种感性直观来源于经验现象世界，因此具有感性确定性，"本原"的事物必然成为有限的或者有定形的有形之物，有形之物成其为自身的原因在于某种具体的规定性的存在，这种规定性否定了成为其他有形之物。由于事物规定性的原因，有限的或者有定性的东西都是具体事物的特点，有形之物之间的转化成了难题。以此，阿那克西曼德将万物的本

---

① ［德］弗里德里希·黑格尔. 哲学史讲演录（第一卷）［M］. 贺麟，王太庆，译. 上海：上海人民出版社，2013：186.

② ［德］弗里德里希·黑格尔. 哲学史讲演录（第一卷）［M］. 贺麟，王太庆，译. 上海：上海人民出版社，2013：188.

原从有定形之物转到无定形之物上，从有限之物转到无限之物上。"无定形"或"无限"成为阿那克西曼德确定世界的本原的思考点，并认为万物的本原是"阿派朗"。在阿那克西曼德看来，"阿派朗"仍然存在于感性世界的自然物中，从否定意义上来说它不是一个有限的、有定形的事物，阿那克西曼德并没有对其进行规定，它只是仅仅作为万物的本原的不可言说的东西能派生出整个有形之物的现象世界。而在经验世界中不存在无限制、无规定性的感性确定性的存在物，加之阿那克西曼德对阿派朗本身的不清不楚甚至一无所知的现象，使米利都学派在经验中寻求"本原"的问题上出现矛盾，陷入了逻辑困境。但先哲们并没有一直沉迷于自然哲学范畴在感觉经验当中寻找本原，而是超离感觉经验转向到感性确定性背后的根据——逻各斯。

二、赫拉克利特"逻各斯"对感觉经验的超离

米利都学派在面对世界本原的问题时，提出要在经验中寻找无限有形物作为本原，但在经验之中不存在无限有规定性的存在物，因此，米利都学派陷入到矛盾的逻辑困境中。而赫拉克利特解决了此问题，他沿着米利都学派的思路继续向前，他并没有完全抛弃将单纯的自然本体作为世界本原的观念，而是以两条交织的路径构成了他对世界本原问题的基本观点。一方面继承米利都学派从具有感性确定性的存在物入手，将火确定为世界的本原，走的是自然哲学范畴的路线。另一方面，赫拉克利特认为感觉经验本身并不能成为永恒，因此他弥合了泰勒斯与阿那克西曼德的观念并向前发展，将世界本原的目光投向了经验世界存在物的背后，并清楚地意识到只有运用思想的抽象能力才能找到事物转化发生的根据，这种事物背后的根据就是事物本身的规定性即逻各斯。

在赫拉克利特看来，"整个世界就是一团不断燃烧、不断熄灭的永恒

的活火。由于火的熄灭和燃烧，就产生了两条路线——火熄灭了，就变成了万事万物，这是一条下降的路线；而万事万物燃烧了，就复归为火，这是一条上升的路线。通过火的不断熄灭与燃烧，一个又一个的世界就不断地被创造出来和毁灭掉"①。由此可以看出，赫拉克利特与米利都学派从自然哲学范畴中提出的"水""无定者"的本原观念具有本质上的区别，他以火的"生"和"灭"作为转化的基点，并提出了万物的本原是一个无定形的东西，但这种无定形的背后有一种有定形的规定性决定着火与他物之间的转化，最重要的是对于这种定形的规定性的把握只能通过抽象的思想才能捕捉到，而在感觉经验之中无法找到它。赫拉克利特在论述火作为事物的本原来说明宇宙万物的同时，又说明"这个宇宙，即万物，既非某个神，也非某个人制造出来的，而过去、现在、未来都是永恒的活火，在一定分寸上燃烧，在一定的分寸上熄灭"②。也就是说火无论是在燃烧，还是在熄灭都具有永恒性的特征，并且火燃烧和熄灭都是在一定的尺度、分寸之中，按照它的规定并遵循一定的规律进行。赫拉克利特提出了一个抽象概念"逻各斯"，"逻各斯是火的属性，是变化的尺度"③，在现象世界万事万物的相互转化，譬如火的熄灭与燃烧的转化过程是在感觉经验层面，我们可以通过直观能够把握生灭变化的，但决定感性经验世界的背后的相互转化是因为逻各斯的神秘规定在起作用，这种规定只能用抽象的思维才能认识，因为它超离了感觉经验，无法用感官去感受它的存在。但他并没有完全否定感觉经验对象的意义，而是把感觉经验中的火作为对象本原，以火的生灭变化寓意永恒不变，但决定这种永恒不变的是逻各斯的规

---

① 赵林. 西方哲学史讲演录 [M]. 北京：高等教育出版社，2009：47.

② 叶秀山. 前苏格拉底哲学研究 [M]. 北京：人民出版社，1997：99.

③ 赵松. 辩证法的历史形态：从朴素辩证法到实践辩证法的发展 [J]. 学习与实践，2018（10）.

定，相较来说，赫拉克利特更肯定逻各斯的决定性作用。正如黑格尔所说："一切皆流转，无物常住，仅'一'常存。"①感觉经验的世界是一个流变的世界，这个"一"所指的就是逻各斯的规定。赫拉克利特并没有将逻各斯局限在规定性和共同的、普遍的基本规律之上，而是将其扩展到人类的思维和语言之中，这种理解完全超离了感性经验。在赫拉克利特看来，每个人的思维中都存在着决定言说的主观法则，以此形成概念性与抽象性的话语通过思想被理解，我们可以称之为主观逻辑，它与感觉经验背后的客观规律或者称之为客观逻辑具有同一性。赫拉克利特作为古希腊哲学唯物论和辩证法的集大成者，第一次运用理性完成了思想同语言的同一，但囿于当时的认知局限，并没有明确地把这一思想表述出来。

相较而言，米利都学派无法摆脱事物"变"本身，进而不能在经验世界中找到有规定性的无定形物的存在，以此陷入矛盾困境，而进步性的一面在于提出了问题，赫拉克利特在此问题上将事物的本原转向到超离感性世界的逻各斯，用火的生灭证明了万物是永恒变化的，"这个秩序就是变化律"②，也就是承认了世界唯一不变的就是"变化"自身这一说法，从火的本原中看到"变化"，将"火"作为"变"的实在形态或感性象征，以逻各斯的规定超越生灭变化的感性特征，"但是个别的环节并不——是概念——并没有实在性"③，逻各斯仍然是按照寻找事物的本原方向所提出，带有事物背后的原理、原则、规律等意蕴在内，但并没有对逻各斯作出具体的规定，因此，逻各斯仍然具有不确定性。毕达哥拉斯学派沿着赫

① ［德］弗里德里希·黑格尔. 哲学史讲演录（第一卷）［M］. 贺麟，王太庆，译. 上海：上海人民出版社，2013：310.

② ［德］文德尔班. 哲学史教程［M］. 罗达仁，译. 北京：商务印书馆，2015：73.

③ ［德］弗里德里希·黑格尔. 哲学史讲演录（第一卷）［M］. 贺麟，王太庆，译. 北京：商务印书馆，2016：361.

拉克利特抽象规定性的方向提出了量的规定性，把"本原"问题投向事物背后的本质，用"数"作为万物的本原来对逻各斯进行进一步的规定。

三、毕达哥拉斯学派中"数"的确定性的崇拜

在古希腊，哲学、科学、宗教三者之间的关系问题密不可分，很难区分。毕达哥拉斯学派就是一个充满神秘主义色彩的宗教团体，在这一派中可以明显地看到哲学与宗教、科学与宗教之间的内在联系，以此形成超凡脱俗的宗教思想，以追求灵魂的净化和救赎为终极目标。由于毕达哥拉斯精通音律，以至于将比率关系或比例运用到哲学命题，并因此悟到数或者比例与世间万物的关系，提出"数是万物的本原"的哲学命题。将数作为万物的本原，高度重视了对事物所体现的数量关系的研究，与深入到世界的变化中追寻世界和生成变化的自然本体论哲学家不同，毕达哥拉斯反对米利都学派的"无定形"或"阿派朗"，在毕达哥拉斯看来任何事物的运动变化与发展都是"有定的"，他们按照事物背后的"尺度"或"规定性"来运动变化，而这种背后的"尺度"或"规定性"是按照"数"的关系来运动，毕达哥拉斯用"数"的关系比例来规定赫拉克利特的"尺度""规律""规定性"。因此，毕达哥拉斯不再从时间上来追溯万物的本原，而是用"数"来做万物的本原探寻事物的内在规定性，并对事物内在的规定性确定了规定性的内容，对逻各斯进行了精确化的表达。尽管这种规定性是量的规定性而非质的规定性，但意味着毕达哥拉斯学派超出了以往哲学用自然哲学的还原方法来探寻万物的本原，而是运用抽象思维的方式来把握事物内在的本质规定性。

毕达哥拉斯学派提出数是万物的本原。一方面是建立在批判阿那克西曼德的"无定形"或"阿派朗"的基础上实现的。在毕达哥拉斯看来，一个无定形的东西没有办法产生有定形的东西，即无不能生有。万物的本原

应该回到有定形的东西上，但他不同于自然哲学家将有形之物限定在自然世界中，而是通过另外一条路径，在思维抽象层面上探寻的有定形之物，这种有定形之物只能在思维中存在，在感性的世界表现为无定形。由此，数作为万物的本原，既有定形又无定形。它的无定形表现在感性现象界，它的有定形表现在抽象思维层面，但具有本质意义，因为数可以规定一切现象的感性存在的生灭变化，数成为决定事物存在与否的不变的本质。另一方面，毕达哥拉斯提出的数是万物本原的命题继承并发展了赫拉克利特的"逻各斯"。毕达哥拉斯仍然从寻找事物的本原出发，但并不是从现象世界的物质中来寻找，而是沿着赫拉克利特"逻各斯"的方向，逻各斯即事物变化的尺度或基本规律，它隐藏在现象事物的背后。毕达哥拉斯沿着这条路线，抛弃以往从质料因层面去寻求，而是转向到形式因层面，即从事物的规定性上来寻求本原。由于赫拉克利特没有对事物的规定性进行明确的表述，毕达哥拉斯向前迈了一步，将事物的规定性确定为数，并对数产生崇拜。毕达戈拉斯本人的基本教义就是"万物类似于数"，是一种世界由数的和谐法则建构而成的执思，确信并宣扬对数的研究中含孕着对绝对永恒的世界的形式法则的追求。毕达哥拉斯学派的贡献是从经验世界中出走并抽离，以数的抽象法则来对事物进行规定性，对逻各斯做进一步的精确化的表述。但一种带有先验神学意味的思维开始初具雏形，毕达哥拉斯学派过分重视事物构成的形式，并将数神秘化，赋予数宗教色彩，数成为感性事物背后起决定性作用的比例关系和抽象原则，这种数的抽象物成为决定一切事物的性质，并被发展到数学领域，其逻辑的抽象性和缜密性进一步增加了数的神秘色彩，甚至体现了神的智慧，同时也增强了毕达哥拉斯学派对数的确定性的崇拜，进而忽视了数的和谐法则如何建构世界的动力因，依靠神学的神秘力量推动世界运转，忽视了现实的可接受性。

毕达哥拉斯学派提出的数是万物的本原，仍然是在事物的规定性层面提出的，把"本原"问题投向事物背后的本质，并在规定性上表述为量的规定性，但"数"作为本原对事物的量规定性进行寻求，并非具有超验意义。而爱利亚学派在前人的基础上提出"存在"作为事物的本质，以"非存在"作为充满生灭变化的现象世界，由此开启了形而上学本质与现象的关系问题。

四、爱利亚派"存在"与"非存在"二元化

毕达哥拉斯不同于走自然哲学还原的路径，而是从抽象思维的事物背后规定性入手来开创一条形而上学的路径。走自然哲学路径的先哲在寻找本原的过程中用一与多的关系来说明，而走形而上学路径的先哲注重探讨现象与本质的关系问题。毕达哥拉斯用数表述了事物的规定性，以拒斥对阿那克西曼德的无定形，而数仍然是事物背后的规定性，它仍然存在于事物之中，数作为规定性的表述仍然具有捉摸不定的性质，毕达哥拉斯只是开启了注重事物背后抽象的规定性的作用，事物与事物背后的规定性都是真实存在，而规定性是抽象的无定形的东西，统一于现象世界的事物之中，仍然在本体论层面寻求真理。

爱利亚派的巴门尼德，摆脱生灭变化的束缚，并认为自己认识了真理性的东西，其他哲学家对于本原的认识只能局限在意见层面。而这种表述针对的对象便是米利都学派。巴门尼德以"存在者存在，非存在者不存在"来宣示他对真理性的认识，并用真理之路和意见之路明确了两条道路的对立性。其中意见之路主要针对米利都学派在自然经验中寻找本原的鄙视，从自然物质中提出的本原都带有生灭变化和数量杂多的特点，从自然物质中得到的本原不过是一种意见，这些属于非存在物而非真理。除此之外，巴门尼德对于赫拉克利特所提出的火的本原以及背后的逻各斯的观点也被看成是意见。在巴门尼德看来，之前所有对本原的理解都是非真理性

的认知，生成与灭亡都是不真实的，只有自在不变的存在本身才是真实的，既然真实的存在是不动不变的，自然取消了赫拉克利特的"生灭变化"的说法，从根源上动摇了米利都学派和赫拉克利特的自然本原说。巴门尼德将真理和意见分开，意见实质上就是现象的复杂多样、流变易逝，一种不确实的感性认识；真理实质上是现象背后的本质认识。因此，巴门尼德将"存在"指向事物的本质，将"非存在"指向生成灭亡变化与感性杂多的现象世界。这样，以巴门尼德为代表的爱利亚学派将世界二分为现象界和本体界。而且，本体界的"存在"是事物的本质，具有不生不灭、独一无二、不变不动的特点，并将这些特点总结为思想中的定形物，这些特点与赫拉克利特的逻各斯和毕达哥拉斯的数在指向性上相适应，不再是任何具体的感性事物，而是思想中抽象的概念，只不过巴门尼德将"存在"独立于超验世界之中，与现象世界进行了分离。巴门尼德用"存在"与"非存在"区分了真理之路和意见之路，与此同时还提出了"能够被表述、被思想的必定是存在"的观念，"存在"被巴门尼德指向为事物的本质，它是一种抽象的存在。而感觉不能捕捉事物的本质，因此对于事物的本质的把握只能在抽象思维层面，而不能在感觉层面。人通过抽象思维能力以概念的形式对本质进行规范，追问事物的本质问题。同时存在还可以被语言表述，从词源学上来看，"存在"来源于希腊文的"是"（einai）动词，在西文中"是"（to be）是系词，一个判断无限剥离简化，最终剩下的就是"是"这个系词，既可连接主词和谓词，既是思想言说，也是存在指称。也就是说，存在被语言表达的过程中是通过抽象思维概念抛弃诸多感性的非存在的东西而表达事物本质的，所以，能够被表述的也必定是存在。巴门尼德所提出的"思维与存在的同一性"实则包含两方面的理解，一方面是思维与思维自身的同一。因为存在被规定事物的本质，它是作为思维的抽象物而存在，而不是现象世界的具体感性存在，因此，这种同一是思维与思维自身的同一。另一方面是思维与本质的同一性，存在不能脱离思维，事物的本质只能通过思维来进行把握，只有思维把握事物本质的时候，思维才能够产生真理性的认识，才能正确地反映存在。巴门尼德将存在、思维、语言三者之间建立了同一性，但这种同一性在智者学派的高尔吉亚处得到了解构，高尔吉亚只承认思维中的对立性问题，彻底将巴门尼德存在的本体进行了解构。

芝诺是巴门尼德的学生，声称自己所做的一切论证都是为巴门尼德的思想做辩护，反驳"世界是多"和"世界会生灭变化"，极力否认"多"和"变化"，用一系列带有诡辩色彩的论证存在是不变不动和独一无二的特性。尽管芝诺的论证充满诡辩的色彩，但辩证法的萌芽也暗藏其中，他用纯粹的逻辑思维来思考经验世界，用思维的真实性来否认感觉中的实在性，因此，将逻辑推理置于前端以轻视感觉经验，对知性确定性的发展起到了至关重要的作用。麦里梭在面对巴门尼德将存在描述为"固定的形体，是滚圆的球体"[1]进行了批判。在麦里梭看来，存在的独一无二性是一种无限的东西，空间的无限必然决定了时间的永恒，否则就会出现矛盾。而智者学派的高尔吉亚利用这个矛盾，对爱利亚学派进行了批判。

第二节　苏格拉底"助产术"辩证法中
对知性确定性的吸收与超越

毕达哥拉斯的"数"是事物量的属性，它并不具有超验意义，而爱利亚学派的巴门尼德在前人的基础上提出"存在"与"非存在"这对哲学概

---

[1] 赵敦华. 西方哲学简史 [M]. 北京：北京大学出版社，2008：21.

念，但并未对二者进行具体的区分。仅仅将"非存在"确定为是充满生灭变化的现象世界，它没有固定的内容，用思维无法把握。而将更多的关注力集中于"存在"。把"存在"看作事物的本质，存在成为本体的确定性的东西，具有超验意义。并提出关于存在的"三个命题"，高尔吉亚针对巴门尼德的三个命题提出了三个反命题，用芝诺善用的诡辩术的方式承认思维中的矛盾，对巴门尼德的"存在"进行了彻底的解构。这一消解意味着人的理性不能够认识事物的本体，由此产生了主观与客观的分离，意识只能存在于主观之中。因此，智者只能用存在于主观的诡辩论来进行反证，这种意见之路必然导致注重辩论的技巧和形式，而放弃对辩论的思想和内容的关注。而苏格拉底注重对真理的追求，这与智者派形成了鲜明的对比。而对真理的获得需要将人的意识填充客观思想的内容，这种客观思想以"善是目的"的哲学命题为钥，以此苏格拉底把对本体或真理的探索从自然界拉回到了人的自身或主体意识之中，将本体的"善"在人心中的客观化，内化到人的心灵当中，进而凸显人性，获得美德。从而打破了智者主观思维中的矛盾，主观中的矛盾具有不确定性因素，只有将"善"引入心灵，才能使其客观化，成为"真"的东西才能超越智者思维中的矛盾。

以"助产术"辩证法不断地进行归纳和推理，达到普遍定义的目的。

一、智者将知性确定性推到思维中的矛盾

古希腊早期哲学整个知识界迷失在何种本原为"真"的困境中，直接导致了对"本原说"或"本体"的普遍怀疑，怀疑主义与形而上学形成对立，在此基础上逐渐形成了专门传授辩论技巧和方法的智者派，高尔吉亚通过诡辩论的方法以解构为目的，从主观主义和感觉主义的认识论维度对巴门尼德先验主义的形而上学本体论提出质疑，进而消解巴门尼德"存

在"的本体，本体的消解意味着真理的不存在，真理也不能够被认识。因此，智者学派把辩论的技巧和矛盾作为他们的诡辩术，在思维中只承认对立与矛盾。以此，普罗泰戈拉提出"一切理论都有其相反的说法"最终导致智者学派走向一种相对主义和怀疑主义。

智者学派以怀疑论著称，它主要反对爱利亚学派，认为爱利亚学派的观念是一种形而上学的独断论。因此，智者学派完全摒弃了本原的问题，放弃了对真理的追寻。高尔吉亚是智者学派典型代表之一，作为芝诺的学生，他继承了老师的诡辩论，并以相同的方式颠覆了芝诺的论证，对巴门尼德的"存在"本体论进行了消解。针对巴门尼德关于"存在"的三个命题的论证，高尔吉亚也提出三个相反的命题来反驳巴门尼德的存在论观点，第一个命题用"无物存在"反驳巴门尼德的"存在者存在，非存在者不存在"，此命题的核心要义在于用无物存在来反驳存在者存在。高尔吉亚用三种假定情况来证明无物存在，第一种是"非存在者存在"此种情况无须证明，非存在者就是不存在任何。第二种是"存在者存在"，存在者存在有三种可能性，一种是永恒的；一种是派生的；一种是既是永恒又是派生的。第三种是"非存在者和存在者都存在"，而这个命题是自相矛盾的，不可能出现非存在和存在者都存在的状况。第二个命题用"即使有物存在我们也不能够认识它"反驳巴门尼德的"存在和思维具有同一性"，此命题的核心要义在于思维根本无法认识存在。也就是说能被思维的东西不一定存在，不存在的东西也可以被思维；第三种命题用"即使我们认识了，也无法告诉别人"反驳巴门尼德"能够被表述、被思想的必定是存在"[①]，此命题的核心要义在于语言和思维之间存在着很大的差异性。语言不能够完全地掌握我们要表达的东西，我们所经验的事物与表达出的事

---

① 汪子嵩. 希腊哲学史：第一卷 [M]. 北京：人民出版社，1988：634-635.

物并不完全符合；综观这三个命题的消解积极性越来越强，可以感受到高尔吉亚对巴门尼德观念消解的坚定性。在消解的过程中，高尔吉亚用反证法的方式得出一切皆假、无物存在的结论。高尔吉亚用相对主义的反证法论证了消解了本体论。正如普罗泰戈拉提出"一切理论都有其相反的说法"，普罗泰戈拉从相对主义出发阐述这句话，但他提出这个理论本身也有其相对性的一面，即"并非一切理论都有其相反的说法"，在此意义上普罗泰戈拉用相对主义命题又否定了相对主义，以此进入到了悖论的深渊之中。

巴门尼德认为存在是事物的本质，也就是说只有本体才是最真实的存在。而高尔吉亚认为"无物存在"，一切存在都是虚假的，也就是没有东西存在，没有任何存在物，没有任何存在物便只剩下心中仅有的概念和矛盾的空壳。因此，在高尔吉亚看来，事物的本质是不可被人类认识的。从某种意义上说，智者派只关注诡辩论的形式，倾向性完全放在辩论的技巧上，而对于观念本身的内容却全然不管。因为在智者学派看来，真理本身并不存在，更不可能去认识真理。他们将辩论的技巧的矛盾用作诡辩术，只承认主观中的矛盾才是最后的状态。而苏格拉底作为智者学派中的一员，他将本体的"善"引入到思维当中，把"善"变成思维当中的真，将善与真联系起来进一步化解思维中的矛盾。

二、苏格拉底将"善"引入到人的心灵中

虽然苏格拉底是智者学派当中的一员，但是与智者学派所关注的焦点不同。智者学派用"一切皆假"和"无物存在"替代了"一切皆真"和"存在者存在"的观念，他们剔除了辩论的思想内容，对本体论的真理进行了彻底的消解，将辩论的矛盾技巧作为他们的诡辩术，并认为只有主观中的矛盾才是最后的状态。而苏格拉底注重对思维内容或真理的追求，这

与智者派形成了鲜明的对比。在苏格拉底看来，对真理的获得需要将人的意识填充客观思想的内容，这种客观思想以"善是目的"的哲学命题为钥。"主张反思、主张由意识作决定，乃是他（苏格拉底）与智者们相同的地方。但是真实的思想应该是这样的，即它的内容完全是客观的，而不是主观的"①。因此，苏格拉底把对本体或真理的探索从自然界拉回到了人的自身或主体意识之中，将本体的"善"引入到思维当中，并把"善"变成思维当中的真，进而超越智者学派思维中的矛盾。

苏格拉底反对智者学派消除本质和真理的做法，而是用"认识你自己"的观念把对本体或真理的探索从自然界拉回到了人自身，通过对自身道德特性的认识达到一种普遍的东西，这种普遍的东西不再从感性物质中寻找，而是回到人自身的本质。也就是说"意识从自身中创造出真实的东西，并且应当从自身中创造出真实的东西。这个规定是一个伟大的规定，虽然还只是形式的。把意识导向自身，乃是主观自由的原则"②。在这里，苏格拉底强调人的主观意识，它可以创造出真实的东西，这种真实的东西是包含事物客观思想在内的，也就是要回到人自身，从自身中创造出真实的东西，也就是人的本质问题，即美德的问题。美德需要通过"认识你自己"去获得基本规定的东西，同时也构成美德的本质。苏格拉底提出"美德即知识"，也就是说美德不能用我们熟知的观念将它定义为某种行为，而是一种为道德寻求普遍性的根据，它是善的知识。"苏格拉底没有采纳从自然方面对善所下的定义；善，作为本身的目的的东西，也是自然哲学的原则。苏格拉底主要是……从世界的总的最终目的方面，来理解善

---

① ［德］弗里德里希·黑格尔. 哲学史讲演录（第二卷）［M］. 贺麟，王太庆，译. 北京：商务印书馆，2016：41.

② ［德］弗里德里希·黑格尔. 哲学史讲演录（第二卷）［M］. 贺麟，王太庆，译. 北京：商务印书馆，2016：61.

的。"① "思想的这个固定的东西，这个自在自为的本体，这个绝对自我保存者，已被规定为目的，并且被进一步规定为真一，规定为善了"②。在苏格拉底看来，"善"本身才是目的，善是一种绝对，特别要在行为中去认识善。它超越了各种"善"的行为，具有绝对普遍的意义，对善本身的理解和把握意味着获得了"善"的知识，在这种情况下我们个体的行为才具有美德。由此，美德不再是经验世界中的个体行为，而是通过对"善"的本质的认识获得了客观的规定性而上升到一种普遍性的知识。由此，善与真便联系在了一起。"善与主观性与个人相结合，……主观性就是作为决定的个人，能够进行选择、把自己与内在的普遍原则结合起来"③。内在普遍性的原则就是"善"的本身，个人行为的善来源于行为者对"善"的本身是否有本质的认识，只有认识了"善"的本质才能对"善"的行为作出规定。因此，美德与认知联系在了一起，认知存在于人类的心灵之中，对善的认知决定了行为者的行为是否为善。

由此，苏格拉底通过主体对"善"本身的具有本质的认识，将本体的"善"内化到人的心灵当中，将善变成人心中的善，实则也是"善"的本体在人心中的客观化，只有客观化后的"善"才能成为美德，凸显人性。苏格拉底正是通过此方式将本体的"善"转变成主体思维当中的"真"，这一过程也是把本体的"善"客观化为真实存在，进而打破了智者主观思维中的矛盾，因为矛盾具有不确定性，只有将"善"引入心灵，才能使其客观化，成为"真"的东西，进而才能超越智者思维中的矛盾问题。

---

① ［德］弗里德里希·黑格尔．哲学史讲演录（第二卷）［M］．贺麟，王太庆，译．北京：商务印书馆，2016：65.

② ［德］弗里德里希·黑格尔．哲学史讲演录（第二卷）［M］．贺麟，王太庆，译．北京：商务印书馆，2016：40.

③ ［德］弗里德里希·黑格尔．哲学史讲演录（第二卷）［M］．贺麟，王太庆，译．北京：商务印书馆，2016：66.

三、苏格拉底"归纳逻辑"的知性确定性前提

智者将重心放在关注辩论的技巧上，而放弃了观念本身的内容和思想，对本体"存在"进行了消解，只承认主观意识中的矛盾形式，导致主观与客观的分离，最终矛盾成为他们哲学的终点。面对智者派对本体的解构，苏格拉底首先承认智者的主观意识，但这种主观意识需要包含客观内容和思想，否则就会出现意识的偶然性、个体性、主观性的特征。包含客观内容思想的主观意识具有普遍性、必然性、客观性的特征，因此，苏格拉底坚持主观与客观相统一的思想而选择了追求真理之路，而辩证法则是他完成这一使命的基本方法。

苏格拉底的辩证法称之为"助产术"辩证法有两方面原因。一方面与对话辩证法相区别。对话辩证法是以"对话"为核心，它凸显的关系是两个主体之间的对话，这样就变成了主观与主观之间的关系问题。而辩证法的主要关系是主观与客观之间的关系。另一方面是精神"助产术"。由于苏格拉底认为它的辩证法通过不断的引导、诱导、反讽等方式不断地寻求事物的概念般的精神性的东西。他的"助产术"辩证法以"归纳逻辑"为主线，"归纳逻辑"包含两方面内容，一方面是从个别到一般的抽象原则，另一方面是归纳原则。而抽象原则和归纳原则构成了知性认识的两种原则，为形式逻辑和知性确定性奠定了基础。在抽象和归纳之前，首先要面对的是诸多感性的材料，也就是苏格拉底在与别人进行辩论的时候，首先以引导的方式选择大家公认的观点进行谈话，这公认的观点就是诸多感性材料，面对诸多感性材料是感性直观的过程，而感性材料带有个别的、偶然的、主观等表象，需要经过抽象和归纳推理，在讨论问题的过程中，苏格拉底以"反讽"的方式利用从个别到一般的抽象原则进行归纳推理，让对方意识到矛盾的状态，由于对方的主观意识中产生矛盾，原有的观念便

被动摇，在这样的情况下诱导对方接近真理。而这一过程意味着人类知性的体现，因为已从感性材料的杂多中脱离，在苏格拉底以诱导的方式下实现一般性概念的生成，以此接近真理。苏格拉底辩证法的方法路线就是从大家都公认的观点出发，利用反讽揭露对方的矛盾，逼迫对方下定义。在苏格拉底看来，通过抽象和归纳推理得出的接近真理的"一般"和"本身"是包含客观思想在内的，但苏格拉底所探讨的问题并没有最终的结论，由于受到"归纳逻辑"的局限，"一般"和"本身"的具体内容并没有呈现，而只是以下定义的方式得到了形式上的概念，就像苏格拉底将善引入心灵一样，只有善的原则，而没有具体规定。由此看来，苏格拉底"助产术"辩证法也存在其局限性，谈话确实激发了人们对智慧的渴求，呈现了相当程度的知性化取向，但并没有给出一个"一般"或"本身"的结论——没有明确告诉人们真理本身到底是什么，它的内涵和外延还不够精致和明晰，其精神实质是一种审视过程，而非追求确定性结论，是一种思维训练，"助产术"辩证法在苏格拉底那里是具有启发性的和过程性的，并没有达到真正的辩证法。

苏格拉底通过"归纳逻辑"寻找关于事物"一般"和"本身"的做法成为柏拉图理念论的直接来源。柏拉图将事物"本身"或者"一般"称为"理念"。但苏格拉底对事物"本身"的探求局限在主观精神范围内的"善""美德"等事物，柏拉图对"本身"或者"理念"的探求由主观精神扩展到整个世界。同时，柏拉图将"理念"脱离具体事物，并成为具体事物存在的根据。并且，柏拉图的理念是与生俱来的，它先于经验存在于我们的思想当中，也可以称之为"回忆说"。柏拉图用"回忆说"更好地解释了苏格拉底关于"善"的概念知识悖论。在柏拉图的辩证法中，就是让理念通过"回忆"再次在人的心灵中实现出来，从而达到理念与理性的内在统一。但同时，苏格拉底和柏拉图并没有否定知性的认识地位和作用，苏格拉底一直坚守着从"个别到一般"的归纳推理，柏拉图也始终承认现象是理念得以呈现的可感对象。

第三节　亚里士多德形式逻辑与知性确定性的确立

亚里士多德的工具论、逻辑学都属于形式逻辑范畴。形式逻辑的主要特点就在于主观对经验世界产生知识的工具，这种工具能够把客观的经验世界或现象世界转化成知识，但形式逻辑实际上是一种思维的法则，思维的法则是在主观当中形成的法则。因此，形式逻辑是一种形成于主观当中的纯粹形式的思维逻辑，它并没有进入到事物的现象内容，更是与事物自身的法则无关。所以，它只能作为人类获取客观世界知识的工具。而形式逻辑的第一步要求便是概念范畴，概念的形成是主体通过对经验的抽象、归纳、总结而得出的。形式逻辑通过思维的法则获取僵死的概念，用概念去规定客观经验中鲜活的万物，概念是主观意义上的概念，客观是经验世界本身，知性的概念必然会造成主观与客观的分离，必然会造成"规定即否定"，以此产生知性的困境。

一、亚氏实体"一元论"对本体"二元论"的终结

亚里士多德是古希腊哲学的集大成者，之所以称之为集大成者在于他将之前哲人相互对立的思想集于自身之中。巴门尼德用"存在"与"非存在"开启了本体"二元论"，柏拉图用"理念世界"和"现象世界"完成了本体"二元论"。但是古希腊哲学没有终止于柏拉图本体的"二元论"，而是终止于亚里士多德实体的"一元论"。

亚里士多德在面对柏拉图的理念论时并不承认理念世界的真实存在

性，并认为我们研究对象本身是实际存在的个别事物，而重新设立一个理念的世界作为个别事物存在的根据，并断言真正的现实是"在现象本身中发展的本质"①。具体来说，真正的现实完全具备本质的品格，而本质恰是殊相唯一来源，本质也唯有在个体殊相中展示自身才是真实的，一切现象的展示与呈现都是本质自身实现的现实。亚里士多德认为柏拉图的这种做法一方面没有更好地解释现象世界的具体事物，另一方面增加研究理念世界的复杂性。因此，亚里士多德重新审视关于存在本身的问题，并追问存在是什么的问题。最终，以十类范畴中的"实体"作为"存在的本身"或"一般"，关于存在学说的本体论归为亚里士多德的实体学说中。在亚里士多德的实体学说中将实体界定为一个独立实在的个别事物，而这一个别事物存在于经验当中，以区别柏拉图从抽象的理念或思维出发的观念。亚里士多德在对实体进行界定的同时，将实体划分了等级。他将个别事物的存在构成了"第一实体"，将属种构成的概念或形式作为第二实体，而最高的实体即上帝。在亚里士多德这里，世间万物都是由经验中的实体构成，没有任何形式的质料就是"纯有"，没有任何质料的形式就是上帝。并且亚里士多德认为，个别具体事物的实体是由质料和形式构成，个体具体事物既要有质料又要有形式，二者缺一不可。在柏拉图的理念中，具体感性事物在理念处获得形式，由此，感性事物才有存在的可能。因此，原始的感性事物构成事物的质料，理念为感性事物提供形式。由此，"形式"与"质料"的结合构成了现象世界。在亚里士多德的世界是经验的世界，是由质料和形式构成的现象世界。原始的感性事物在亚里士多德这成为"纯质料"，这种被称作"纯质料"的东西在早期希腊自然哲学中视为"本

---

① ［德］文德尔班.哲学史教程（上卷）［M］.罗达仁，译.北京：商务印书馆，2015：190.

原"，就这样自然哲学包含于形而上学之内并合流于亚里士多德的实体观念之中。从词源学角度来看，在柏拉图那被叫作"理念"的东西翻译为eidos，这与亚里士多德"形式"概念同出一辙，也被翻译为eidos。因此，亚里士多德将柏拉图的理念置于第二实体概念或形式之中。就这样，亚里士多德把柏拉图的理念变成了形式，进而将柏拉图的本体"二元论"驱除，构成了实体"一元论"。

二、人类对客观世界形成知识的工具：形式逻辑

从逻辑史的发展变化来看，形式逻辑的名称是康德对亚里士多德逻辑的一种称呼，而康德将亚里士多德的逻辑称为形式逻辑的目的是想将形式逻辑向先验逻辑改造，形式逻辑从概念来看就可以得知，是一种纯形式的思维逻辑，它实则并没有进入到事物的现象界内容，同时也比较准确地反映了亚里士多德逻辑的实质。而康德的先验逻辑是对事物现象形成的逻辑，黑格尔把形式逻辑变成了对事物自身的逻辑，也就是对事物本身形成的逻辑，以此产生了辩证法。而这里需要注意的是，亚里士多德的形式逻辑仅仅是一种思维法则，这种思维的法则包括诸如同一律、矛盾律、主词与谓词的关系，三段论等在内，思维的法则也可以理解为主观的法则，也就是说它是在思维中的逻辑，而并不是事物自身的逻辑。"在以后整个哲学史里面也说不上有另外一种逻辑。……从亚里士多德以来，逻辑性未曾有过任何进展。……这些形式被后人加以引申，因而变得更加形式化"①。更加形式化的意义在于割裂了内容与形式的勾连。因此，形式逻辑实际上是一种只有形式而没有内容的法则。但是在亚里士多德看来，形式逻辑就

---

① ［德］弗里德里希·黑格尔. 哲学史讲演录（第一卷）［M］. 贺麟，王太庆，译. 北京：商务印书馆，2016：384-385.

是人类对客观世界形成的知识工具，人类可以通过这种工具将客观经验世界转化成知识。

亚里士多德作为形式逻辑的创始人，关于形式逻辑的学说主要体现在《工具论》以及散见于《形而上学》当中的部分内容。在形式逻辑当中，亚里士多德创立了三个基本规律，即矛盾律、排中律、同一律。其中，作为推理学说的"三段论"构成亚里士多德的形式逻辑的核心内容，三段论的提出实际上是为了解决柏拉图的理念世界和现象世界如何沟通的问题而提供的方法和理论工具。从三段论的构成来看，它由大前提、小前提和结论三部分构成。三段论的格式是亚里士多德根据逻辑必然性所概括出来的普遍有效的推理形式结构，符合这些格式，只要前提为真，得出的结论也必然为真。①大前提一般是理念中的演绎命题，一般采用的是一种下定义的方法，也就是对经验中具体事物的归纳和总结，因此，所有的定义都可以作为大前提来使用，同时这个大前提也是规定下来的。小前提所指向的是具体的事物，结论得到的就是关于具体事物的知识。所以，三段论是通过推理证明而获得对客观世界的知识，正如亚里士多德所说："我们知道，我们无论如何都是通过证明获得知识的。我所谓的证明是指产生科学知识的三段论。所谓科学知识，是指只要我们把握了它，就能据此知道事物的东西。"②在亚里士多德看来，获得知识的方法只有通过形式逻辑的推理证明，也就是通过三段论。并且"用此方法在所有知识各部门中都能获得科学的知识"③。在亚里士多德那里，只要运用了形式逻辑便能获得客观世

---

① 郭建萍. 简论亚里士多德的逻辑真理观 [J]. 理论探索，2006（6）：33-34.

② [古希腊] 亚里士多德. 工具论（上）[M]. 余纪元，等，译. 北京：中国人民大学出版社，2003：85.

③ [德] 文德尔班. 哲学史教程（上卷）[M]. 罗达仁，译. 北京：商务印书馆，2015：182.

界的知识。如果说修辞学以教授说服和辩论技巧为主，那么形式逻辑所关注的必然是认识和证明的工具，并不类似于智者派追求实用价值的规律，也不似于苏格拉底对一个原则做一般规定所用的下定义，而是全方位对思维活动做检验，对思维活动外化的规律形式做全面检验。因此，亚里士多德的形式逻辑遵循的是一种思维法则。唯有符合正确的思维法则的知识才有资格通过思想活动加以获得，而这样的思想活动只有从有关认识与认识对象之间的一般关系获得呈现。因此，亚里士多德的形式逻辑同其形而上学的本体论密不可分。

三、形式逻辑中知性思维确定性的塑成

思维的知性化取向是古希腊哲学总体思维方式的显著特征，摆脱了对于神话宗教等对人自身的超自然束缚，具体表现为去神秘性，取而代之的是对纯知识的追求表现出极大的热忱，开始理性的思考，诉诸抽象逻辑思维的推理和论证。在形式逻辑中包括概念、判断、推理等一般形式构成，但这只能构成逻辑学的有限形式，形式的有限性限制了形式逻辑运用的有限性。因此，这种形式逻辑只能在一定范围内运用，这个范围限定在知性中，并且是在知性中的主观方面，与主观相对的是客观，客观呈现的是"内容"的东西，所以，形式逻辑对客观的内容无法进行无限的运用。

在亚里士多德看来，任何事物都是由形式和质料所构成，并且认为形式和质料都是实体。在对待质料和形式的看法上，他更倾向于作为个别性的东西的形式，因为他觉得形式比普遍性的质料更加具有实体性。这种倾向性在他的形式逻辑中体现得尤为充分。亚里士多德认为，形式逻辑是获得确定性知识的工具，确定性的知识是由实体所构成，实体本身是由质料和形式构成。确定性知识当中的实体是可感觉的实体，它出现在我们的感觉和知性之中，我们对于实体的感性和知性的把握需要形式逻辑的帮助，

形式逻辑中的第一步要求便是概念，概念的获得是通过主体对经验中鲜活的万物进行的抽象和归纳，再经过判断、三段论的推理等形式逻辑的方式而获得确定性的知识。但在此过程中，实体的形式和质料之间发生了分离，主体只能获得实体的"形式"，而质料被分离在外，"这里的形式是与质料有别的。而且是在质料之外的"①。因此，在形式逻辑中的知性思维所认识的实体并不是实体的全部，而是只认识到了实体的"形式"，知性认识到只是有限的实体，对于普遍性的质料并没有被认识到。所以，亚里士多德通过形式逻辑获得的知性确定性知识只是获得了概念的形式，仅有形式的概念是僵死的、凝固的，失去了世间事物的鲜活性，也就是失去了对事物自身的确定性知识的掌握。概念在规定的同时也在否定，规定了概念的形式而否定了知识本身的真理。因为知性的抽象只是人为的规定，其必将远离事物本身的真理内容。

在康德看来，人类的认识需要三个阶段，即感性、知性和理性。亚里士多德对形式逻辑的运用只能停留在知性阶段，并且对形式逻辑的运用仅停留在获得实体中的知识形式，并没有获得真正的知识内容。亚里士多德对知识确定性的获得实则是一种思维确定性的获得，这种思维确定性通过形式逻辑作为工具的结果，思维的确定性存在于主观思维之中，不能代替客观事物自身的确定性。因此，形式逻辑是思维中的法则，无法进入事物现象的内容，更不能获得真理。

---

① ［德］弗里德里希·黑格尔. 哲学史讲演录（第二卷）[M]. 贺麟，王太庆，译. 北京：商务印书馆，2016：292.

第三章　近代西方哲学中知性的
有限性困境与辩证法的确立

　　古希腊哲学家在自然中寻找"本原"的感性客体，是以客体为原则寻找一种更为普遍的"本体"，进而形成了感性直观的客体意识，实体兼具实在性和物质性特征，形成了朴素的辩证思维，论证了知性的确定性。近代西方哲学是继古希腊哲学和中世纪哲学之后的另一个新的历史阶段。随着自然科学飞速发展，人们对通过自身理性认识世界和改造世界的信心越来越强，试图通过理性提升科技水平和知识认知来突破内部和外部的局限，进而通达自由的境界，这种提升是以主体性为原则的、伴随着主体对知性自在运用的提升而来，"知性乃科学之母，没有知性的训练就不会有科学精神"[①]。近代哲学的认识论转向，就是要改变古希腊哲学中的"客观化"的本体论思维方式，对本体论发展出来的朴素的认识论进行反省。但是，随着主体性不断突破自身向着实现主客统一的目标前进的过程中，知性的有限性则成为人类实现理性自由过程中的桎梏，德国古典哲学正是在突破知性有限性困境中逐渐确立了辩证法的，因此才会出现一种观点：

---

① 王天成. 黑格尔知性理论概观 [J]. 吉林大学社会科学学报，2010（3）.

"近代西方认识论转向后占据百年核心的概念恰恰是知性。"①

第一节　近代经验论感性观念确定性的坚守与"怀疑"

　　自然科学的迅猛发展大大提高了社会生产力，为资产阶级革命、近代哲学的形成和发展提供了物质基础，而科学特别是实证科学都依赖于知性的确定化和规范化，近代科学的突飞猛进离不开知性思维的哲学训练，如黑格尔所述，"无论如何，我们必须首先承认理智思维的权利和优点，大概讲来，无论在理论的或实践的范围内，没有理智，就不会有坚定性和规定性"②。其中理智就是知性，理智的运思方式就是知性思维，知性思维是科学研究理应坚持并一以贯之的思维方式，它保证了思想的坚定性和规定性，进而让我们理解和把握世界更加充分、清晰和确然，排除一切空泛和模糊之处。但是，知性的确定性究竟来源于何处？知识的确定性只靠知性的确定性就能得以保障吗？

　　严格的知性思维导致近代自然科学的分门别类，自然科学因观察手段不同、分析方法差异、实验方式有别而分化具体门类，这也造就了近代的自然科学家和哲学家们强调细节、重视分类的思维习惯。一方面，大大促进了科学的精深发展与广博拓延；另一方面，关于知识的来源等问题，经验派和唯理派展开了将近一个世纪的论战。经验论认为，人的认识能力能对外在经验形成反映，最终形成与经验相关的知识，而唯理论认为人的认

---

① 颜青山. 知性的概念史与知性哲学 [J]. 学术月刊，2021（06）.

② ［德］弗里德里希·黑格尔. 小逻辑 [M]. 贺麟，译. 北京：商务印书馆，1980：173.

识能力来源于内在天赋，最终能形成真理知识。可见，无论是经验派还是唯理派，哲学家们都是要通过反思人自身的认识能力实现对于世界的认识。

一、洛克的观念论中感觉的可靠性

洛克在《人类理解论》一书中提出："如果想要满意地解决人心所爱好的各种研究其第一步就是考察我们自己的理智，看看它们适合研究的事物是什么东西。"①洛克将知识的来源归结于人的感觉经验并提出了"白板说"。他假定道："心灵如一张白纸，上面没有任何记号，也没有任何观念，那它又是怎样得到这些观念的呢？人的忙碌且不受束缚的幻想以几近无限多样的方式在心灵上描绘的那许多东西，究竟是从哪里来的呢？它从哪里得到理性和知识的材料呢？我对此可用一句话作答，即从经验来：我们的全部知识都建立在经验之上，知识本身归根结底源自于经验。"②而经验之所以能为人类所用，最终形成知识，则是因为人的思维具有组合、比较和抽象的能力，能通过知性思维活动将经验化作人的心灵"白板"上的观念。洛克认为，人类所形成的一切知识都是由观念构成的，观念分为简单观念和复杂观念。简单观念构成了知识的基本要素，其具有被动性和单纯性。洛克认为，我们的感官在熟悉了特殊的可感的对象以后，能按照那些对象刺激感官的各种方式，把事物各种清晰的知觉传达到人心灵的"白板"上，这是一种由外部事物及其属性直接作用于感官而产生的感觉观念。另外，还有一种心灵对自身心理活动的直接反省而产生的反省观念，

---

① ［英］约翰·洛克. 人类理解论［M］. 关文运，译. 北京：商务印书馆，1959：5.

② ［德］莱布尼茨. 人类理智新论（上册）［M］. 陈修斋，译. 北京：商务印书馆，1996：5.

洛克提出，我们还能知觉到自己的各种心理活动，当我们在运用和理解以便考察感官所获得的观念时，必须依靠心灵的另一套观念来对其进行反省，这些心灵观念包括知觉（perceptiong）、思想（thinking）、怀疑（doubting）、信仰（believing）、推论（reasoning）、认识（knowing）、意欲（willing）以及人心的一切作用。因为这些观念的来源完全是人自身内部，因此可以称它们为内在的感官；而由于它们所提供的观念来自人自己内部的心理活动，所以亦可称其为"反省"。复杂观念则是几个简单观念所组合而成的，而知识最终的形成就依赖于人对于两个观念之间关系的认识。洛克说："我们可以先让任何人来考察自己的思想，并且彻底搜索自己的理解，然后再让他告诉我们，他心中所有的全部原始观念，究竟是不是他的感官的对象的观念，或他所反省的心理活动（这些活动当然亦可当作对象）的观念。他无论想象心中存在着多是知识，可是在严密考察以后，他一定会看到，他在心中所有的任何观念，都是由此两条路径之一印入的，只是人的理解或可以把它们组合、增大，弄出无限的花样来罢了。"[①]可见，在洛克看来，感觉的对象是观念的一个来源，一切知识都是由感觉或反省而来，从经验到观念再到知识就是我们最终形成知识的形式。

　　需要注意的是，洛克一直是将人心在自身所直接观察到的东西，或是知觉、思想、理解……到的对象叫作观念；而物体之所以具有能在人心中产生观念的能力，是因为它们具有性质（qualities）。在洛克看来，物体有两种性质，物体的第一性质（primary qualities）是无论如何都不会与物本身相分离的，我们的"感官"能恒常感到这些性质，如物体凝性、广袤、形相、运动、静止、数目等性质，这是物体的原始性质，正是基于这些事

---

① ［英］约翰·洛克. 人类理解论［M］. 关文运，译. 北京：商务印书馆，1959：69.

物的第一性质我们产生了简单观念，通过直接知觉我们就能获得这些简单观念。直观知觉是人心运用观念的第一种能力，通过直观知觉我们得到简单观念是人心的一种自动的作用，只有人心在接受印象时，才能发生知觉。物体的第二性质（secondary qualities）则不是物象本身所具有的东西，而是指能借其第一性质在我们心中产生各种感觉的那些能力，如颜色、声音、滋味等，这些观念是借助物体的形相、组织和运动等表现于我们心中的，这种第二性质则需要间接知觉才能获得，也就是通过反省才能获得这种关于第二性质的观念。当一个人反省自己在看时、听时、思时、觉时，自身所经验到的，就可以得到，而不需要通过他人的言语获得。洛克强调，即使人的感官经受了充分的刺激，如果人心没有观察到，也无法生成知觉，人的心中当然也不会产生观念。无论第一性质还是第二性质，知觉都是人们获得观念的方式，实体观念的获得也是如此，只是我们经常由于不注意，将其当作一个简单观念看并谈起，实际上它是由许多观念所凑合而成，非物质的精神实体亦是如此。洛克认为，"我们就我们判断所形成的观念认为是感觉所引起的一种知觉"，而且往往注意不到它，当"一个人，在用心听时或读时，就不注意那些声音和文字，只注意它们所产生的那些观念"[①]。同时，我们的感官只能察觉物质则是由于缺乏反省，事实上"每一种感觉作用，在充分考究之后，都可以使我们看到自然中的两个部分——物质和精神"[②]。洛克认为，最终形成知识是依靠知觉，知觉可以看作一切知识材料的进口，人们的知识有不同结构，是由于人们的知觉程度不同，但感觉才是知觉确定性的来源。也就是，洛克认为，感觉产生印象能自动生成知觉进而获得观念，不能自动生成观念则需要靠反省获

---

① 洪汉鼎，陈志国. 知识论读本［M］. 北京：中国人民大学出版社，2010：194.
② ［英］约翰·洛克. 人类理解论［M］. 关文运，译. 北京：商务印书馆，1959：277.

得，即直接知觉或是反省都能获得观念，而人心对两个观念的契合和矛盾所生成的知觉就是知识①。洛克说："一个人或动物的感官愈少，它们所接受的印象愈少而愈暗，而且运用那些印象的各种能力愈纯：则他们愈不能达到某些人所有的那些知识。"②

显然，以经验为根据、通过论证感觉确定性，是无法确保知识的确定性的。如果我们的感觉经验来源于外部事物，知识产生于心中的观念，那如何确定知识与对象的一致性呢？这个问题困扰着洛克，使其最终走向了不可知论。洛克坦然承认，对于"事物内在组织和真正本质"我们不可能知道，因为我们"根本没有达到这种知识的官能"③。而同为经验论代表人物的贝克莱和休谟，则一个走向了上帝，一个走向了怀疑论。

二、贝克莱"存在就是被感知"中感知绝对化

贝克莱与洛克一样认为知识的对象是"观念"，但他反对洛克的第一性质和第二性质的理论，他认为实在的东西只有上帝，其他一切观念都来源于能感知的心灵。贝克莱认为，"具有一个观念与感知一个观念完全是一回事"，即"对象和感觉原是一个东西"④。

在贝克莱看来，人类知识的对象就是观念，这些观念包括三种：一种是由实在印入感官的；一种是心灵的各种情感和作用所产生的；一种是在

---

① ［英］约翰·洛克. 人类理解论［M］. 关文运，译. 北京：商务印书馆，1959：515.

② ［英］约翰·洛克. 人类理解论［M］. 关文运，译. 北京：商务印书馆，1959：115.

③ ［英］约翰·洛克. 人类理解论［M］. 关文运，译. 北京：商务印书馆，1959：286.

④ ［英］乔治·贝克莱. 人类知识原理［M］. 关文运，译. 北京：商务印书馆，1958：22-23.

记忆和想象的帮助下形成的。而对象和感觉之所以是一个东西，则是由于无论是感知还是认识都是依靠心灵，贝克莱提出："除了那些无数的观念（或知识的对象）外，还有别的一种东西在认识或感知它们，并且在它们面前施展各种能力，如意志、想象、记忆等。这个能感知的能动的主体，我们叫它做心灵、精神或灵魂，自我。"①这些名词不代表我的任何观念，只表示为它所感知，表示观念在这些东西中存在，一个观念的存在正是由于它被感知。所以，他认为我们的思想、情感、想象所构成的观念，并不能离开心灵存在，感官所印入的各种感觉或观念，无论如何组合、混杂，除了在感知它们的心灵以内都不能存在。即使我们能通过抽象和想象将一些实际能分开的事物（花与花香），在看到一样却看不到另一样的时候，确定另一样的存在，但是，我们的想象能力并不能超出实在存在（或感知）的可能性以外。所以，在贝克莱看来，对象和感觉是一种东西，不能依靠抽象而相互彼此分离。

贝克莱反对洛克所提出的知觉具有主动性的能力，他认为，不论谁来考察自己的感觉观念或是反省观念，都不会看到它们里面含有任何能力或动力，观念的存在是充满被动性或迟钝性的。人类并不能实现借由思想的抽象作用来设想一个物体的广延和运动，而不涉及其他客观讲的性质，因为人在构成一个只有广延和运动的物体观念的同时一定要给它一种颜色或是其他可以感知的性质，而这些性质又必须是被人承认为只在心中存在。也就是，物体的可感知的性质在其他什么地方存在的话，这个物体的原性质就一定也在同个地方存在，所谓广延、形象和运动，离开一切别的可感知的性质，是不可能的。相应的，任何颜色、广延或其他一切可感知的性

---

① ［英］乔治·贝克莱. 人类知识原理［M］. 关文运，译. 北京：商务印书馆，1958：20.

质，都不能在心外一个不思想的实体中存在，也就是"所谓外在对象为物根本不会存在"[①]。贝克莱认为，如果有外界物体的存在，那也不会是我们凭借感官知道的，一定是借助理性知道的。由于我们只能凭借我们的感官知道我们的感觉、观念或是直接为感官所感知的那些东西，如果我们能知道外界的事物，那一定是只能依靠理性的推论了，只有理性可以借由感官根据感知的东西推知外物的存在。但如果无法感知，仅凭推论，我们如何相信其真正存在呢？在现实中，当我们假设有外物存在，就能在我们心中引起它们的观念，但理论上如何解释物体如何对精神发生作用却是个难题。在贝克莱看来，一切观念都是被动的、无活动力，它们不能借由映像或是图景，把能动的东西表象出来，只有精神才是单纯的能动的存在，它能感知观念，我们可以称其为知性，由于精神可以产生观念，亦可以作用于观念，所以也可以称其为意志。所以，我们要想获得关于能使各种观念运动和变化的那种能动的原则的知识，只能是首先凭借精神的结果来感知它，而不是靠别的约略近似的观念，而这正是精神作为能动实体的本性所要求的。贝克莱认为，当精神、意志、灵魂等词表示的是能动主体的时候，就不与任何观念相似，亦不能被任何观念所表示。我们可以发动意志控制观念的产生和消失，人心正是因为有这种能力，才可以被称为是能动的。但这是在经验基础上产生的，对于想象中的存在是不成立的。

在贝克莱看来，宇宙中有三种存在，第一种就是，存在于感知者心中的观念；第二种是被创造的一种精神，可以用来感知观念，就是我们通常所说的心灵；第三种是上帝，上帝才是永恒无限的精神，能创造万物。贝克莱的"存在（esse）即被感知（percepi）"实际上完整的表述应该是

---

① ［英］乔治·贝克莱. 人类知识原理［M］. 关文运，译. 北京：商务印书馆，1958：24.

"存在即被感知和感知"，表示的是不能离开知觉谈论观念的存在，即离开能感知事物存在的心灵，不能感知到任何观念，所以说对其来说不能有任何存在。需要强调的是，贝克莱想要说明的并不是事物当我们感知到它，它就存在；我们没感知到它，它就不存在。他要说的是，任何事物都具有可感知性。当人一思考"存在"二字并用其来表示可感知事物的时候，凭借知觉我们就可以知道其存在，这一点或者说这种性质不是我们创造的，而是上帝赋予的，上帝作为无限的精神能感知万物。显然，贝克莱将感知绝对化了。

三、休谟对科学知识普遍必然性的"怀疑"

在休谟看来，知识的基本要素是"知觉"，包括感觉、情感、情绪、思维等意识活动，生动的知觉会形成印象。与洛克相同的是，休谟也认为印象有感觉和观念两类，不同的是，他承认观念的存在，但洛克认为观念是由感觉印象而得，由于人的思维具有分析、综合与推理的能力，进而人的心灵能产生遵守相似关系、接近关系和因果关系三个原则的联想功能，所以，人最终能形成对观念的组合与分解，从而获得复合观念和知识。简单地说，休谟认为联想能产生知识。虽然休谟承认人类具有联想的能力，也认为联想能形成知识，但同时，休谟对于联想的来源提出了质疑，他提出这种联想由于过于随意而缺乏普遍性，从而也无法保障知识的普遍性。

休谟在《人类理解研究》中指出任何学科都直接或者间接地依赖于人，他说："关于人的科学是其他科学唯一牢固的基础，而我们对这个科学本身所能给予的唯一牢固的基础又必须建立在经验和观察之上。"①每个人心中都有知觉存在，这是毋庸置疑的，知觉才是人类能形成普遍知识的

---

① ［英］休谟. 人性论 ［M］. 关文运，译. 北京：商务印书馆，1983：8.

根基。休谟认为，人心中的知觉有两种，当一个人感到过度热的痛苦或是感到适度热的快乐时，他的知觉是一个样子，而当他过后回忆起这段痛苦或是快乐的记忆时，他的知觉又是另一种样子。也就是，记忆和想象虽然能模拟感官的知觉，但却无法达到与感官正在经历时候一样的强度，所以知觉也是有强弱之分的。休谟将比较不强烈、不活跃的知觉叫作思想或是观念，而把另一种较活跃的叫作印象，印象多指我们所听、所见、所触摸、所热爱、所憎恨、所欲、所意的时候的知觉。在休谟看来，一切知识都只来源于感觉，观念只是对印象的摹写，简单观念是直接对简单印象的摹写，复合观念则是对复合印象的摹写或是对简单观念的排列和组合。人的思想看似是没有界限的，可以不受自然和实在的限制，任意发挥想象，但实际上人们的思想并不具有自由的无限性特征，只要我们经过细密的考察就会发现，人心的所有创造力只不过是把感官和经验给予我们的材料混合、调换、增加或减少后得到的。如果我们认为物象的一切可感的性质都只是心中的知觉，并不表象也不存在于外物本身，那么就相当于把物质的一切可觉察的性质都剥夺了，只能留下一些由抽象所获得的原始性质的观念，这是荒谬的、不可构想的。我们既然假设，心和外物是两种十分相反的主、客对立的存在，那么客观的外物究竟以什么方式把它的影像传达到主观的个体心中的呢？我们所得就是外物本来真实的样子吗？休谟对此产生了怀疑。

休谟提出，当我们分析我们的思想或观念（不管它们如何复杂或者崇高），我们常会看到它们能被分解为简单的观念，并且这种简单的观念不过是由先前的一种情感或是感觉引发的。一切观念，尤其是抽象的观念，天然都是微弱的、暧昧的，它们十分容易和其他相似的观念混淆，但是当我们习惯了使用这个名词之后，即使它没有任何清晰的意义，我们也容易想象它有一个确定的观念。而一切印象，也就是一切感觉，都是强烈的、活跃的，它们的界限十分精确而确定，我们即使没有习惯地使用它，也不容易陷入错误。所以，如果我们猜想一个哲学名词的意义时，当我们考究"那个假设的观念是由什么印象来的"这个问题却找不到任何答案时，那么这个哲学名词可能就真的没有任何意义或观念。休谟认为，人类知识也分两种，一种是关于观念之间联系的知识，另一种是关于实际事情的知识。前者构成确定性知识，但与经验内容无涉，属于纯粹的形式命题；后者关涉经验事实。因为所有对经验事实所做的分析推理都是建立在因果关系之上，所以因果推论是理性的重要原则，通过因果推论我们可以超出当下的直接印象而对任何对象的存在和事件的发生进行推论获取知识。但是，休谟质疑因果性观念缺乏印象基础，我们所获得的关于事实的判断只是不同观念的外在集合，知觉不可能直接获得从一个事实过渡到另一个事实的因果性中介。因为，因果关系不能通过先验推理而获得，它需要建立在经验和观察之上，但在经验里知觉只能发现两个对象的恒常结合，这不过是过去印象的重复而已，并不能提供事件之间的实在的必然的联系观念。按照休谟的说法："不但理性不能帮助我们发现原因和结果的最终联系，而且在经验指出它们的恒常结合后，我们也不能凭自己的理性使我们相信我们为什么把经验扩大到我们曾观察过的那些特殊事例之外。"①可见，休谟最终否定了因果关系的客观必然性。也就是，如果一个信念或是观念建立在自然的本能上，那它是违反理性的，只能留下一种不可知、不可解的东西。

在休谟看来，洛克也好，贝克莱也好，都是凭借一种自然的本能或先见来信托他们的感官，总是假设感官所呈现出的那些影像就是外界的事物，洛克不借助任何推论，就恒常假设有一个外在的宇宙，贝克莱则是相

① ［英］休谟. 人性论［M］. 关文运，译. 北京：商务印书馆，1980：104.

信不论我们能知觉外物、能思维外物的人处于什么情况，只要我们能感知得到，就都对其能得到普遍性的观念。显然，这种对于人类自然能力的盲目自信，必然要遭到理性的反驳：如何论证人心中的知觉是由和它们自身相似而实际不同的外物所引起的呢？怎么确定其不是由人心的力量或是一种无形的、不可知的精神而生成的呢？又如何排除其他未知的原因呢？由于人心中除了知觉没有别的东西，而且无论在经验中、在事实中、在理论上，人心都无法经验到这些知觉和物象的联系。所以，对于休谟来说，此前获得知识的方式，无论是理性还是经验都无效，同样演绎和归纳也都无效。

第二节　近代唯理论对"天赋观念"的确信与"独断"

笛卡儿用"我思故我在"开启了西方近代的认识论转向，并在唯理论哲学中确立起了围绕"我思"建构形而上学的内在性原则。笛卡儿将"我思"确定为具有思维属性的精神实体，斯宾诺莎完成了最高实体与主体"我思"属性之间的"一元化"，莱布尼茨则让作为单子的"我思"具有了自我创造和生成的能动性。然而，从严格的经验论立场上看，"我思"作为精神之在，它无法获得经验性的实证，因此"独断"其存在是其无法逃脱的理论宿命，这就让近代哲学家们企图以"我思"来建构主体性形而上学的梦想破灭了。突破的路径只有一条，走出经验论的立场，向先验或超验跃迁，从而为主体性形而上学寻求新的地基，这项重任交给了德国古典哲学。

一、笛卡儿"天赋观念"的确定性与主体形而上学的奠基

唯理性看到了只有摆脱经验实证的多变性和偶然性，才能使知识具有普遍必然性。由此笛卡儿选择用"理性演绎法"来打造他的知识大厦，一方面用几何学的推演方式保障自己的推演过程符合逻辑，另一方面用理智直观来得到推演所依据的基本原理。

笛卡儿为了找到知识确实可靠的基础，用怀疑的态度来对待一切，从感官得到的经验知识开始怀疑，找到了他的"阿基米德点"——"我思故我在"，他认为这是一种"天赋观念"，知识绝不源于感觉与主观虚构，只有天赋观念才是清楚明白、无可置疑的，是对事物本质普遍有效的认识，也就是只有来自纯粹理性思维的、天赋的观念才是永恒的真理。笛卡儿提出，我们可以怀疑一切，除了"我在怀疑"这件正在进行的事情本身，他说："对一切事物仔细加以检查之后，最后必须做出这样的结论，而且必须把它当成确定无疑的，即有我，我存在这个命题，每次当我说出它来，或者在我心里想到它的时候，这个命题必然是真的。"①亦即笛卡儿抽去了思维中一切可以抽去的修饰部分，从思维层面上肯定了精神性的"我思"是一种不证自明的存在。"我思"是一个真观念，在唯理论中被理解为主体的内在观念，可以指代主体性存在，是一个非物质性的精神实体，思维可看作"我思"的唯一属性。

"理智直观"在笛卡儿看来是一个无可置疑的概念，依靠理性就能获得，因此可以提供一个最基本的原理；"演绎"则是要从由理智直观所提供的原理出发，形成一个具有必然性的推理过程，进而产生新的知识。笛

①　[法] 勒内·笛卡儿. 第一哲学沉思录 [M]. 庞景仁，译. 北京：商务印书馆，1986：23.

卡儿用"我思故我在"这个天赋观念，通过"理智直观"将"存在"分为了三类：一是，思维自身的存在；二是，上帝存在；三是，物质实体的存在。"我思"通过"理智直观"获得，而由"我思"可以推断出"我在"，"我思"是天赋观念，是上帝赋予的，所以上帝也存在。所以，笛卡儿在论证过程中运用了形式逻辑的同一性。他提出了理性获得认识的四条方法论原则：一是，用普遍怀疑的方法，以理性来检查一切知识；二是，用自然科学的分析方法考察"每一个难题"；三是，用综合的方法，从抽象的一般到具体的个别；四是，尽量完全列举、审视所有情况。由此，笛卡儿用理智直观和数学演绎的方法建立了"理性演绎法"，并试图建立起哲学的知识建构体系。可见，笛卡儿试图将所有知识综合在一起，恢复人类理性的地位，为知识奠基。

在笛卡儿看来，人的身体是不具有运动的原因的，身体不能作为"人的本性"，身体运动的原因来自"灵魂"。也就是"感觉"依赖于人的感官存在，笛卡儿认为："严格来说，我只是一个在思维的东西，也就是说，一个精神、一个理智或一个理性。"①而"思维"对于笛卡儿来说或许还不能充分说明"人的本性"，也无法完全说明人如何实现认识，故而笛卡儿用"精神"来理解外在于人的事物。他提出，作为"我"这个实体其本质就只有思想，"我"是通过视觉、触觉或是心灵的、精神的方式领会特定事物的，"我"能清楚地判定该事物的存在也能认识事物的本性，因为"自我"与物质都是实体。笛卡儿提出的认识事物的形式有两种，一是，以精神或理性思维为基础理解其存在；二是，以感觉对立为前提所获得的证据。无论哪种方式，都是将事物的本质作为理智认识的结果，也就是其

---

① ［法］勒内·笛卡儿. 第一哲学沉思录［M］. 庞景仁，译. 北京：商务印书馆，1986：25-26.

不存在于现实中，而是存在于人的心灵或思维中。①在《对第一个纲要的批注》中，笛卡儿将"意识"的"思维"等同于"精神"，也就是笛卡儿的"思维"是一种广义的，包括"智性"和"意志"。为了说明这种思维的广义性，笛卡儿甚至用"理解的知觉"来代替"理解（智性）"，因为其容易被误解为纯粹理智而把感觉、感知、想象等情绪排除在外，而知觉却能把这些都包容进来，笛卡儿明确指出："我们所能意识到的一切思想方式可以分为概括的两类，一类是理解的知觉作用或效力，一类是意志的作用或效力。比如，凭感官而进行的知觉作用、想象作用，或对纯粹仅能用智力了解的事物的概想作用，都是知觉的各种不同的情状，至于欲望、厌恶、确认、否认、怀疑等，都是意欲的各种不同的情状。"②同时笛卡儿将判断也纳入了"意志"中，因为其包含着一种表示态度的"肯定"，所以在笛卡儿看来属于意志范畴，可见，笛卡儿是将人的精神作为一种认识能力，而认识过程中由于有意志的参与，人们又必须和上帝保持一致，才能获得真知。笛卡儿哲学中的认识层面的真与假的讨论始终是与道德层面的善与恶的层面分不开的，所以人的"自由意志"就成为笛卡儿不得不提到的重要方面。

笛卡儿的"我思"在设定之初就包含着自由的"意志活动"③，他提出："意志是自愿地、自由地（因为这是他的本质）然而却是必然地向着它所认识的善前进的。这就是为什么，如果它认识它所没有的某些完满性，它就立刻把这些完满性给予它自己，假如这是在它的能力之内的话。

① Jorge Secada, Cartesian Metaphysics: The Late Scholastic Origins of Modern Philosophy, Cambridge University Press, 2004: 16.

② ［法］勒内·笛卡儿. 哲学原理［M］. 关文运，译. 北京：商务印书馆，1959：13.

③ ［法］勒内·笛卡儿. 第一哲学沉思录［M］. 庞景仁，译. 北京：商务印书馆，1986：160.

因为，它将认识到有了这些完满性比没有这些完满性，对它来说是更大的善。"①这表明，笛卡儿认为自我具有一种性质，即追求认识的完满性和最高真理。显然，以笛卡儿为代表人物的唯理论，以内在观念为根据建构科学的知识体系，更符合形而上学建构的原则。

二、斯宾诺莎"真观念"与"一元论"哲学体系的建构

斯宾诺莎与笛卡儿一样，认为人所具有的直观与推理的能力是天赋的，不同的是，斯宾诺莎明确提出知识是由人的心灵经过直观和推理而得到的"真观念"，"真观念"可以揭示一切。

事物的"真观念"在斯宾诺莎看来就是真理本身、是事物的客观本质，并不是物体本身，而是能用来理解物体的东西，比如圆形是一个东西，而圆形的观念又是另一个东西。换言之，就观念可以作为一个形式本质（事物在现实世界的本质）而论，它也可以作为另一个客观本质（事物作为思想的对象、在思想中的本质）的对象，其由简单观念构成，不仅能表示事物存在或产生的原因，并且能实现"与其对象的形式本身相符合"②。斯宾诺莎强调"真观念"与事物本质并不是反映与被反映的关系，人的认识活动是从观念到观念而不是从事物到观念，所以知识和真理都是只来源于"真观念"本身，也就是真理的标准只需要依靠"内在的标志"，除了"真观念"以外，我们并不需要别的东西。在斯宾诺莎看来，我们凭借天赋的认识能力就能形成理智工具，再用其充实天赋力量以形成新的理智作品，再形成新的工具……也就是我们能以"真观念"为前提获得其他知识，最终达到智慧的顶端，而这个过程的关键在于将"真观念"从其余

---

① [法] 勒内·笛卡儿. 第一哲学沉思录 [M]. 庞景仁，译. 北京：商务印书馆，1986：166.

② [荷] 斯宾诺莎. 知性改进论 [M]. 贺麟，译. 北京：商务印书馆，1986：50.

的表象中区别开来，又在于研究"真观念"的性质使人知道自己的知性的力量，从而指导心灵，使之依据一定的规范来认识一切必须认识的东西，最终可以实现建立一些规则作为辅助，形成观念的观念，这就是知识的形成过程。

斯宾诺莎认为知识来源于内在观念，也可称作观念的观念。他提出，知识分三种，即感性经验知识、知性推理知识、理性直观知识。而认识因其来源的方式则可分为四类：一是，由传闻或者由某种任意提出的名称或符号得来的知识；二是，由泛泛的经验得来的知识，亦即由未为理智所规定的经验得来的知识，即使它偶然发生，但我们却没有相反的经验来推翻它，于是它就被当作不可动摇的东西留存在我们心中了；三是，一件事物的本质是由另一件事推论出的，但这种推论不必然正确，这种知识是由果求因的过程，一种特质永远伴随某种普遍现象推论出来；四是，纯从认识到一件事物的本质，或者从认识到它的最近因（causa proxima）而得来的知识。想要通过认识的来源就能选出最完善的知识，则需要列出我们实现认识所需要的手段：一是，对于我们要使完善的"自己的本性"，必须有确切的认识，同时还必须对于"事物的本性"具有必要多的认识。二是，必须由此进而正确地推究出事物相异、相同以及相反之处。三是，必须由此进而正确地认识到，什么是事物做得到的，什么是事物做不到的。四是，必须将对于事物的本性的知识与人的本性和能力相比较。如此，就可以容易实现，人所能够达到的最高的完善。

而实际上，斯宾诺莎认为，抛开这些，知识依靠"真观念"这一个工具就可以实现认识，因为理智可以实现不断进展。当心灵认识的事物愈多，便愈多知道它自身的力量和自然的法则，而相应的，心灵对自然法则的知识愈增加，心灵就越加知道如何抑制自己、完善自己。因为斯宾诺莎对于实体的观点与笛卡儿是不同的，他提出："除了神以外，不能有任何实体，也不能设想任何实体。……神是唯一的，这就是说，宇宙间只有一个实体，而且这个实体是绝对无限的。"①且实体就是事物的"自因"，是"作为原则的原则"、是"自然"。在斯宾诺莎看来，因为心灵可以客观地包含自然的本质、秩序和联系，我们的心灵可以完全尽量地反映自然，自然的客观本质就是我们观念的原因，或者说，我们一切观念都是从自然事物或真实存在推出的，以确保不会出现由抽象概念推论出真实事物的情况，也不会出现由真实事物推论出抽象概念的情况。这就是斯宾诺莎的"一元论"。他说："观念之客观地在思想世界与它的对象之在实在世界的关系是一样的。"②自然界中如果有一件事物与其他事物绝无交涉或关联，则它的客观本质——即完全与它的形式本质符合的客观本质，将与任何别的观念毫无关联，也就是，我们不能从它做出任何推断，而相应的，凡是与他物有关联的东西，都是可以认识的，因为自然万物没有不是相互联系的。我们可以从这些关联中实现认识，得出观念，而我们可以依据这些观念推断出其他观念，由于这些观念又与另一些观念有关联，研究工具就这样有扩充了。可见，在斯宾诺莎看来，心灵的一切观念不仅能从表示自然全体的根源和源泉的观念推演出来，也可作为其他观念的源泉。

斯宾诺莎认为，我们进行推论、获得知识的方式主要是依据知性。而这是因为知性具有如下特征③：一是，知性自身具有确定性，它知道事物形式地存在于实在界之中，即客观地包含在知性中。二是，知性认识许多东西或绝对地构成某些观念，而又从别的观念以形成另外一些观念。三是，知性绝对地形成的观念表现的是无限性，而有限性的观念则是知性从别的东西推论出来的。四是，知性形成肯定的观念较于先前形成否定的观

① [荷] 斯宾诺莎. 伦理学 [M]. 贺麟，译. 北京：商务印书馆，1997：13.
② [荷] 斯宾诺莎. 知性改进论 [M]. 贺麟，译. 北京：商务印书馆，1986：54.
③ [荷] 斯宾诺莎. 知性改进论 [M]. 贺麟，译. 北京：商务印书馆，1986：59.

念。五是，知性观察事物不关注时间和数量，但想象的时候则会从某种数目、时间和分量的观点去理解它们。六是，我们所形成的明晰清楚的观念似乎是绝对依靠我们自己的力量，而混淆的观念，每每违反我们的意志。七是，知性从别的观念所形成的事物的观念，可以在许多方式下为心灵所规定。八是，那些愈能表示一物的完善性的观念就愈为完善。由此，斯宾诺莎不仅解决了笛卡儿心灵与身体关系的矛盾和难题，而且使得主体性原则的客观维度得以推进。当我们用综合法的几何学推论的方式，就能让事物的秩序展开自身、呈现自身，让关于自然世界的事物的秩序清楚明白地呈现在人的心灵意识之中。

三、莱布尼茨"单子"的真实性及其主观唯心论体系

莱布尼茨反对洛克的经验论白板说，针对《人类理智新论》的观点，他说："如果某些事件我们在根本未做任何实验之前就能预见到，那就显然是我们自己对此也有所贡献。"①他的天赋观念论比笛卡儿和斯宾诺莎更加彻底，他从单子论的角度出发，认为"我们灵魂的一切思想和行为都是来自它自己内部，而不是由感觉给予它的"②。他把人的心灵比喻为具有天然花纹的大理石，指出感觉只能提供一些例子，不能提供全部知识。普遍必然性的真理不可能来自后天的经验，只能是由心灵先天所固有的。

莱布尼茨既不是像笛卡儿一样把"我思"作为精神实体，也没有像斯宾诺莎一样将"神"作为唯一实体。莱布尼茨认为，"在有形实体中应该有一种最初的隐德作为原始的活动能力；也就是一种原始的动力，与广延

---

① 北京大学哲学系外国哲学史教研室. 十六—十八世纪西欧各国哲学 [M]. 北京：商务印书馆，1975：505.

② [德] 莱布尼茨. 人类理智新论 [M]. 陈修斋，译. 北京：商务印书馆，1982：36.

或纯粹几何学上的东西及质料或纯粹物质的东西相联结，就不停地行动……而这种实体的本原，在生物那里就谓之灵魂，在别的东西那里就谓之实体的形式。这种本原与物质相连就构成一个真正是'一'的实体，但凭它本身就已经构成了一个单元；也就是这种本原，我名之为单子。"①他所指的实体是具有某种"灵魂"性质的东西，是能说明统一性原则的形而上学概念，是一种统一性原则或"真正的单元"②。他用是否"述说的最终主体"以及"可分性（单一性）"来判断事物的实体性，赋予行动的主体以生命性和活动性。实际上，莱布尼茨的实体理论已经过渡到了"单子论"，由于单子本身就意味着一种物质和精神的"统一性"，莱布尼茨认为，只有在单子本身所具有的"微知觉"的诱发下，人们才会对心中的内在观念进行反省，进而使它们清楚明白地呈现出来。

莱布尼茨把物质解释为实体，认为"单子"通过不同的"知觉"而产生出来不同的表象。在莱布尼茨看来，不同实体的灵魂具有不同的表象世界的能力，能"清晰的表象"也能"模糊不清的表象"，清晰知觉就是人将自身与动物区分开来的依据，人与动物区分的标志就是一种精神性的东西，即关于必然的和永恒真理的认识，由此，人才具有理性和知识，而认识的最终实现则是由于对于内在观念的"反思"。莱布尼茨提出："通过对必然真理的认识和对它的抽象，我们也达到了从事反思行为（reflexive Ak-ten）的高度，这种反思行为使我们思考'我'，使我们观察'在我们身上'存在着此一东西，或者彼一东西的情况。由于我们将我们的思考对准我们自己，我们也就将之对准了'存在'（sein），对准了'实体'，对准了'单

---

① ［德］莱布尼茨. 新系统及其说明［M］. 陈修斋，译. 北京：商务印书馆，1999：169.
② ［德］莱布尼茨. 新系统及其说明［M］. 陈修斋，译. 北京：商务印书馆，1999：2.

一体'和'复合体'，对准了'非质料的东西'（unstoffliches）甚至对准了'上帝'，只是我们要在他身上将在我们身上为有限的东西在他身上理解为无限的罢了。这种反思行为进而为我们提供了理性运用之主要对象。"①单子"欲求"的不同等级使单子内部处于永恒的运动中，单子能从不清晰的知觉状态向清晰的知觉状态发展，最终达到理性层面。莱布尼茨认为，单子是指具有朴素的知觉的实体，既不清晰也没有理性和知识，主要指没有生命的物质；而有生命和灵魂的东西即对于自觉的感知的实体，则需要用"灵魂"来命名，不能简单地用"单子"。人和动物最大的不同，如果用单子等级来表示，那么动物的灵魂有记忆，而人的灵魂既有记忆，又有理智或理性。如果一个人的灵魂的知觉都是按照记忆来完成，那么这个人的灵魂就跟动物的灵魂一样是无理智的。

　　由于单子的独立性（"无窗"）和自发性（"力"），因此单子只遵从自身内在的上帝赋予的法则、受自己内部变化的影响，它们之间是不发生影响和作用的；没有两个完全相同的单子，单子由于具有"等级性"才实现了自身的运动由低级向高级的运动，根据单子等级的不同，上帝所赋予单子表象世界的能力也不同，所以人才能依据反思知觉得到对于众多单子的认识。同时，由于每个单子都能与世界相互联系，所以我们能通过对单子的认识实现对世界的认识。所有的单子都是按照自己的方式通过知觉表达着自己所理解的那个世界，而"上帝"作为"原初单一体（Ur-Einheit）或原初单子（Ur-Monade）"是最完满的，"一切被创造的或者衍生的单子都是它的产物"②，也可叫作太一单子，其最能表达并最能实现对真实世界的认识，而人能认识的只是作为自身等级的单子所能认识的世界表象。

---

① ［德］莱布尼茨. 神义论［M］. 朱雁冰，译. 北京：三联书店，2007：486.
② ［德］莱布尼茨. 神义论［M］. 朱雁冰，译. 北京：三联书店，2007：490.

所以，对于莱布尼茨来说，世界是由单子的"众多性"和"等级性"共同构造出了一个有秩序的、有机统一的现象世界，而单子具有活动能力，所以这是一个动态的等级运动过程，相应的，知觉所表象出来的也是一个动态的，我们也需要一个动态的认识过程与之相适应，而单子本身除了是实体之外也具有能动性，其自身就提供了实现认识的知觉能动性。

所以，我们可以认为，在莱布尼茨哲学中，"单子"预先就被设定为物质性和精神性的统一，其自身既为认识主体又为自在实体，从而莱布尼茨把必然客观性排除在外了。显然，莱布尼茨与笛卡儿和斯宾诺莎一样，都没有走出唯理论"独断"的迷雾。

第三节　近代西方哲学知性思维局限与德国古典哲学的时代出场

近代经验论强调的是外在经验的真实性，并不关注经验背后的事物本身，无法说明知识的客观有效性和普遍必然性，必然导致怀疑主义和不可知论；而唯理论强调天赋观念，其所谓的第一原理就难逃独断论的嫌疑，因为无法得到实证，只能沦为独断，此外，它还须面对"二元论"的问题。显然，在经验层面用知性思维论证知识的合法性，"知识论危机"无法避免。因此，德国古典哲学要重审"我思"解除"知识论危机"，打破知性思维的局限，用辩证的理性思维打造起关于真理知识的形而上学体系。

一、近代经验论感觉观念的"个别性"与知识"普遍性"的矛盾

近代经验派的主要观点是知识来源于经验，那么在经验主义哲学中，

其个体性困境显而易见，但是唯理派也有这种困境，因为在经验层面上思考知识问题，就无法避免这主体个体性与知识普遍性这一矛盾，无论我们以从外部世界获得的外部经验为依据，论证知识的来源和获得；还是以心灵的内部经验为依据，来论证思维的存在和随着天赋观念而来的知识的确证性，我们都无法避免个体的特殊知觉的存在，只不过唯理派将知识源起归结于感官和观念的时候，这种个体性被包含在了精神活动的过程中。

人的认识方式要求我们总是要借助普遍性来把握事物的本质，也就是要在个别中抽象出一般，我们要对感官所获得的感觉材料进行加工、用思维加以把握，才能获得知识。而这个过程，实际上就是思维对存在的认识过程，也是用个别性对共性加以知觉和整理的过程。笛卡儿哲学开始于为知识奠基，他开创了近代主体性的先河，虽然他并没有确切地提出"主体"的概念，也没有把"思维"仅仅理解为一个认识活动，但是我们不得不承认"我思"是他哲学的主旨。笛卡儿认为，通过思维人们确证了自我的存在，他物的存在；思维才是自我活动的原因。在笛卡儿看来，"我思"是一个不可分割来理解的实体，我就是一个"在思维的东西"，具体地说，就是"一个在领会、在肯定、在否定、在愿意、在不愿意、也加想象，在感觉的东西"①。这个"我思"靠着感觉、想象、愿意等所获得的知识难免与片面、偶然、任意等疑问纠缠不清，进而使"我思"自身和据此所获得的知识均陷入独断与怀疑的境地。不论笛卡儿、斯宾诺莎还是莱布尼茨，只要是将"观念"作为获得知识的方式，将考察"人"本身作为获得知识的关键，就不得不面对两个关键的问题，一是"我思"是什么？二是"我思"与"存在"的关系是什么？而实际上，这两个问题都被隐藏在了

---

① ［法］勒内·笛卡儿. 方法谈［M］. 关文运，译. 北京：商务印书馆，2000：27.

近代哲学发展过程中的一个最迫切需要解决的问题之下了，即知识的确证性如何保障？也就是，如何论证代表着知识确然性的"我思"是具有普遍性的呢？

实际上来说，自主体性哲学诞生之日起，"我思"就被设定为一个广义的含义，笛卡儿也曾明确地指出其哲学思考中的"思维"实际上包含了"精神"和"意志"两方面的内容，既包括了理论认识活动也包括了情感、自由意志、道德等其他思维活动，所以，"主体"概念一开始即包含着自由与道德、认识与情感、一般与特殊、有限与无限等张力空间。随之而来的，如何超越经验的"我思"的个体性，使正在思维着的个体之"我"变为带有确证性的普遍之"我"就成为一个自近代开始，凡是要探讨认识和"人的本质"的哲学家们要解决的重要问题。这也是伴随着主体性而来的必将出现的问题。从青年黑格尔、马克思到当代的法兰克福学派，都以解决这个问题为目标在推进着其自身哲学体系的建构和完善。而他们所能做到的也不过是借助外力，如"直观""理性""实践"等，使主体的普遍性和特殊性能在理想的社会中获得实现，用既批判又承认的态度面对主体性。当然，也有当主体性哲学发展过程中越加凸显理性、一般性、永恒性追求的时候，直接把笛卡儿的我思主体理解为构成知识的一般之我的情况，经验论的代表人物洛克用抽象观念来把握解决这个问题，将"共相"当作人心灵的一个抽象存在，而他认为，在现实世界"一切事物都是特殊的事物"①，而贝克莱则更进一步提出，知识之所以无法保障确证性，是由于人们以为心灵有形成抽象观念和事物概括的能力，但是实际上并没有。与经验论压制个体性不同，唯理论走上了另外一条解决之路，即论证

---

① ［英］约翰·洛克. 人类理解论 ［M］. 关文运，译. 北京：商务印书馆，2015：420.

"我思"的不可怀疑性，并用数学和几何学的方法铺就获得知识的路径。但这也同样遭到了坚持经验论的休谟的怀疑。

经验主义的基本认识原则要求我们要获得知识就要掌握经验世界中的知识的"共相"，因为知识是既要有确证性又要有普遍性的。那么，经验的内容就作为知识的确证性和实在性的关键被保留下来，而知识的普遍性如何获得就成为哲学家们探讨的关键。经验就意味着个体对象，也就是，在经验层面所能获得的知识，只能是来自代表特殊性的个体，同时，共相又由于不是感官感觉到的对象而缺乏经验主义所要求的合法性。

二、近代唯理论"先天观念"普遍与无法实证的"独断"

笛卡儿哲学的根本任务就是通过普遍怀疑找到一个无法怀疑的"点"为哲学奠基。所以，笛卡儿"我思故我在"是借助于理性形而上学的思辨方法，使"自我"概念清楚明白地呈现于人的意识之中，只依靠理智直观就能发现，既不用证明也不能被怀疑，一旦"我思"被怀疑，哲学的基础就会被动摇。但是休谟提出："任何时候，我总不能抓住一个没有自己的我自己，而且我也不能观察到任何事物，只能观察到一个知觉。"①也就是休谟是在经验论立场上，以知觉经验为基础反驳了唯理论的"天赋观念"。

休谟接受了经验论洛克和贝克莱的一些观点，同样认为知识应该以经验为依托，但却不包括关于他们抽象的看法，休谟在《人性论》中提道："一切一般观念都只是附在某一个名词上的特殊观念，这个名词给予那些特殊观念以一种比较广泛的意义，使它们在需要时唤起那些和它们相似的其他各个观念来。"②显然这种抽象观念是一种形式上的，所得的也是不能

---

① ［英］休谟. 人性论［M］. 关文运，译. 北京：商务印书馆，1980：282.

② ［英］休谟. 人性论［M］. 关文运，译. 北京：商务印书馆，1980：29.

表示对象任何特质的抽象概念，是一种纯粹的观念，如"人"。这种抽象往往是不能形成新的知识的，因为如此抽象出来的概念，无法显示出数量和质量的区别，那么就一定会引发想象，使得所得到的观念与对象之间分离。休谟试图重新确立唯理论中"我思"的来源，建立一个以知觉和印象为基础的"经验自我"体系，以克服笛卡儿自我观念的虚妄性。他提出要严格地把"自我"限制在经验与观察的印象基础之上进行阐述和抽象。而"天赋观念"说是来源于上帝赋予，但实际上只是一种理性的主观假设，因为我们根本无法追溯其本原并无法论证其合理性。从经验论或自然科学实证上看，作为精神实体的"天赋观念"当然是无法证明其存在着的，"我思"既不能在经验中呈现，又不能用自然科学的方法实证。从这一点来说，休谟怀疑其来源并指责其独断是具有合理性的。从笛卡儿到莱布尼茨，一方面他们是在经验论立场上探究"我思"，因此作为实体的"我思"本身就暗含着思维与存在的矛盾；另一方面，作为天赋观念的"我思"本就是"预设"的存在带有着独断性，进而难逃休谟的怀疑。

休谟指出，人的"自我"观念是在知觉印象的反思基础上得到的，但并不是全部"心灵的对象"都可称为观念，还有一些是印象。"印象"是对对象强烈的知觉；"观念"则是对对象较弱的知觉，是印象的反映。在休谟看来，"自我意识"（自我感觉）是由几个简单知觉或者是印象、观念复合而成的。在心灵中，简单印象是先于简单观念存在的；而反省印象是由某个简单印象引起的。我们可以由此推断，心灵中的每一事项不是由一个简单印象构成，而是由多个简单印象组成，如果只有一个印象在心灵中出现，则绝不会是反省印象，只能是感觉印象，而感觉印象是既不能形成认识也不能进行反思的。休谟认为，对象所产生的刺激使得心灵获得了印象，最终才形成了观念，观念并不来源于"天赋"。笛卡儿的"我思"在休谟看来是毫无根据的，所谓的"不证自明"只不过是一种"独断"，他毫不客气地指出："有些哲学家认为我们每一刹那都亲切地意识到所谓我们的自我；认为我们感觉到它的存在和它的存在的继续，并且超出了理性的证信程度那样地确信它的完全的同一性和单纯性。……要想企图对这一点做进一步的说明，反而会削弱它的明白性，因为我们不能根据我们那样亲切地意识到的任何事实，得出任何证明；而且如果我们怀疑了这一点，那么我们对任何事物便都不能有所确定了。"①

但是，休谟怀疑论的出发点就是"观念来自经验"，其对于自我意识的设定也是由于经验知觉产生的，所以与"我思"一样，休谟的"自我意识"仍旧是经验论立场，其在建立形而上学的近代诉求方面也同样遇到了自身无法克服的内在矛盾。所以，如果接受休谟的观点，就等于从经验出发再回归经验，则必定又会对所获得的知识产生普遍性和确定性方面的疑虑。休谟的怀疑论对理性原则的形而上学认识论来说是一种致命的颠覆，导致了"知识论危机"的出现。

三、近代"知识论危机"与德国古典哲学的哲学使命

在康德之前，人们探讨事物的定义与认识真理，都是通过形式逻辑的方法，虽然形式逻辑能保证思维与对象的一致性，但如果这个对象为经验表象的话，那么知识就会缺乏普遍必然性，因为思维不会与流变的表象完全同一；如果对象是概念的话，形式逻辑只能对概念或者概念之间的关系进行判断，而对经验事物本身无效，知识就会缺乏实在性；如果将已知的概念视为认识对象，人们又无法形成新的知识。可见，"知识论危机"所引发的不仅是对知识本身的讨论，更重要的是对哲学研究对象和哲学研究方法的思考。

---

① ［英］休谟. 人性论［M］. 关文运，译. 北京：商务印书馆，1980：281.

　　休谟提出，从近代经验论层面上来看，知识可分为两类，一类是由观念之间的关系所形成的先天的知识，只要符合逻辑即可；第二类要建立在感觉经验的基础上，依据因果关系而获得的事实知识。休谟正是从这两方面出发，最终使近代哲学的认识论走到了死胡同。他提出，因为唯理论信奉的先天知识，虽然只要符合自己的法则就具有普遍必然性，但却对外界事物无效；经验论主张的关于事实的知识，却只具有或然性。笛卡儿、斯宾诺莎和莱布尼茨的哲学理论都是通过看到的经验现象推断出的，他们经验论立场的原则没有变，所以必受到怀疑。而用经验论立场看待"我思"时，"我思"的正确性和必然性问题永远无法得到实证，可矛盾的是，经验论立场本身却要求我们证明，因此笛卡儿晚年陷入了寻找"松果腺"，以期待能以此解决"身心二元论"的难题。

　　从思维方式上看，休谟、笛卡儿、斯宾诺莎和莱布尼茨都是知性思维，他们都是将思维和存在隔离开来，以一方来否定另一方。黑格尔说："就思维作为知性（理智）来说，它坚持着固定的规定性和各规定性之间彼此的差别。以与对方相对立。知性式的思维将每一有限的抽象概念当作本身自存或存在着的东西。"[①]简单地说，知性思维就是"非此即彼"的思维方式，要以否定一方来实现确证另一方的正确，"知性活动一般来说就在于抽象"[②]。显然，无论站在哪种角度和观点去论证，知性的确定性是无可怀疑的，正是知性的确定性确保了知识的确定性，但由于知性活动是由特殊抽象出一般的思维活动，因此，知性具有片面性。其发展到最高层次就是"怀疑论"或者是走向其反面实现向"亦此亦彼"的辩证思维方式

---

　　① ［德］弗里德里希·黑格尔. 小逻辑［M］. 贺麟，译. 北京：商务印书馆，1980：173.

　　② ［德］弗里德里希·黑格尔. 精神哲学［M］. 杨祖陶，译. 北京：人民出版社，2006：295.

的跃迁。

若要重建形而上学，必须另辟蹊径，如果不能向外界事物寻找哲学的立足点和知识的普遍必然性，则必然要向人的主体内部继续寻找，以便保持某一物质是一物质，其属性与实质不会因为个体主观性而改变。

第四节　德国古典哲学中知性确定性 与辩证法的"和解"

"知识论危机"使得"我思"的内在逻辑困境显露出来，同时宣告了用科学方法打造形而上学的失败，出现这个问题的根本原因就是近代哲学立足于科学或经验的思维方式。而随着各学科离开哲学母亲的怀抱，究竟哲学该以何为研究对象？如何确立属于哲学的思维方式？解决这些问题则成为近代之后的德国古典哲学家们的重要任务。

一、康德先验哲学中知性确定性与辩证"逻辑幻像"

"经验论拒斥形而上学，所以他们的哲学就是认识论"[①]。唯理论要避免主观主义，就要以本体论或形而上学为知识的前提，因此，在德国古典哲学之前寻求知识的路径都失败了。康德一方面以经验作为知识的来源，以此确保知识的实在性，另一方考察了人类理性先天的认识能力，以此来确证知识的普遍性。康德提出，知识开始于经验，但形成知识的却是主体的先验形式。

康德认为，先验自我具有先验感性形式，这是种通过主体被对象（自

---

① 张志伟. 西方哲学十五讲［M］. 北京：北京大学出版社，2018：213.

在之物）所刺激来被动接受表象的能力。他说："思维无内容是空的，直观无概念是盲目的。"①没有"直观"认识就没有内容，没有"概念（范畴）"就无法形成知识。对于先验自我的感性直观认识来说，"时空"作为纯形式由能直观的自我提供，其能接受来自经验的物本身的刺激作为认识的质料，而只有表象才与"时空"相契合，也就是先验自我通过先验感性纯形式（时间、空间）进行直观接受关于客体事物的杂多表象的能力，所以先验自我的感性形式——时空和表象确保了知识的实在性。此外，先验自我具有知性范畴和统觉能力，与感性的接受性不同，知性强调一种构成性。范畴来源于纯粹的知性自发活动，提供先天的认识形式，"统觉"一切经验材料。由于感性提供"内容"、知性提供"概念"，它们共同作用才最终产生知识。康德根据先天综合判断的原则改进了形式逻辑并形成了知性范畴表，他将形式逻辑"质、量、关系、模态"的四组判断由二分法改为三分法，并提出它们每一组判断都对应一个范畴。"范畴作为先天概念的客观有效性的根据将在于，经验（按其思维形式）只有通过范畴才是可能的。这样一来范畴就必然地和先天地与经验对象相关，因为一般说来只有借助于范畴任何一个经验对象才能被思维"②。知性具有形成知识的主动性，具有想象力、综合力和构成性；能通过想象力运用12个知性范畴去捕捉感性的自我所提供的直观表象；统觉能用范畴中的知性规则统一表象及其之间的关系，也就是知性范畴能应用于感性表象，确保其客观有效性。

康德在其《纯粹理性批判》第二版序言中明确提道"因为经验本身就是知性所要求的一种认识方式，知性的规则则必须是我们还在对象被给予

---

① ［德］康德. 纯粹理性批判［M］. 邓晓芒，译. 北京：人民出版社，2004：107.

② ［德］康德. 纯粹理性批判［M］. 邓晓芒，译. 北京：商务印书馆，2004：85.

我之前因而先天地就在我心中作为前提了，这个规则被表达在先天的概念中，所以一切经验对象都必须依照这些概念且必须与它们相一致"①。范畴是先天存在于感性杂多之中并成为知识"是其所是"的先决条件。康德提出："范畴只是这样一种知性的规则，这种知性的全部能力在于思维。"②由此可见，真正起到作用的是范畴背后的知性思维。康德通过知性的先验逻辑运用范畴来统摄感性杂多，以抽象概念统摄具体质料的合法性需第三方的中介沟通——想象力，想象力因其本身的特殊性，既具有感性的特征，也具有知性的特点，这样便能把知性的范畴概念同感性的杂多经验勾连起来，由此，康德用先验自我的知性范畴和认知模式回应了休谟的怀疑论。休谟认为事物之间的关系是随意的联想，而康德却提出人先验的具有一套认知法则；人类的认识始于经验但却完成于先验，经验只提供表象作为认识的质料，先验统觉能综合每一个杂多表象，同时又把杂多的表象带给先验自我，这个过程是普遍的、客观的、必然的；即当人发生认知活动时，就都会遵循这套认知法则，从而确保了知识的确定性。

在康德的先验哲学中，知性是通过范畴把感性直观的材料综合为经验的判断来形成知识的，也就是知性认识活动要依靠感性直观，因此康德所形成的是关于表象的知识，是有限的知识，康德将这个称之为规则。人们想要对理性的对象——心灵、理念与上帝形成认识，就要运用先验自我中的理性能力，理性活动的逻辑形式是间接推理，不与经验对象相关，所以无限理性不具有范畴，只能用知性范畴来对理性的对象形成认识。有限的知性认识形式，显然不能对理性的无限认识对象起作用，但康德认为，我们能用推理实现这种对于"无限事物"的认识。先验理性具有推理能力，

---

① ［德］康德. 纯粹理性批判 ［M］. 邓晓芒，译. 北京：商务印书馆，2004：16.
② ［德］康德. 纯粹理性批判 ［M］. 邓晓芒，译. 北京：商务印书馆，2004：97.

可以不被形式和范畴所束缚，我们能根据主观推理所获得的一种主观概念，但这种推理也来源于知性，而知性不具有辩证能力，不能用于认识事物内容本身、概念与概念之间的关系，所以，得到的只能是一个"真理幻象"。

知性对于知识的获得，在整个思维运动中起着基础的建构性作用。但是知性思维规范自然的规律，遵循的是自然的因果律，所以知性实际上是知识的界限，在康德哲学中，知性虽然确证了知识的普遍必然性，但也不过是实现了"知性为自然界立法"。黑格尔在《小逻辑》中明确提出"知性本身是有限的，也只能认识有限事物的性质"①。知性不能直接通达、把握真理。思维对自身的反思，要求知性不可停留，知性思维必须扬弃自身，一方面保有自身的规定，一方面在保有规定和限制的过程中扬弃规定和限制的缺陷，从有限的知性思维发展为无限的思辨思维。

二、黑格尔辩证法中"知性肯定性"的逻辑环节

在黑格尔看来，"精神"实质上也是一种活动，是一种纯粹的意识既外化又复归的过程，是意识与意识外化的"共在"。而感性、知性、理性是黑格尔哲学中自我意识的内在结构，分管着认识的各个环节，在活动过程中共同作用形成了认识。黑格尔从没有反对过知性，相反，他十分重视知性的作用，他坚决批评和反对的是从知性立场出发的由知性衍生而来的形式逻辑和知性思维方式。

黑格尔认为，认识的过程就是精神运动的过程。在感性确定性阶段，我们确定了有一个外物存在，但对于其是什么并不知道，此时的主客甚至

---

① [德] 弗里德里希·黑格尔. 小逻辑 [M]. 贺麟，译. 北京：商务印书馆，1980：98.

是混沌不清的；在知性阶段，我们已经能看清事物的本质，但并没有把它看作意识本身，由于知性意识的所有活动都必须依靠现象来实现，所以我们已经有了一个"对象性"意识。黑格尔说："对象性"表现在"我们的对象是一个环环相扣的推论，它的大词和小词分别是物的内核和知性，而它的中项则是现象"。①也就是说，感性确定性自身具有辩证性，能认识到自身并不是直接性的东西，而是一个包含中介的普遍者即"物"，而知性能认识物具有实体和属性两种规定性之一，所以停留在知性无法认识其对象的真理。而我们可以靠推论来认识事物的本质。因为知性可以将对象理解为一种以推论的形式层层展开的样态存在的，而知性则以现象为中介，实现认识事物的本质，而在认识的过程中，知性意识本身也同样以层层展开的形式呈现出自己，进而实现一种反思。这种"反思性"主要体现上述关于对象的推论的过程中，黑格尔明确指出，"这种外在反思就是推论，在此推论中，两端是直接物和自身反思，推论的中项便是两端的关系，即被规定的直接物；于是中项的一部分，即直接性，只适于一端，另一部分，即规定性或否定，只适于另一端"②。在这个过程中，知性意识从现象世界中将共相从表象中抽象出来，对象化外显为内核和知性两个层面，知性意识便在这一内一外两个层面间交互规定，并通过中介（现象）的对立面让自己确立起来，此时，自我意识已经完成了超越知性的思辨反思，也就是，知性作为重要的中介和中间环节，使得精神在运动的过程中实现了在现象性、对象性和反思性上的内容与形式的统一。

在黑格尔看来，知性在认识中的地位和作用确实极其重要，作为勾连

---

① ［德］弗里德里希·黑格尔. 黑格尔著作集（第3卷）精神现象学［M］. 先刚，译. 北京：人民出版社，2015：92.

② ［德］弗里德里希·黑格尔. 逻辑学（下卷）［M］. 杨一之，译. 北京：商务印书馆，1976：20.

感性与理性的中介，对对象属性的分离和抽象，进而获得普遍概念，理性不可直接作用于表象，知性对感性材料的抽象整理，取得了认识的第一次飞跃。他说："最紧要的，就是对每一思想都必须充分准确地把握住，而绝不容许有空泛和不确定之处。"①知性对普遍抽象概念的占有是进入思维运转的门槛，为理性提供了可思维的对象和起点。知性被绝对化和夸大化，"那并不是知性的过错"，相反，"乃是理性的主观无力"②任何方法有其固有的适用范围。

黑格尔之所以反对知性思维，则是由于知性的规定是有限的规定，其"只能表示一种限制，而不能表达真理"③，也就是，知性只能实现把有限的概念加在认识对象上，只能实现对对象的一种外在反思。因此，在黑格尔看来，若想真正认识一个对象，只在外面加一些有限性概念是不够的，这是一种"坏的无限"。黑格尔认为，真正的无限是具体的整体，不否认有限，但也不停滞于规定和限制之上，而是不断对规定和限制加以超越，超越不是简单的抽象向外伸张或无穷伸张，而是一种否定性的扬弃，最终指向无限与有限于自身的对立统一。黑格尔提出，真正的哲学逻辑一定是关注事物内容的，而真知则是通过辩证逻辑实现的反思所获得的，必须由这个对象自己去规定自己，自己内在地把握自己。他说："逻辑思想就形式而论有三方面：（a）抽象的或知性〔理智〕的方面，（b）辩证的或否定

---

① ［德］弗里德里希·黑格尔. 小逻辑［M］. 贺麟，译. 北京：商务印书馆，1980：173.

② ［德］弗里德里希·黑格尔. 逻辑学（下卷）［M］. 杨一之，译. 北京：商务印书馆，1976：280.

③ ［德］弗里德里希·黑格尔. 小逻辑［M］. 贺麟，译. 北京：商务印书馆，1980：172.

的理性的方面，（c）思辨的或肯定的理性的方面。"①可见，对于知性，黑格尔并不是全面的否定，甚至把其作为逻辑思想形成的第一个条件，他提出知性在逻辑运动的过程中也与其在精神运动中一样，和感性、理性都是实现辩证逻辑的中间环节。他说："这三方面（逻辑思想的形式）并不构成逻辑学的三部分，而是每一逻辑真实体的各环节，一般说来，亦即是每一概念或每一真理的各环节。"②在第一个方面中，知性起作用的是它的确定性，也就是知性肯定性，是实现辩证逻辑和精神运动中"肯定—否定—否定之否定"过程的重要保障。一旦知性不作为中间环节而作为一个独立环节，那么知性的肯定性则会使思维陷入孤立，而思维一旦陷入孤立则无法实现对于变动的事物内容本身的认识，黑格尔明确指出："它们（概念）可以全部被安置在第一阶段即知性的阶段，如是，则它们便被认作彼此孤立，因而不能见到它们的真理性。"③

　　在黑格尔看来，知性思维会造成思维的孤立和片面，以致只能得到关于事物表象的知识，但是由于知性的职责是"坚持着固定的规定性和各规定性之间彼此的差别，以与对方相对立"④。知性"非此即彼"的属性又使其肯定性十分的可靠，进而，若是离开知性，黑格尔亦无法保障辩证法中"肯定"环节的不可怀疑性。因此，黑格尔即使反对知性思维，也不得

---

① ［德］弗里德里希·黑格尔. 小逻辑［M］. 贺麟，译. 北京：商务印书馆，1980：172.

② ［德］弗里德里希·黑格尔. 小逻辑［M］. 贺麟，译. 北京：商务印书馆，1980：172.

③ ［德］弗里德里希·黑格尔. 小逻辑［M］. 贺麟，译. 北京：商务印书馆，1980：172.

④ ［德］弗里德里希·黑格尔. 小逻辑［M］. 贺麟，译. 北京：商务印书馆，1980：172.

不承认"思维无疑地首先是知性的思维"①，知性是黑格尔辩证法中不可跳过的"肯定性"逻辑环节。

三、黑格尔思辨哲学中知性之于辩证法的理论价值定位

近代主体性哲学选择了"从人出发"来获得对于真理和知识的把握，也就是从"自我"内在向外探索来寻求知识的确定性和必然性，虽然意识到了思想与客观事物之间的矛盾，但由于经验主义立场只能导致"怀疑论"；康德把笛卡儿的实体"我思"变成了先验的"自我意识"，并以人类"理性"作为哲学研究的对象，推动了主体性原则的向前发展，但康德的批判哲学由于知性思维的有限性，却也带来了主客体"二元论"的分裂，只能陷入"不可知论"。黑格尔则站在更高的思辨理性维度对知性逻辑加以扬弃，建构了可通达真理的形而上学体系。

当以形式逻辑作为认识工具时，我们所能获得的只是关于事物表象和表象之间的、外在的、抽象的，关于某种规定性的知识。因为在形式逻辑中，主词和谓词均为抽象的概念，所做的判断是关于概念与概念之间所包含的逻辑关系，与概念的具体内容无关。而由于知性思维具有先天"缺陷"，其思考的对象只是事物的表象，而这些表象又是不断变化、辗转即逝的，那么，当知性试图对一个处于不断流变的表象进行判断时，只能将变动的表象假设为固定的表象，则依据知性思维所形成的判断便难逃"独断"和"假设"其判断对象的逻辑宿命。

黑格尔明确地说："我的哲学的劳作一般地所曾趋赴和所欲趋赴的目

---

① ［德］弗里德里希·黑格尔. 小逻辑［M］. 贺麟，译. 北京：商务印书馆，1980：72.

的就是关于真理的科学知识。"①他坚持哲学应该是对理念客观内容有效的真理认识，而不是对知性概念的主观抽象和分析、概括；他认为哲学的任务就是要使理性达到对于真理知识的认识，建立一个完整的关于真理知识的形而上学体系。因此黑格尔反对一切旧形而上学和科学所依赖的知性思维方式。黑格尔的辩证逻辑扬弃了知性逻辑的关照点——将知性、辩证的理性和思辨的理性皆安放于"（a）抽象的或知性〔理智〕的方面，（b）辩证的或否定的理性的方面，（c）思辨的或肯定的理性的方面"②，并将三者以看作发展着的一个整体，消解了知性逻辑形式的外在化。由此，黑格尔实现了对于知性思维的超越，进展到了辩证思维方式，既运用了知性的肯定性，又弥补了知性只能对对象进行外在反思的缺陷，实现了在对对象认识的同时，反思自身，规定自身，把握自身，亦能真正获得与这个对象相关的所有认识，黑格尔提出，"凡是志在弥补这种缺陷以达到真正必然性的知识的反思就是思辨的思维，亦即真正的哲学思维。"③而这种哲学思维，正是以知性的肯定性为开端的。

"知性思维"与主体和客体之间的分离和二元世界有关，而"辩证思维"恰恰是在知性的基础之上完成了对知性思维的超越。黑格尔对于知性思维的定义和批判主要是认为其是在知性层面的"反思"，它是以经验表象作为思考的对象。黑格尔认为，我们对于事物的表象认识属于直接性的"对象性意识"，但这只是认识过程的第一步，而认识的关键，是我们要超越这种知性的"对象性意识"，通过反思，进入到事物本身的"内容"，使

①　［德］弗里德里希·黑格尔．小逻辑［M］．贺麟，译．北京：商务印书馆，1980：5.

②　［德］弗里德里希·黑格尔．小逻辑［M］．贺麟，译．北京：商务印书馆，1980：172.

③　［德］弗里德里希·黑格尔．小逻辑［M］．贺麟，译．北京：商务印书馆，1980：118.

事物自身的规定性通过精神"肯定—否定—否定之否定"的反思活动一层一层地呈现出来，而事物自身的规定性展现的过程与精神本身一层一层的展现过程是同一的，于是，我们就形成关于事物内容的"思想"，也就是，"反思以思想的本身为内容，力求思想自觉其为思想"①。这就是辩证思维方式，而由于"作为他的逻辑的对象的'纯粹思想'，即逻辑的范畴和概念乃是某种'客观思想'，它们不仅是主观思维的规定，而且也是存在的规定，即外界事物的规定，它们是主观思维与客观存在两者的本质和基础"②。

显然，黑格尔在知性肯定性的基础上，成功地利用了知性的属性，通过思维的运动和反思能力，突破知性思维的局限，确立了辩证思维方式。这种思辨的逻辑方法与之前有限的知性认识方法不同，黑格尔明确地指出，它"不像外在反思那样行事，而是从它的对象本身采取规定了的东西，因为这个方法本身就是对象的内在原则和灵魂"③。"逻辑学"本身就是辩证方法的内容，就是辩证法。辩证法不是一种认识的规定性形式，而是客观事物本身的逻辑学，是其本身的运动法则，即概念自己运动的形式。由此，黑格尔不仅终结了西方哲学的本体论，把主体和事物内容都逻辑化了，更重要的是，实现了人类思维方式由知性向理性的跃迁。

---

① ［德］弗里德里希·黑格尔. 小逻辑 ［M］. 贺麟，译. 北京：商务印书馆，1980：39.

② 杨祖陶. 康德黑格尔哲学研究 ［M］. 武汉：武汉大学出版社，2001：275.

③ ［德］弗里德里希·黑格尔. 逻辑学（下卷）［M］. 杨一之，译. 北京：商务印书馆，1976：537.

第四章　马克思辩证法中知性确定性的实践论转向与哲学革命

第一节　马克思对黑格尔辩证法"根基"的实践论颠倒

德国古典哲学中，康德先验哲学中知性确定性与辩证"逻辑幻像"首先实现突破式勾连，继而黑格尔辩证法中"知性肯定性"的逻辑环节成为必要的首置内在环节，彰显了黑格尔思辨哲学中知性之于辩证法的理论价值定位，最终实现了知性确定性与辩证法的"和解"。

黑格尔同康德一样区分知性思维和理性思维，知性思维阶段中，鉴于日常思维的思维惯性，将客观性规定为符合思想规律的存在，将主观性规定为被感官所知觉的事物。不同之处在于，康德认为思想具有独立性与客观性，与我们的思想相关，同物自体无涉；黑格尔认为物自体恰是世间最为抽象的存在，否定了一切的存在于彼岸世界中的完全空虚体，存在与否皆在于时间，万事万物的生死寂灭只关乎时间，事物之所以存在的依据

"不是在它们自己本身内，而是在一个普遍神圣的理念里"①，这个理念具有的两个特定分别是普遍性和神圣性，是哲学与宗教（意识形态）的基础。不难发现，黑格尔辩证法的根基全然建立在其核心概念——"绝对理念"之上，一切都是围绕着"绝对理念"层层展开，以"绝对理念"为中介，实现对"存在"追问的转向，通达对"真实"的追问，将现实与理想等同，将实体与主体等同，实现了价值维度的知识体系接入，"真实"的真正价值恰恰在于凭借"绝对理念"在自身之中能动地追寻着"绝对精神"，精神通过否定的否定实现其向"绝对精神"的复归。

一、黑格尔辩证法以"绝对理念"为根基的唯心性

科学研究范式的确立成为近代哲学开启的重要理论源头，在对主体与客体之间是否存在"同一"性的问题争论中经验论与唯理论走向了各自理论的困境，康德通过"划界"的先验逻辑，在"打破自身独断主义美梦"的同时回应休谟留下的理论难题，在基于"表象"反思一切的基础上重新考察人的理性②究竟具有怎样的认知结构以及多大范围的认知能力，留下了带有"神秘"基因的"物自体"。黑格尔批判康德哲学中所划定的"界限"——称其对理性能力认知的局限为"学会游泳之前千万不能下水"③。因此黑格尔要完全释放理性认识中的能动性，在积极的意义上阐释了康德哲学理性认识阶段属于"幻象逻辑"的"辩证法"，在理性的逻辑中运用辩证的思维方式越过"现象界"通达"物自体"，这样"理性的本性"在

---

① ［德］弗里德里希·黑格尔. 小逻辑 [M]. 贺麟，译. 北京：商务印书馆，1980：124.

② 康德对理性的批判指重新审查、考察理性的认知能力。

③ ［德］弗里德里希·黑格尔. 小逻辑 [M]. 贺麟，译. 北京：商务印书馆，2014：118.

辩证的思维中自我展开、自我运动、自我发展、自我丰富进入"绝对理念"完成统一。因此"绝对理念"作为理性思维的对象，成为黑格尔辩证法的"内容"，即以"绝对精神"为"根基"所展开的辩证逻辑，黑格尔指出，"通过概念的活动而与它自身同一的生命，就是思辨的理念或绝对理念"①。在黑格尔看来，在以"绝对精神"为"内容根据"的基础上，展开的是整个宇宙运行的法则，是驱除纷繁杂多、万物流变的经验"表象"之后的，最"纯粹"的内容，也是"主观和客观的理念的统一，即理念的概念"②。因此在黑格尔看来，"理性的本性"内在的要求在认识的过程中能动地透过"事物的表象"而进入"纯粹的内容"，这样，就需要以辩证的思维方式替代以往哲学中的知性思维方式，超越对于"事物表象"的反思，将"矛盾"作为事物内部所具有的一种否定性的规定，在事物自身内容的变化、发展、生成中，通过更高意义上复归的"同一"不断地达到自身的丰富，因此这一"理念"本身就是理性对象中的"绝对"，黑格尔正是在此基础上将理性思维的思维根据，在突破"表象"深入"内容"的更高的思维层次上确立起来。

在黑格尔哲学中，作为辩证法"根基"的"绝对理念"是一种精神性的存在，它独立于可感的物质世界和人之外，只有在思维的领域内才能够把握。在黑格尔看来，"绝对理念"既是"纯粹的内容"同时也是"真理"本身。黑格尔提出辩证思维中所把握的理性能动性，即是一种精神性的能动性，这样，"绝对理念"自我实现的过程必须在精神中展开，真理的实现就成为真理在人类的"精神世界"中不断自我呈现出来的过程，是一个

①　[德] 弗里德里希·黑格尔. 小逻辑 [M]. 贺麟，译. 北京：商务印书馆，2014：37.

②　[德] 弗里德里希·黑格尔. 小逻辑 [M]. 贺麟，译. 北京：商务印书馆，2014：423.

人类的精神通过"绝对理念"的发展而不断地认识和与其相结合的整个过程，这个过程超越了以往形而上学基于"事物的表象"来完成认识的经验性的思维方式，同时也克服了基于对事物的"表象"进行分析、比较、综合而抽象出的主观概念进行认识的知性思维的理论局限。黑格尔的《精神现象学》聚焦关注于人的意识从低级的感性确定性如何一步步发展为高级的"绝对知识"，人作为意识主体又是如何一步步确定自身即"精神"。黑格尔认为，主体具有否定性冲动和倾向，先是通过对自身的否定构建对立客体，然后再通过对对立客体进行否定实现主体自身的复归，即意识及其运动全过程。其中在实现复归的否定之否定过程中，意识第一次认识到自己是"精神"，是"绝对的本质"。如此不难发现，这个过程就是现象进入本质的过程，也是绝对精神自身发展的过程。但是马克思批判的是黑格尔以精神性存在的"绝对理念"去解释一切的方式。

马克思深刻地指出了黑格尔哲学"根基"中的唯心主义特性，"德国哲学从天国降到人间；和它完全相反，这里我们是从人间升到天国"①。马克思所完成的是用"人间"的"地上的东西"去解释"天国"的"内容"，在马克思看来，"精神性"的东西无法解释"物质性"的世界，"精神性"的活动也无法理解全部"现实性"的活动。在这个意义上，虽然黑格尔哲学抬高了人的理性，发挥了人的理性的积极作用，思辨的理性的主动性与能动性在发展中越过先验逻辑的"现象世界"通达"物自体"，但是理性地位的提高并没有真正地抬高人自身，人的主体的在"外部感性世界"中的"现实性"在这个过程中是被忽视了的"现实的""内容"——即出现了作为"理性实体"的"无人身"的概念，也就是抽象地理解和看待人。因此马克思指出，"实体"与"主体"的一致性，导致

---

① 马克思恩格斯文集（第1卷）[M]. 北京：人民出版社，2009：525.

"实体"成为一种具有内在过程的绝对的"人格"。因此马克思指出，"绝对理念"作为"思维"所把握的"概念"具有抽象性，依然无法作为哲学的最基本的根基，更加无法指导人们"属人的世界"，马克思提出了重建辩证法的唯物主义根基——"实践"。

二、马克思以"实践"重建辩证法的唯物主义根基

黑格尔批判了以往哲学中的知性思维，在提超越知性思维方式的理性领域中建构辩证思维的思维方式，完成了对形式逻辑和先验逻辑的超越，在认识层次和认知能力上实现了从"有限"的经验进入"无限"的本体，从事物的"表象"深入到事物的"内容"，在思考"上帝、绝对、自由"的理性对象过程中建构起理性形而上学，将本体与真理的"内容"在辩证思维中完成"统一"，终结了古希腊以来对本体追问、真理探寻的哲学问题，将传统形而上学推向顶峰。马克思将黑格尔哲学的思维方式——辩证思维方式继承下来，批判了黑格尔将精神性的"绝对理念"作为整个宇宙的"内容"和"根据"的唯心性。马克思指出，在以往的哲学中"能动的方面却被唯心主义抽象地发展了，当然，唯心主义是不知道现实的、感性的活动本身的"①。因此马克思所变革的是黑格尔哲学的"根基"。在马克思看来，真正的能动性，不是脱离人而独立存在的"绝对理念"，而是现实中的"人的感性活动本身"。马克思明确地指出，"人的思维是否具有客观的真理性，这不是一个理论的问题，而是一个实践的问题"②。马克思将能动性由"思维"转到"实践"，完成了现实中的"实践"对抽象中的"思维"的替代，在生产领域中探寻的是"人与物之间的改造和被改造关

---

① 马克思恩格斯选集（第1卷）[M]. 北京：人民出版社，1995：54.
② 马克思恩格斯选集（第1卷）[M]. 北京：人民出版社，1995：55.

系"。这样，哲学就在"根基"上发生了根本性的变革——人与自然的关系由思维领域中的认识与被认识的"理性"关系，转向为生产领域中的改造与被改造的"实践"关系，哲学的领域由"理性"领域置换为"实践"领域，哲学的功能由"解释世界"变成"改变世界"。正如马克思在《关于费尔巴哈的提纲》第十一条指出的，"哲学家们只是用不同的方式解释世界，问题在于改变世界"①。这样，马克思以"实践"重建辩证法的唯物主义根基，哲学所追求的终极任务也由思维、精神中的"理性"的解放，变成了"现实的人"的自由和解放。

马克思指出，"从前的一切唯物主义（包括费尔巴哈的唯物主义）的主要缺点是：对对象、现实、感性，只是从客体的或者直观的形式去理解，而不是把它们当作感性的人的活动，当作实践去理解，不是从主体方面去理解"②。因此，马克思运用黑格尔的辩证法，在世界的物质性中，在当下、现实的世界中以"实践"确立为世界的内容和根据，批判旧的唯物主义，超越唯心主义。因此，马克思指出："思想、观念、意识的生产最初是直接与人们的物质活动，与人们的物质交往，与现实生活的语言交织在一起的。"③按照理性的思维方式，变革黑格尔辩证法的内容根基。马克思基于"实践"的"内容"，重新理解"感性现实"的"表象"的世界。因此马克思指出，哲学、法律、国家都是意识形态，在马克思看来，人们的精神性的"想想""思维""精神交往"都是"物质行动"的直接产物，"表现在某一民族的政治、法律、道德、宗教、形而上学等的语言中的精神生产也是这样的"④。"实践"的内容表现的是"生产力"，即人的现实

---

① 马克思恩格斯选集（第1卷）[M]. 北京：人民出版社，1995：57.
② 马克思恩格斯选集（第1卷）[M]. 北京：人民出版社，1995：54.
③ 马克思恩格斯选集（第1卷）[M]. 北京：人民出版社，1995：54.
④ 马克思恩格斯选集（第1卷）[M]. 北京：人民出版社，1995：74.

的"生产方式"。"生产方式"内部就包含着运动,"表象"都围绕着"生产方式"的"内容"去旋转,"内容"本身会不断地冲破"表象",不断地向前走,走入人类的历史中。马克思指出:"抽象本身离开了现实历史就没有任何价值。"①马克思批判了旧唯物主义停留于历史的"表象"来理解历史的知性的历史观,透过"表象"用"内容"对历史形成知识——从而发现的是历史的真理,同时超越了唯心主义用某种精神理解历史的神秘性。因此马克思指出,只要以"实践"作为历史"内容"的根基,"历史就不再像那些本身还是抽象的经验论者所认为的那样,是一些僵死的事实的汇集,也不再像唯心主义者所认为的那样,是想象的主体的想象活动"②。

三、马克思辩证法中实践根基中的"感性活动"确定性

在以往的哲学思想中,人与自然之间的关系都体现为一种认识关系,因此在"解释世界"的思想发展过程中,精神性的抽象原则成为宇宙存在的"根基性"的内容。马克思在"生产领域"重建哲学的"根基",将人与自然之间的认识与被认识的关系,转变为改造与被改造的关系,超越唯心主义在"理性领域"内发生的"思维方式"的"变革",实现的是"现实世界"中的以"实践"为"内容"的"现实解放"的"变革"。

"实践"是马克思哲学的核心内容,就"实践"本身在马克思的文本中具有不同的提出方式,总的来说,马克思确定了人的"感性活动"的确定性。马克思指出:"没有自然界,没有感性的外部世界,工人什么也不能创造。"③在马克思看来,人的本质既不是黑格尔所提出的"理性的实

---

① 马克思恩格斯选集(第1卷)[M]. 北京:人民出版社,1995:74.
② 马克思恩格斯选集(第1卷)[M]. 北京:人民出版社,1995:73.
③ 马克思恩格斯选集(第1卷)[M]. 北京:人民出版社,1995:42.

体"也不是费尔巴哈的"感性实体",而是人在感性中的"自由自觉的类本质的活动",因此现实中的人的"活动"才是人之为人的"类本质"。"它（自然界、感性的外部世界）是工人的劳动得以实现、工人的劳动在其中活动、工人的劳动从中生产出和借以生产出自己的产品的材料"①。因此"感性活动"中所体现的就是人主体的能动性，它与"异化"相对应。马克思从"劳动产品"和"生产行为"两个方面考察了"实践的人的活动"即"劳动"的异化行为②，指出了"异化不仅表现在结果上，而且表现在生产行为中，表现在生产活动本身中"③。因此，马克思超越费尔巴哈对人的"抽象性"的理解，提出"无论是在人那里还是在动物那里，类生活从肉体方面来说就在于人（和动物一样）靠无机界生活，而人和动物相比越有普遍性，人赖以生活的无机界的范围就越广阔"④。马克思批判费尔巴哈将人的本质看作内在无声的、抽象的一个人类共同的一个本质，这种做法实际上是将"绝对精神"还原为人的一种本性，将人本身看作一个"感性的实体"。但是马克思指出，"劳动"是一种"生命活动""生产活动"，并且认为"这一活动本身就是满足维持肉体生存的需要的手段"。因此"感性活动"才是真正的现实世界中的人的"类生活"即"生产生活"得以产生的根基。它（"感性"的"活动"）的"人"是突破"抽象性"的"感性实体"的现实的个人。从"肉体生存的手段"到"人的类特性——自由的有意识的活动"⑤是人类"实践"得以展开的历史过程，人的"实践"从确定的"感性的现实中的活动"出发，在"实践"中

① 马克思恩格斯选集（第1卷）[M]. 北京：人民出版社，1995：42.
② 马克思恩格斯选集（第1卷）[M]. 北京：人民出版社，1995：42.
③ 马克思恩格斯选集（第1卷）[M]. 北京：人民出版社，1995：43.
④ 马克思恩格斯选集（第1卷）[M]. 北京：人民出版社，1995：45.
⑤ 马克思恩格斯选集（第1卷）[M]. 北京：人民出版社，1995：46.

自我展开、自我生成、自我完善。"正因为人是类存在物，他才是最有意识的存在物，就是说，他自己的生活对他来说是对象"，这样，"他的活动才是自由的活动"①。因此"感性活动"成为实现"类本质"的第一个环节在马克思的辩证唯物主义中确定下来，包含于消除"异化"，实现人向人的"类本质"复归的辩证发展之中。

马克思认为共产主义者的本质就是"实践的唯物主义者"②，唯物主义者开始关注并转向于实践的重要标志就是将问题聚焦于对现存世界的革命——"实际地反对并改变现存的事物"③，区别于费尔巴哈点滴零星的猜测，仅能看作具有发展能力的萌芽，费尔巴哈以单纯直观的眼光看待世界，对"人"的设定限于"德国人"，而非"现实的历史的人"，而"直观"最大的弊端在于无法避免同"人"自身意识和感觉相矛盾的冲突，破坏了既定假设的感性世界和谐，尤其是人与自然的和谐。这种"直观"受到二重性的影响，只能稍微高出常识，看出眼中现实的"普通直观"，而无法洞察事物背后规律性的"高级哲学直观"，无法觉察到"感性世界"不是先天存在且始终如一的静止存在，而是现实的工业产物、社会聚合体，是历史的产物，是时间连绵流转后的活动结果，大抵呈现一种从无到有、从零到一的自我迭代，伴随着工业和交往的需要，社会制度也随之发生深刻变化，最为简单的"感性确定性"的对象也是如此。所以，费尔巴哈没有戴上"哲学家的眼镜"④来观察和审视"感性活动"。马克思赞同费尔巴哈将人视为"感性对象"，但不应止步于此，更要看到其背后的"感性活动"。马克思分析道，费尔巴哈之所以只看到直观下"感性对象"，而

---

① 马克思恩格斯选集（第1卷）[M]. 北京：人民出版社，1995：46.
② 马克思恩格斯文集（第1卷）[M]. 北京：人民出版社，2009：527.
③ 马克思恩格斯文集（第1卷）[M]. 北京：人民出版社，2009：527.
④ 马克思恩格斯文集（第1卷）[M]. 北京：人民出版社，2009：528.

忽视实践的"感性活动",最关键的是其一直裹足于理论领域,没有同社会现实发生联系,忽视人们到底如何才过上了现在生活的现实条件,这就是费尔巴哈眼中的"人",始终生活在理论中,是一种抽象的、孤独的人,人和人之间只有理想化的爱和友情等感情纽带,彻底忽略了"全部活生生的感性活动"①。正如马克思对费尔巴哈最后的评价,"在共产主义的唯物主义者看到改造工业和社会结构的必要性和条件的地方,他却重新陷入唯心主义"②。

马克思正是通过对费尔巴哈旧唯物主义哲学和黑格尔唯心主义哲学的批判,在《关于费尔巴哈的提纲》开篇就提纲挈领阐明了"感性活动"的三重内涵——感性现实确定性、主体能动性和实践活动对象性。费尔巴哈以"感性直观"为基础展开了对黑格尔"精神活动性"的批判,实现了哲学目光从纯粹理性世界向现实感性世界的转向,费尔巴哈哲学出发点恰是感性确定性,强调感性确定性是一种非主观利己主义的人的有限活动的、现存客观事物的性质。马克思的感性活动恰是从感性活动出发,以确定的现实性为基础,渐进式理解同样作为感性存在的现实世界,正所谓"从人间上升到天国"。不同于费尔巴哈的感性确定性只能感知樱桃树是经过几个世纪的工业贸易活动后才被移植到这个地方,马克思的"感性活动"具有感性现实确定性,要求从"现实的人及其历史发展"维度来理解现实世界和人的本质。这里出发的主体是人,不同于费尔巴哈"抽象的人",而是现实的人,从事现实感性活动的人,从这样的主体出发研究和理解对象、现实和感性,不是费尔巴哈抽象的、脱离于人的自然,而是人化了的自然、属人的自然,或者是人与人交往的现实社会。在人与自然的对象化

---

① 马克思恩格斯文集(第1卷)[M]. 北京:人民出版社,2009:530.
② 马克思恩格斯文集(第1卷)[M]. 北京:人民出版社,2009:530.

关系中，费尔巴哈提出对象化理论，扬弃了黑格尔异化理论，实现了宗教批判，阐释了上帝的本质即人的本质的对象化这一观点。马克思认为非对象性的存在是非现实的、非感性的存在，将人的活动视为对象性的实践活动，这种人的感性活动恰是自己本质力量的明证，使得主体活动性的因素顺利从精神性外衣中剥离出来，继而顺利回归于感性现实。

四、马克思与黑格尔：由知性确定性向"感性活动"确定性的转向

在黑格尔理性意义上的辩证法中，黑格尔指出了知性思维的方法，即基于事物"表象"的"分析与综合"的方法，在知性的思维中，事物的本质被僵化为对事物的"表象"的"概念抽象"，以"静止"与"孤立"的方式"片面"地"限制"了事物"表象"之下的真正的"内容"，因此"知性思维"——从近代的知识论危机到先验逻辑的哲学阐释，都只能完成基于对事物的"有限"认识的"概念抽象"。黑格尔指出："当有限的认识把区别于它的对象当作一个先在的与它对立的存在着的东西，当作外界的自然或意识的多样性的事实时，它首先假定它的活动形式是形式的同一性或抽象的普遍性。"①因此，对于经验事物"片面""僵化"的理解是经验论与唯理论走向自身理论困境的方法论宿命，经验论的认识论原则与世界物质性的本体论思想、唯理论的认识论原则与精神性的"天赋观念"之间存在着深刻的理论矛盾、康德的先验哲学导致的是"思维"与"客观对象"的"背离"。因此黑格尔提出，当我们在认识中，将"思维"与"存在"两者"僵化"地对立起来、"割裂"开来，那么我们将永远无法认识

---

① ［德］弗里德里希·黑格尔. 小逻辑［M］. 贺麟，译. 北京：商务印书馆，2014：414.

两者之间在"内容"上的"辩证的一致性",导致对多样"表象"所作的概念"规定"的同时,就是对其自身所包含的"内容"的"否定"。正如黑格尔所指出的,"科学所寻求的是那种仅仅外在排比"。或是先验形而上学中"先假定一套格式,然后根据这些格式,与前办法一样,外在地武断地将所有材料平行排列。"——"硬要使概念的发展的必然性满足于偶然的主观任性的联系"①。因此,黑格尔指出如果人的认识仅停留于"知性的思维层次"上,那么得到的知识只能是"悬浮"于"具体事物"的"内容"之上的"表象"的"概念",因此,在对事物"表象"进行"规定"的同时即是对事物自身的"内容"的"否定"。在黑格尔的辩证逻辑中,这种"否定"并非是能够独立存在的"否定",而是黑格尔纳入辩证法中的重要的否定性的环节——即"知性的确定性","知性的确定性"作为"反题"的环节恰恰是黑格尔哲学中的核心"内容"包含于其中。这样,"知性维度中"所"规定"的"否定"即是"知性确定性"的"内容"。辩证思维的过程正是从(正题)感性的确定性出发,通过(反题)知性确定性的"否定"达到(合题)"否定之否定"的理性,完成概念的正、反、合的活动,最后复归到与自身在理性层次中的在自身内容上的一致,这里体现的正是辩证法的功能。

"知性确定性"在马克思哲学中体现出的是"感性活动"的确定性,"感性活动"的确定性即是"实践"的确定性,马克思将辩证法的根基落回到了现实世界的"实践"之中,将黑格尔辩证法的第一个环节"知性确定性"变革为现实世界中的人的"感性活动",并确立起"感性活动"在辩证法中的优先地位,因此"感性活动"成为马克思哲学中的核心地位内

---

① [德]弗里德里希·黑格尔. 小逻辑 [M]. 贺麟,译. 北京:商务印书馆,2014:2.

容。这样，在马克思哲学中"实践"的第一个环节"感性活动"的确定性就成为马克思辩证法的出发点，经过"对象化"的否定性环节，通过劳动产品中人性的呈现的否定之否定环节中走向人的"类本质"向人自身的复归。马克思指出，消除异化，实现对象化的整个过程都是在"感性活动"中实现的，"感性活动"的确定性是辩证法得以展开的坚实的"现实根基"，这样马克思就把"感性活动"确立为辩证法中优先的，第一性同时也是最为核心的内容。马克思指出："如果人把他自己的活动看作一种不自由的活动，那么他是把这种活动看作替他人服务的、受他人支配的、处于他人的强迫和压制之下的活动。"①在黑格尔的辩证法中，事物的"内容"本身，即通过"外化"和"对象化"在现实中将自身的"内容"实现出来，因此"异化"作为事物的对立面，本身就是正题的一个环节。在黑格尔哲学中，"异化"就相当于"外化"和"对象化"。费尔巴哈应用了黑格尔的"异化"的理论，将"异化"作为环节，赋予了"上帝"，认为基督教的"上帝"就是人的类本质的"异化"，这种"异化"本身也是反题意义上的，带有人主体被外在统摄、压抑的价值判断，但这又是一个必然的环节，来承载人们"无处安放"的"类本质"。马克思将"异化"放在生产领域中，指出了"劳动"的"异化"，立足于"感性活动"的根基，马克思指出人的"异化"在于人的本能变成了商品，"劳动的异化"所创造的是商品的价值，即为别人而生产，因此"本能的异化"必然会走向"本质的对象化"，从为"价值"而生产转向为"使用价值"而生产，才能够完成从"本能的异化"到"本质的对象化"，将人的"类本质"在丰富自身的过程中实现出来。

---

① 马克思恩格斯选集（第1卷）[M]. 北京：人民出版社，1995：49.

第二节 马克思"感性活动"与其实践辩证法 确立过程的文本考察

"感性活动"是一个非常重要的概念，在马克思辩证法乃至整个马克思哲学中都起着非常重要的作用，我们有必要重新回到文本中进行进一步的考察，在《经济学哲学手稿》（后文简称《手稿》）中，揭示了工人异化劳动与人性对象化之间的背离；在《关于费尔巴哈的提纲》（后文简称《提纲》）中，展现了以实践为根基的新唯物辩证法建构"雏形"；在《德意志意识形态》（后文简称《形态》）中，标志了感性活动与辩证唯物历史观的正式确立；在《资本论》中，彰显了辩证法对资本主义资本逻辑的解释与批判。

一、《手稿》：工人异化劳动与人性对象化之间的背离

马克思在《手稿》中深入地提出和阐释了"异化劳动"的思想，"异化"思想源自黑格尔哲学，是辩证思维中能够把握的"理性"运动的方式，近代以来，霍布斯明确地提出了物质运动的方式即"A 点到 B 点的位移"。即"不断地放弃一个位置，又取得另一个位置"①功能主义的机械观，这是 17 世纪以来人们看待世界的主要观点，按照物质的功能性，理解物质的运动，从而也试图理解人的运动，这样的结果必然是将人等同于"机器"。德国古典哲学重建形而上学，要回应的、解决的正是人是什么的

---

① 北京大学哲学系外国哲学史教研室. 十六—十八世纪西欧各国哲学 [M]. 上海：生活·读书·新知三联书店，1975：83.

问题。通过康德先验逻辑对人理性的认知结构的审查、考察，到费希特全部知识学的原理中对人理性的能动性的释放，再到谢林哲学"绝对同一"中艺术天才的洞见，进入德国古典哲学，人的理性能力得到了彰显，而"理性"的运动方式，在黑格尔哲学中突破了"天启"的神秘性，通过真正的"异化"与"外化"不断地将"理性自身"实现出来，因此"理性"的能动性即理性的运动方式，不同于机械功能主义的"空间中地点的位移"而是体现在"理性""不断地"将"自身""实现出来"的过程之中，这是"理性"的不断走向自身反面，在向自身复归的"自我实现"过程。费尔巴哈应用了黑格尔的"异化"，在费尔巴哈看来，黑格尔哲学虽然突破了"天启"的神秘性，但是作为宇宙根据的"绝对理念"本身既是"理性"同时其中又难以消除"神秘主义"的基因，是"神学的最后避难所和最后的理性支柱"[①]。费尔巴哈提出，无论"感性"还是"理性"都是人之为人的"本质"性之"规定性"。"我的第一个思想是上帝，第二个是理性，第三个也是最后一个是人。神的主体是理性，而理性的主体是人"[②]。黑格尔认为，事物自身的"内容"本身通过自然界"外化""对象化"出其本质的规定性，因此，"异化"作为"事物内容"实现自身的一个必经的环节，因此在黑格尔哲学中的"异化"没有价值性的判断。在费尔巴哈哲学中，他的"第一个思想"——"上帝"即人的"类本质"的"异化"，费尔巴哈同样在反题的意义上理解"异化"，但是与黑格尔不同，这里的"异化"带有"被统治、被驾驭"的色彩，同时费尔巴哈也提出，这是必经的环节，因为个体无法承载整个人类的类本质，因此必须将其"异化"

---

① 费尔巴哈哲学著作选集（上卷）[M]. 荣震华，王太庆，刘磊，等，译. 上海：三联书店，1959：115.

② 费尔巴哈哲学著作选集（上卷）[M]. 荣震华，王太庆，刘磊，等，译. 上海：三联书店，1959：104.

给"上帝",安放到人们所崇拜的"神"的形象之中,这里的异化作为反题,是费尔巴哈所批判的对象。

马克思的"异化"承接自费尔巴哈哲学,具有和包含着价值的判断。马克思指出,"异化"即人的本能变成了商品,"劳动所产生的对象,即劳动的产品,作为一种异己的存在物,作为不依赖于生产者的力量,同劳动相对立"①。在马克思看来,"劳动的异化"即使被动地出卖自己的劳动力——畜力,动物的本质就是本能,人如果只出卖自己的劳动力,换成产品,那么人就与动物一样了。正如马克思所指出的"他只有作为工人才能维持自己作为肉体的主体,并且只有作为肉体的主体才能是工人"②。同时,马克思提出人的类本质,需要在"感性活动"的现实的感性世界中来考察,类本质并非费尔巴哈的抽象的人的宗教性本质,而是现实的,人的自由自觉的创造性活动。因此,类本质需要消除"异化"实现"对象化",才能够真正在更高的层次上完成人向人自身类本质的复归。因此"对象化"的过程是人的主动的创造,也是人类本质外化的过程。马克思将辩证法运用于人类的物质生产领域中,将"感性活动"确立为辩证法的"根基",将可感的经验世界从认识的对象世界变革为人改造的对象世界。从人的确定性的"感性活动"出发,马克思深刻地批判了"国民经济学"所承认的事实,并提出《手稿》的任务,"我们现在必须弄清楚私有制,贪欲和劳动、资本、地产三者的分离之间,交换和竞争之间,人的价值和人的贬值之间,垄断和竞争等之间,这全部异化和货币制度之间的本质联系"③。马克思从当前的"经济事实"出发指出,"工人生产的财富越多,

---

① 马克思恩格斯选集(第1卷)[M]. 北京:人民出版社,1995:41.
② 马克思恩格斯选集(第1卷)[M]. 北京:人民出版社,1995:42.
③ 马克思恩格斯选集(第1卷)[M]. 北京:人民出版社,1995:40.

他的产品的力量和数量越大，他就越贫穷"①。因此，"劳动"中所产生的"产品"，成为"异己"的存在物，它"不依赖于生产者的力量，同劳动相对立"②。因此"劳动异化"是为了价值而生产的，即为别人而生产，从而"工人对自己的劳动的产品的关系就是对一个异己的对象的关系"③。同时，马克思提出"对象化"，"劳动的产品是固定在某个对象中的、物化的劳动，这就是劳动的对象化"④。因此"对象化"作为人之为人的本质，是人的本质的对象化，是人的主动的创造，是人的"类本质"——"他自身、他的内部世界"⑤的外化的过程，是人在生产实践中主动的创造，是为了使用价值而创造的。因此，"劳动的异化"作为被动的出卖自身劳动力（"畜力"）体现出的是动物的本能。当人将自己的劳动力出卖换成具有价值的产品，此刻的人与动物没有区别，背离了人之为人的主动性创造的"对象化"。马克思指出，"私有财产"是产生"劳动异化"的根本原因，"私有财产是外化劳动即工人对自然界和对自身的外在关系的产物、结果和必然后果"⑥。因此，变革"私有制"为基础的生产方式，建立以公有制为基础的生产方式，即是变革"异化"实现"对象化"的现实内容。

二、《提纲》：以实践为根基的新唯物辩证法建构"雏形"

马克思指出："从前的一切唯物主义（包括费尔巴哈的唯物主义）的主要缺失是：对对象、现实、感性，只有从客体的或者直观的形式去理

① 马克思恩格斯选集（第1卷）[M]. 北京：人民出版社，1995：40.

② 马克思恩格斯选集（第1卷）[M]. 北京：人民出版社，1995：41.

③ 马克思恩格斯选集（第1卷）[M]. 北京：人民出版社，1995：41.

④ 马克思恩格斯选集（第1卷）[M]. 北京：人民出版社，1995：41.

⑤ 马克思恩格斯选集（第1卷）[M]. 北京：人民出版社，1995：41.

⑥ 马克思恩格斯选集（第1卷）[M]. 北京：人民出版社，1995：50.

解，而不是把它当作感性的人的活动，当作实践去理解，不是从主体方面去理解。"①马克思明确地区分了"认识主体"和"实践主体"，指出："人的思维是否具有客观的真理性，这不是一个理论问题，而是一个实践问题。"②因此，"实践"是马克思哲学的核心内容，马克思指出，哲学必须将自己的根基放在一块明确无误的基石之上。自康德哲学以来，为形而上学奠定根基就成为哲学家们追寻的终极任务，因此在哲学的"第一性"问题上体现出哲学的争论与分歧——即物质与精神何者为第一性的问题。黑格尔提出，哲学的根基不能放置于"表象"之上，在纷繁杂多、变动不居、有生有灭的现象世界中，不存在"最真实的存在"，因此黑格尔将哲学的根基奠定在理性的对象中，"逻辑学是以纯粹思想或纯粹思维形式为研究的对象"③。因此黑格尔将精神性的"绝对理念"作为基于"表象"之下的"内容"作为哲学的根基。马克思更加重视的是作为"感性个体"的人，但是，在《提纲》中马克思批判了费尔巴哈将"宗教的本质"归结为"人的本质"的"直观"的"感性"，因此马克思在《提纲》的第七条中指出"费尔巴哈没有看到，'宗教感情'本身是社会的产物，而它所分析的抽象的个人，是属于一定的社会形式的"④。这里的"社会"即以"实践"为基础的社会。在第六条中马克思更加明确地区分了作为费尔巴哈的脱离现实的"感性实体"而存在的人的"类"本质。"撇开历史的进程，把宗教感情固定为独立的东西，并假定由一种抽象的——孤立的——人的个体"⑤。因此，"本质只能被理解为'类'，理解为一种内在

① 马克思恩格斯选集（第1卷）[M]. 北京：人民出版社，1995：54.
② 马克思恩格斯选集（第1卷）[M]. 北京：人民出版社，1995：55.
③ [德] 弗里德里希·黑格尔. 小逻辑 [M]. 贺麟，译. 北京：商务印书馆，2014：83.
④ 马克思恩格斯选集（第1卷）[M]. 北京：人民出版社，1995：56.
⑤ 马克思恩格斯选集（第1卷）[M]. 北京：人民出版社，1995：56.

的、无声的、把许多个人自然地联系起来的普遍性"①。在马克思看来，感性的个体如果离开其自由自觉的创造性的活动，才是真正地离开了人之为人的"类本质"。因此马克思在第八条中提出"全部社会生活在本质上是实践的"。即是人所生活的属人的世界。因此"凡是把理论引向神秘主义的神秘的东西，都能在人的实践中以及对这个实践的理解中得到合理的解决"②。

马克思立足唯心主义的立场，批判了以往的唯物主义，同时将"思维"的对象变为"人的对象"，从主体去理解客体超越了唯心主义，在现实中驱除了一切"神秘性"与"抽象性"的哲学根基，将人自身的"能动性"真正地体现在"感性的人的活动"即"实践"之中，这种"能动性"中所蕴含的是人的"自由自觉的创造"。这样，马克思在现实的生产领域中实现了对黑格尔辩证法的"颠倒"，将辩证法运用到人类的物质生产领域中，以"实践"为根基完成了新唯物辩证法的"雏形"建构。

马克思在《提纲》中明确提出了"实践"的概念，通过对旧唯物主义的批判，马克思提出应该将"对象、现实、感性""当作感性的人的活动，当作实践去理解"③。因此，马克思的"实践"是构成事物"表象"的根据，具有深刻而丰富的"内容"。在马克思看来，"实践"（praktisch）不是黑格尔哲学中的"环节性"认识"概念""内容"而存在的"理性"的、能动性的"理性的实践"，而是将"实践"确立在人的现实的"感性活动"之中，其中包含着人的自由自觉的"生命的活动"，是对动物性的本能和欲望超越的自由自觉的创造性、主动性，在人类历史的过程中不断自我生成、自我丰富、自我完善。这样，以"实践"为"内容"的历史本身，就

---

① 马克思恩格斯选集（第1卷）[M]. 北京：人民出版社，1995：56.
② 马克思恩格斯选集（第1卷）[M]. 北京：人民出版社，1995：56.
③ 马克思恩格斯选集（第1卷）[M]. 北京：人民出版社，1995：54.

是实践的能动的本质规定。"人应该在实践中证明自己思维的真理性，即自己思维的现实性和力量，自己思维的此岸性"①。因此新唯物主义既是以"人类社会或社会的人类"为立足点的唯物主义，同时也是历史的唯物主义。因此，在马克思看来，是"劳动"创造了人本身，体现为人的"类本质"，这一作为"类"的本质中包含的是"一切社会关系的总和"②。在这里，马克思变革了"主体能动性被唯心主义片面的发展了"的旧哲学，将能动性在人自身建立，即在社会现实中建立起人的实践的能动性，将以往仅仅局限于"思维"和"理性"之内的"能动性"真正地"解放"到现实的人类社会的"实践"中来。这样，马克思以"实践"作为根基，建构起新唯物辩证法的"雏形"——以人类改造自然的感性活动作为（肯定性的环节）出发，通过生产活动中人本质"对象化"的"劳动异化"在生产中将自身实现出来（否定性的环节），通过对"自我（异化）"的"否定"来"肯定"自身的"类本质"从而达到劳动产品中人性的呈现（否定之否定环节）。这样，"实践"的"主体"将自我发展、自我丰富、自我生成的"辩证"的规律性在自身建立起来。

三、《形态》：感性活动与辩证唯物历史观的正式确立

在《形态》中，马克思指出："全部人类历史的第一个前提无疑是有生命的个人的存在。因此，第一个需要确认的事实就是这些个人的肉体组织以及由此产生的个人对其他自然的关系。"马克思将"感性的活动"与费尔巴哈的"抽象的""感性"进行了区分，进一步阐明了"感性的人"的存在必须体现在具体的现实中的人的"活动"之中。"任何历史记载都

---

① 马克思恩格斯选集（第1卷）［M］. 北京：人民出版社，1995：55.
② 马克思恩格斯选集（第1卷）［M］. 北京：人民出版社，1995：56.

应当从这些自然基础以及它们在历史进程中由于人们的活动而发生的变更出发"①。在马克思看来，"感性活动"体现在"生产活动"与"物质关系"中，是"现实"存在的"活动"——"连续不断的感性劳动和创造、这种生产，正是整个现存的感性世界的基础"②。马克思批判了费尔巴哈的人本学的思维方式——纯粹的直观，只能得到抽象的本质。"他没有看到，他周围的感性世界绝不是某种开天辟地以来就直接存在的、始终如一的东西，而是工业和社会状况的产物，是历史的产物，是世世代代活动的结果"③。因此，马克思指出，"感性的世界"并非自在的世界，而是一个属人的世界，他进一步强调，"甚至连最简单的'感性确定性'的对象也只是由于社会发展、由于工业和商业交往才提供给他的"④。马克思深刻地指出，所有的自然科学看世界的方式也是"实践"的方式，"费尔巴哈特别谈到自然科学的直观，提到一些只有物理学家和化学家的眼睛才能识破的秘密，但是如果没有工业和商业，哪里会有自然科学呢?"⑤因此马克思指出在费尔巴哈那里，"唯物主义和历史是完全脱离的"⑥。马克思认为，人类历史是按照自身的内容去生产、发展和丰富起来的。因此马克思确立起"一切历史的第一个前提"，"人们为了能够'创造历史'，必须能够生活"⑦。即满足人的吃穿等需求。"第二个事实"是"已经得到满足的第一个需要本身、满足需要的活动和已经获得的为满足需要而用的工具又

---

① 马克思恩格斯选集（第1卷）[M]. 北京：人民出版社，1995：67.
② 马克思恩格斯选集（第1卷）[M]. 北京：人民出版社，1995：77.
③ 马克思恩格斯选集（第1卷）[M]. 北京：人民出版社，1995：76.
④ 马克思恩格斯选集（第1卷）[M]. 北京：人民出版社，1995：76.
⑤ 马克思恩格斯选集（第1卷）[M]. 北京：人民出版社，1995：77.
⑥ 马克思恩格斯选集（第1卷）[M]. 北京：人民出版社，1995：78.
⑦ 马克思恩格斯选集（第1卷）[M]. 北京：人民出版社，1995：79.

引起新的需要"①。这种需要就区别于费尔巴哈的感性的需要，而是"实践"的需要。"历史发展中的第三种关系"就进入到家庭关系中的"生命的繁衍"——"生命的生产"。②在这里，无论是通过劳动还是生命，都内在包含着"自然关系"和"社会关系"两个方面。在马克思看来，感性活动本身并非一种直观的存在，而是一种按照自身内部的矛盾去运动的过程。在这里，马克思超越了认识论视角下的物质意识，从实践的角度出发，阐释的是"生产力、社会状况和意识，彼此之间可能而且一定会发生矛盾，因为分工不仅使精神活动和物质活动、享受和劳动、生产和消费由不同的个人来分担这种情况成为可能，而且成为现实，而要使这三个因素彼此不发生矛盾，则只有再消灭分工"③。因此，作为"感性活动"的"实践"才是历史产生的真正"根据"。马克思变革的是历史"表象"之下的支撑"表象"的"内容"，这个"内容"在马克思看来，既不是"某种抽象的物质内容"（旧唯物主义）的，也不是"某种主观的意识"（唯心主义），"只要描绘出这个能动的生活过程，历史就不再像那些本身还是抽象的经验论者所认为的那样，是一些僵死的事实的汇集，也不再像唯心主义者所认为的那样，是想象的主体的想象活动"④。而是人的"感性活动"中的"物质交往"——是"思想、观念、意识的生产最初的""人们的物质活动"。因此，"被意识到了的存在"即"他们的现实生活的过程"。⑤这样，马克思从"有血有肉的"现实中生产活动的人出发，将"能动性"在人自身建立起来，以自由自觉地创造历史的人的活动为历史"表象"得以

---

① 马克思恩格斯选集（第1卷）[M]. 北京：人民出版社，1995：79.
② 马克思恩格斯选集（第1卷）[M]. 北京：人民出版社，1995：80.
③ 马克思恩格斯选集（第1卷）[M]. 北京：人民出版社，1995：83.
④ 马克思恩格斯选集（第1卷）[M]. 北京：人民出版社，1995：73.
⑤ 马克思恩格斯选集（第1卷）[M]. 北京：人民出版社，1995：77.

展开的"内容"，将对客观世界的思考纳入对"人类社会"的思考中来，确立起来的是一种"自我异化并在实践中扬弃异化的历史"①是人的"类本质"在历史中不断自我确定、自我生成、自我丰富的辩证唯物史观视野。因此马克思按照"表象"与"内容"的辩证关系结构，确立起辩证唯物史观。马克思指出"哲学、法、国家"都成为"意识的形态"，"生产力"和人的现实的"生产方式"是产生"意识形态"之下的"内容"基石，"生产方式"中包含着运动，不断冲破围绕其上的"表象"，不断地向上将自身实现出来，马克思从人的现实的"感性活动"出发，用"内容"对历史形成知识所把握的是历史的真理。

四、《资本论》：辩证法对资本主义资本逻辑的解释与批判

知性形而上学在康德哲学中发展到了极致，黑格尔发挥了辩证法的积极作用，拆除了康德划定的"界限"之墙，理性在辩证运动中越过"现象界"，通达"物自体"，彻底完成了近代以来启蒙的任务，黑格尔建构辩证法完成了理性形而上学，运用理性，掌握事物内容的逻辑。马克思的思维方式是理性形而上学的思维方式，他深入到人的"本质"的内容，将人的"本质"的内容作为他的新哲学思考的对象，其思维结构属于辩证思维的思维方式，所以在马克思哲学中，"表象"和"内容"之间的关系总会达到一个"否定——统一——再统一"的过程来完成对事物的"内容"的真理性理解，"正题——反题——合题"的过程即是自我生成的逻辑，是否定性统一的辩证精神体现在马克思的哲学思想中。马克思运用辩证法作为对于事物的解释原则，在《资本论》中对"资本逻辑"进行解释与批判。

马克思的辩证法彻底克服了黑格尔辩证法中"理性"的"神秘"，用

---

① 邓晓芒，赵林．西方哲学史［M］．北京：高等教育出版社，2014：283．

"实践"替换"理念"的根基，实现了对黑格尔辩证法的颠倒，建立起辩证唯物主义。马克思的辩证法作为客观的感性世界的规律，并不是对黑格尔方法的直接应用，马克思指出，①"我的阐述方法不是黑格尔的阐述方法，因为我是唯物主义者，而黑格尔是唯心主义者。黑格尔的辩证法是一切辩证法的基本形式，但是，只有在剥去它的神秘的形式之后才是这样，而这恰好就是我的方法的特点"。在《资本论》中，"商品""货币""资本"以及"地租"都是资本主义发展中的重要要素。在"商品"与"货币"以及"资本"的矛盾中体现的是资本主义生产过程的本质。"资本"的"本性"是马克思在《资本论》中深入分析的重要内容。马克思指出："资本作为财富一般形式——货币的代表，是力图超越自己界限的一种无限制的和无止境的欲望。"②资本内部通过"增值""保值"和"剩余价值"体现出一种内在的"欲望"，这种"欲望"表现为"资本"的"保存和增大"③。因此，"竞争"是资本外化的方式，在"竞争"中，"资本"将自身内部的规定性不断地"外化"从而"实现"出来。因此，"资本逻辑"内在要求的是"劳动的异化"——工人按照价值生产产品，产品导致一部分有能力的人富有了剩余产品，剩余产品的结构会导致私有制的形成，异化导致了人与人的"类本质"的分离，从而出现了"人性逻辑"与"资本逻辑"之间的深刻矛盾。马克思指出："包含在资本本性里面的东西，只有通过竞争才作为外在的必然性现实地表现出来，而竞争无非是许多资本把资本的内在规定互相强加给对方并强加给自己。"④因此，"资本"扩大自身的方式是通过"自由的竞争"将对方包含于自身之中，从而无限制地

---

① 马克思恩格斯文集 [M]. 第10卷，北京：人民出版社，2009：280.
② 马克思恩格斯全集 [M]. 第30卷，北京：人民出版社，1995：297.
③ 马克思恩格斯全集 [M]. 第30卷，北京：人民出版社，1995：227.
④ 马克思恩格斯全集 [M]. 第8卷，北京：人民出版社，1979：180.

增加价值，追逐"剩余价值"。因此，"资本"的运动方式，是通过不断的"增值"来将自身实现出来，资本的辩证运动的"表象"是"物质关系"，其内容所反映的是更为深刻的"社会关系"，马克思指出这种"社会关系""是一种内在的包含着主观欲望的社会有机体的运动过程"①。在产品的"价值"和"使用价值"之间，体现出的是"资本逻辑"与"人性逻辑"之间的矛盾。

只有从人的"实践"出发，通过劳动对象化的产品（经过改造后的属人世界是人的本质对象化了的世界），实现向人的"类本质"复归，使人在克服劳动异化的过程中不断地将"类本质"在自身建立起来，消除为"价值"而生产的产品转向为"使用价值"而生产的劳动。因此马克思用辩证法深入到"资本"的"内容"阐释"劳动异化"的"表象"，解释了"异化"必然会在生产的发展中走向其自身的反面，完成"劳动的对象化"，再通过对自身的否定，释放"类本质"中的人的自由自觉的"创造"。因此马克思透过"资本逻辑"的"表象"批判的是按照"异化"去生产的"产品"的"价值"追求，要实现的是按照"人性逻辑"去生产的"产品"中内涵的"使用价值"，这也形成了《资本论》中要求的用"人性逻辑"代替"资本逻辑"，只有消除"异化"才能够逃出"资本"对"人性"的捆绑，摆脱"资本逻辑"的统摄，走向"人性逻辑"，真正地将"人性"解放到现实的"生产领域"中，因此，社会必须发生变革，停留在资本主义的社会中难以逃出"资本"的控制，因此完全地消除"异化"，人类社会必将走向"共产主义"，按照自由的创造性活动，实现个体和类本质的统一。

---

① 《马克思主义哲学史》编写组. 马克思主义哲学史 ［M］. 北京：高等教育出版社，2017：120.

其实，人们对《资本论》中马克思所运用的辩证方法充满了误解和误读，原因是忽视了从知性维度出发考察辩证方法。《资本论》中马克思的研究方法与叙述方法辩证同一于"抽象力"，以追求真理的客观普遍性为前提，通过现实的生产关系和交换关系得以发生和实践，最终实现了对唯心主义立场的"思辨哲学"进行富有内容的批判和超越，真正意义上实现了近代哲学认识论转向。

回顾从巴黎手稿到《资本论》手稿，通过回溯辩证逻辑程式的历史演进，重新审视马克思实践辩证法建立过程中知性维度的重要意义和知性前提重建的必要性。马克思对辩证方法非常重视，迫于现实压力和精力有限，1868年5月9日，马克思在伦敦致约瑟夫·狄慈根的信中写道，"一旦我卸下经济负担，我就要写《辩证法》"[1]。其中，辩证方法其背后的真正规律已然在黑格尔那里加以呈现，唯剩其具有的神秘形式必须加以祛除。

关于《资本论》中辩证方法的讨论一直在延续，国内外学者对此也纷纷提出了各种看法和观点，其中有共性也有差异，令人惊诧的是所有观点都可从马克思的文本中找到一定的依据，也就是说各种相互冲突的观点都包含着正确的成分。而这个有趣的现象在马克思生前就一直存在，在《资本论》第二版跋中，马克思本人就曾鲜明提出，"人们对《资本论》中应用的方法理解得很差，这已经由对这一方法的各种互相矛盾的评论所证明"[2]。其中，对俄国经济学家考夫曼的评论加以复评，认为其对马克思实际方法的描述很恰当且抱有好感，"他所描述的不正是辩证方法吗？"[3]马克思肯定《资本论》所运用的方法正是辩证方法，与此同时也指出了考

---

① 马克思恩格斯文集（第10卷）[M]. 北京：人民出版社，2009：288.
② 马克思恩格斯文集（第5卷）[M]. 北京：人民出版社，2009：20.
③ 马克思恩格斯文集（第5卷）[M]. 北京：人民出版社，2009：21.

夫曼评论的不正确之处——模糊了研究方法和叙述方法的关系。考夫曼认为，"我（马克思）的研究方法是严格的实在论的，而叙述方法不幸是德国辩证法的"①。错误地将马克思的叙述方法同唯心主义立场的辩证法相混淆，承认研究方法是唯物主义的，特别是在政治经济学方面，是史无前例地将批判进行到底的实在论者。这就要求我们看待这个问题必须秉持严肃的态度，摒除形而上学地看待马克思在不同时期对《资本论》中辩证方法——研究方法和叙述方法之间关系所做的不同阐释，将这个"活的辩证方法"视为历史的整体过程。

第一阶段：从《巴黎手稿》阶段的辩证方法演进

关于研究方法，1843 年 9 月，马克思在克罗伊茨纳赫致阿尔诺德·卢格的书信中写道，将不再对过去留恋，前往新世界的首府——巴黎，"必须做的事情，就必定能实现"②。应然的存在唯有通过实践才能得到实然的结果，研究的关注点开始转向现实，在信件的结尾还提出口号，希望世界于自身迷梦中惊起，摆脱对教条的依赖，"靠分析连自己都不清楚的神秘的意识"③，此时的马克思也未曾对意识和自我意识做更为深入的分析和探讨，"问题不在于将过去和未来断然隔开，而在于实现过去的思想"④。这里分析了关于过去和未来，意识和现实以及应然与实然之间的关系，现实的存在是过去思想的客观实现，意识一经产生便已经是一种能真正掌握的东西了，潜藏着社会存在先于并决定社会意识的唯物史观倾向，对于人类而言，这并非是开始一项新的工作，"而是在自觉地完成自

① 马克思恩格斯文集（第5卷）[M]. 北京：人民出版社，2009：20.
② 马克思恩格斯文集（第10卷）[M]. 北京：人民出版社，2009：6.
③ 马克思恩格斯文集（第10卷）[M]. 北京：人民出版社，2009：9.
④ 马克思恩格斯文集（第10卷）[M]. 北京：人民出版社，2009：10.

己原来的工作"①。此时的马克思开始关注到理性并不是总以理性的形式呈现，而是起点于意识，从现存的特有形式中引申出含有最终目的的真正现实，而现实生活却陷入了理想与现实互为前提的循环论证中。

为了进一步关注现实生活，马克思转而悉心研究政治经济学。1843年10月马克思抵达巴黎，完成了《1844年经济学哲学手稿》的著述，其中可以看到《资本论》中的辩证方法的萌芽，阿尔都塞称其具有耀眼和迷人之处——逻辑之不可抗拒之处和辩证方法之令人信服之处。在研究方法上，马克思明确批评国民经济学家固守唯心主义的"先验结构"，"当他想说明什么的时候，总是置身于一种虚构的原始状态。这样的原始状态什么问题也说明不了"②。他们所虚构的原始状态是指本应加以推论证明的必然关系，直接假定悬设为前提事实和经验事件，直接假定为"一种具有历史形式的事实"③。这样做的结果只会使得问题陷入更深的迷雾，而对解决问题起不到丝毫益处，也就是原始状态说明不了任何问题，马克思在注释中还特意举例，关于对斯密的"循环论证"有过一段评述，"为了说明分工，他假定有交换。但是为了使交换成为可能，他就以分工、以人的活动的差异为前提"④。这便是将问题藏匿于"原始状态"之中，结论和前提互为支撑，致使真正的问题得不到有效的解决。马克思提出截然相反的研究方法，认为《未来哲学》和《信仰的本质》两本著述的意义"超过目前德国的全部著作"⑤，让抽象的天国复归于现实的人间。在《手稿》序言中提出，"对国民经济学的批判，以及整个实证的批判，全靠费尔巴哈的发现

---

① 马克思恩格斯文集（第10卷）[M]. 北京：人民出版社，2009：10.
② 马克思恩格斯文集（第10卷）[M]. 北京：人民出版社，2009：156.
③ 马克思恩格斯文集（第1卷）[M]. 北京：人民出版社，2009：156.
④ 马克思恩格斯文集（第1卷）[M]. 北京：人民出版社，2009：783.
⑤ 马克思恩格斯文集（第10卷）[M]. 北京：人民出版社，2009：13.

给它打下真正的基础"①。马克思将关照现实的唯物主义实证方法贯穿于整个政治经济学的研究中去，突出"从当前的国民经济的事实出发"②来研究资本主义社会的经济现状——工人越来越贫穷的原因竟然是因为工人生产的财富越来越多、影响和规模越来越大。研究的出发点是关注经验现实，通过对现实资料的收集和占有，对资本主义社会经济事实的分析，揭示其内在的矛盾和规律，形成了从感性具体到抽象一般的研究方法。正是源于对研究方法的高度自信，在序言的开头表示，"我用不着向熟悉国民经济学的读者保证，我的结论是通过完全经验的、以对国民经济学进行认真的批判研究为基础的分析得出的"③。尽管这些方法的运用还不够成熟，但却内蕴了新的研究方法和唯物史观，既超越了庸俗国民经济学家的固有视野，又超越了对其影响深远的费尔巴哈。

关于叙述方法，马克思作为辩证法大师黑格尔的学生，十分注重对概念和范畴的构筑和澄清，将此作为基础和开端，对现实发生的辩证运动提供更为科学的阐释和表述。《手稿》对概念加以叙述的基本方法是以类（类本质和类生活）作为中介性概念，勾连起"现实的人"和逻辑开端的"劳动"范畴（具有现代意义的范畴），在文集的标题注释中将劳动阐释为"有意识的生命活动"④，将"自我意识"融入劳动中，这样以类生活为中项，连接两端的"自我意识"和劳动实践，实现逻辑学意义上的完美"合题"。从运思维度来看，《手稿》在类生活"劳动"视域内融合了政治经济学和德国古典哲学，融合了"利己的人"和"感性的人"，融合了现实逻辑和人本逻辑两种不同层面的言说方式。

---

① 马克思恩格斯文集（第1卷）[M]. 北京：人民出版社，2009：112.
② 马克思恩格斯文集（第1卷）[M]. 北京：人民出版社，2009：156.
③ 马克思恩格斯文集（第1卷）[M]. 北京：人民出版社，2009：112.
④ 马克思恩格斯文集（第1卷）[M]. 北京：人民出版社，2009：778.

《手稿》叙述方法的出发点是"国民经济事实即工人及其生产的异化"①，将这个概念叙述为异化的、外化的劳动，进而接续做了四个规定的推演，从劳动商品和劳动者的异化，到劳动的异化，到人的类本质和人的异化，最后到人和人的异化，进而得出私有财产的概念。马克思在叙述方法上就是从"异化劳动"和"私有财产"两个核心概念出发，逐步丰富和完善国民经济学的其他概念，"每一个范畴，……不过是这两个基本因素的特定的、展开了的表现而已"②。这样的叙述方法并不科学，因为马克思此时的政治经济学研究刚刚起步，理论基础尚且不牢固；唯物史观还处于萌芽进程中，异化劳动理论中多少还带有人本主义倾向；虽然对黑格尔的辩证方法进行了唯物立场的批判，但如何汲取合理内核还在进行探索当中。

第二阶段：《哲学的贫困》阶段的辩证方法演进

1847年，马克思看到蒲鲁东出版的《经济矛盾》，觉得其是一个拙劣的经济学家和哲学家，且不自知，反而到处自诩卓越不凡。马克思针对其副标题《贫困的哲学》发表了《哲学的贫困》进行针锋相对的批判，这本著述在马克思政治经济学的创建过程中起到了至关重要的作用，1880年4月，马克思在《平等报》上谈道，"在该书中还处于萌芽状态的东西，经过二十年的研究之后，变成了理论，在'资本论'中得到了发挥"③。《哲学的贫困》可以作为研究《资本论》的入门，因为其在《资本论》的辩证方法形成进程中起到了非常重要的作用。马克思在《哲学的贫困》第一章中通过"科学的发现"深刻揭露蒲鲁东在政治经济学上的错误，在第二章中通过"政治经济学的形而上学"的叙述对蒲鲁东所应用的"政治经济学

---

① 马克思恩格斯文集（第1卷）[M]. 北京：人民出版社，2009：164.

② 马克思恩格斯文集（第1卷）[M]. 北京：人民出版社，2009：167.

③ 马克思恩格斯全集（第19卷）[M]. 北京：人民出版社，1963：248.

方法"进行了深刻批判。马克思解释为什么将第二章命名为"政治经济学的形而上学"，将"现实的人"物化为帽子和抽象化为概念，原因就是"只是跟着蒲鲁东先生的'矛盾'走"①，结构上的编排并非出于本意，只是针对蒲鲁东的谬误进行如下的七个方面的说明。在黑格尔看来，对于整个哲学来讲，形而上学"是概括在方法里面的。所以我们必须设法弄清楚蒲鲁东先生那套至少同《经济表》一样含糊不清的方法"②。在作七个方面的说明中，同时批判了蒲鲁东的研究方法和叙述方法。

　　关于研究方法，将黑格尔的唯心主义哲学方法简单粗暴地移植到政治经济学领域中，最为直接的体现是研究起点和研究材料是逻辑范畴，而非现实生产关系和历史进程："人的生动活泼的生活"和"生产关系的历史运动"③。同巴黎手稿阶段相比，马克思开始有意识地运用唯物史观对社会经济问题进行分析和研判。第二个说明中，明确指出经济范畴是"生产的社会关系的理论表现，即其抽象"④。抽象指的也是社会生产关系在先，与之对应的理论也是对社会生产关系的客观实在的一种理论映射和呈现。直接批判蒲鲁东的颠倒式理解，甚至把这种理解降低到极可怜的程度，将现实存在的关系僵化理解为教条的原理和范畴，并且这些原理和范畴一直沉睡在"无人身的人类理性"之迷梦中，不从梦中醒来，便一直是永恒存在的，殊不知这些同他们所表现出的关系一样，都只是历史的、暂时的产物，正所谓"只有运动的抽象即'不死的死'才是停滞不动的"⑤。而真正推动人类社会进步发展的是生产力的解放、旧社会关系的破碎、新型生

---

① 马克思恩格斯文集（第1卷）[M]. 北京：人民出版社，2009：597.
② 马克思恩格斯文集（第1卷）[M]. 北京：人民出版社，2009：598.
③ 马克思恩格斯文集（第1卷）[M]. 北京：人民出版社，2009：599.
④ 马克思恩格斯文集（第1卷）[M]. 北京：人民出版社，2009：602.
⑤ 马克思恩格斯文集（第1卷）[M]. 北京：人民出版社，2009：603.

产关系的生成等不断运动的整体集合。马克思对蒲鲁东的批判超越了一般
唯物主义的水平，在研究方法上有了不一样的转变。

关于叙述方法，马克思批判蒲鲁东关于矛盾分析方面的叙述方法，首
先是对辩证运动做机械划分，分为好的一面和坏的一面，其次，提出解决
矛盾的办法，保留好的一面，去除坏的一面。结果，在消除坏的一面过程
中同时切断了整个辩证运动。面对如此困境，肆意为范畴赋予新的特性成
为"消毒剂"，妄加以此对另一种范畴的缺陷加以"清洗"。根源上，从范
畴被知性划分并确立的开始，就开始呈现出外化的对立状态，进而失去了
"由于自己的矛盾本性而设定自己并自相对立的范畴"①的原初理解和正当
方法，变为徒有其名的虚假辩证方法。马克思虽没有对真正科学的矛盾分
析法作出正面说明，对辩证运动的整体性揭示，对矛盾运动的实质性分
析，为后来《资本论》中辩证方法的娴熟运用提供了前期准备。

马克思对蒲鲁东僵化理解黑格尔而误用的叙述方法同样持批判态度。
批判蒲鲁东叙述的起点和终点都是头脑中的"纯理性的运动"，并将"绝
对方法"理解为解决一切问题的"神圣公式"，对"肯定、否定、否定的
否定"加以无限套用，实现简单范畴、复杂范畴，范畴体系的简单"生
殖"。马克思无情地批判这种未加审慎思考的粗暴移植，势必产生政治经
济学上的形而上学，将原本人所共知的经济范畴翻译成"人们不大知道的
语言"，这些语言最大的特点就是仿佛范畴"刚从纯粹理性的头脑中产
生"，只在辩证运动中"互相产生、互相联系、互相交织"②。马克思对蒲
鲁东因误解黑格尔辩证法而错误搭建的政治经济学体系持否定态度，对黑
格尔选择性地批判了范畴辩证运动所具备的唯心主义性质，对其合理内核

---

① 马克思恩格斯文集（第1卷）［M］. 北京：人民出版社，2009：605.
② 马克思恩格斯文集（第1卷）［M］. 北京：人民出版社，2009：601-602.

仍在思量中。

同巴黎手稿阶段相比较，《哲学的贫困》在政治经济学方法论上有了巨大的进步，进一步坚持了现实的实证性研究，开始以唯物史观作为指引，有步骤地开始进行矛盾分析和体系搭建的叙述，将研究方法作为叙述方法的前提，对进一步的界定和划分还在探索阶段。

第三阶段：《〈政治经济学批判〉导言》阶段的辩证方法演进

1857年8月，马克思的《〈政治经济学批判〉导言》是《资本论》辩证方法形成中的重要阶段，在第三部分"政治经济学的方法"部分第一次正面集中对研究方法和叙述方法作了阐释，对10年前蒲鲁东《贫困的哲学》所作的批判提升为"从抽象到具体"的辩证方法。这一阶段，马克思面临的主要问题是如何把这些科学的发现整理、总结、叙述出来。关于叙述方法，《导言》明确提出两种不同的道路，第一条道路从生动的整体出发，通过研究分析得到"一些有决定意义的抽象的一般的关系"，从现实中的人口、民族、国家等开始研究，抽象出相应的规定，诸如分工、货币、价值等，这一阶段在运思行程中就是从感性具体或表象具体蒸发为抽象规定，从感性阶段到知性阶段。第二条道路以达到知性规定为前提，以分工、货币、价值这些个别要素确定和抽象出来为前提，形成反向具体呈现，将这些被蒸发出来的简单抽象规定丰富为具体复杂的总体，诸如国家、国际交换和世界市场等经济学体系。马克思认为"后一种方法显然是科学上正确的方法"[1]，因为它"是思维用来掌握具体、把它当作一个精神上的具体再现出来的方式"[2]，马克思还强调这种科学的叙述方法决不是具体本身的产生过程，这里的具体具有总体性，本质上是思维的产物

---

① 马克思恩格斯文集（第8卷）[M].北京：人民出版社，2009：25.
② 马克思恩格斯文集（第8卷）[M].北京：人民出版社，2009：25.

（实在主体于头脑之外保持自身相对独立性），是"把直观和表象加工成概念这一过程的产物"①，而不是凌驾于直观和表象的自我产生着的概念产物或思维着的概念。这里马克思细致地对叙述方法的唯物主义和唯心主义界限加以区分。

在《哲学的贫困》阶段，马克思认同黑格尔历史同逻辑相一致的观点，而在《导言》阶段作了明确修正，经济范畴的排序不应以历史先后为依据，而应由"它们在现代资产阶级社会中的相互关系决定"②，很可能这些经济范畴的排序与自然或历史发展次序相反，核心是排序依据既不是不同社会形态下经济关系于交替变更的历史中所处地位决定，也不是"头脑中"概念的次序，而取决于它们在现代资产阶级社会的"内部结构"。这一辩证方法的形成直接决定了未来政治经济学著作的篇章结构。

1859年1月，马克思发表了《〈政治经济学批判〉序言》，这篇序言发表在已经起草的一篇总的导言之前，因为马克思自己经过反复思考，觉得"预先说出正要证明的结论总是有妨害的，读者如果真想跟着我走，就要下定决心，从个别上升到一般"③。这时马克思的叙述方式和研究方式还是一致的，这篇序言简述了他自己在政治经济学领域所作研究的经过，在英国博物馆收集了大量的政治经济学史资料，随着资产阶级进入新的发展阶段，研究资料进一步扩展为貌似完全不属于本题的学科，马克思"不得不去熟悉政治经济学这门科学本身范围以外的实际的细节"④，从个别现实开始着手研究，分析社会关系的历史变化，在叙述方法上也是遵循从个别到一般的原则，层层推演，最后将结论呈现在大家面前，这里研究方法

---

① 马克思恩格斯文集（第8卷）[M]．北京：人民出版社，2009：25．
② 马克思恩格斯文集（第8卷）[M]．北京：人民出版社，2009：32．
③ 马克思恩格斯文集（第2卷）[M]．北京：人民出版社，2009：594．
④ 马克思恩格斯文集（第2卷）[M]．北京：人民出版社，2009：594．

和叙述方法已经暗含着一致性的表达。

第四阶段：《资本论》阶段的辩证方法演进

马克思在《资本论》中实现了双重统一——研究方法与叙述方法的统一和从事实出发与从逻辑出发的统一。

其一，马克思在《资本论》中实现研究方法与叙述方法的统一。

马克思对研究方法与叙述方法的理解同黑格尔相同的是认为实质相同，只存在形式上的差别，不同之处是黑格尔从绝对精神出发，而马克思从人的现实生活出发。前文已经论证过了，当时的理论家对《资本论》的辩证方法理解充斥了各种互相矛盾，根本原因就是模糊了研究方法与叙述方法两者的关系，马克思认为回应误解最好的方法就是引用对方的批评，揭示内在矛盾，澄清自己的观点，"把他称为我的实际方法的东西描述得这样恰当，……那他所描述的不正是辩证方法吗？"[1]马克思正面回应了对方的同时，也正面肯定了《资本论》的研究方法（"实际方法"）和叙述方法在本质上都是辩证方法。并且马上厘清了同黑格尔辩证方法的界限，非但不同而且是"截然相反"，黑格尔从绝对精神出发，思维是第一性，思维决定存在，"思维过程"是"现实事物的创造主，而现实事物只是思维过程的外部表现"[2]。马克思从人的现实生活出发，"观念的东西不外是移入人的头脑并在人的头脑中改造过的物质的东西而已"[3]。

正确理解《资本论》的研究方法与叙述方法需要返回文本，看看马克思自己的说法。关于研究方法，马克思认为"研究必须充分地占有材料，分析它的各种发展形式，探寻这些形式的内在联系"[4]。研究方法同"感

① 马克思恩格斯文集（第5卷）[M]. 北京：人民出版社，2009：21.
② 马克思恩格斯文集（第5卷）[M]. 北京：人民出版社，2009：22.
③ 马克思恩格斯文集（第5卷）[M]. 北京：人民出版社，2009：21-22.
④ 马克思恩格斯文集（第5卷）[M]. 北京：人民出版社，2009：21.

性具体—抽象—思维具体"相对照，主要精力相对侧重于"感性具体—抽象"，在充分占有一手经验材料的同时对其进行分析，从感性阶段进入到知性阶段，从表象思维进入到形式推理阶段，知性是进入高层次思维阶段的门槛，是连接现实世界与概念世界的中项，是勾连感性和理性的桥梁。马克思认为这个阶段是必不可少的，也是远远不够的，在知性阶段不可僵化停留，必须将知性以第一环节的形式内在化于整个辩证方法中，接下来，将纯化而来的概念和范畴放在"发展"的形式中，探索和寻找这些形式之间的内在联系，实现从概念、范畴的抽象到辩证思维的具体。《资本论》的辩证方法不同于抽象的表达和逻辑的现实化，而是"物质自身的运动要求相应逻辑范畴的表达"①。集中体现了马克思辩证方法的唯物论基础，具有强烈的批判性和革命性。最为要害地提出了如何进行理论研究，如何对所占有材料进行"分析"，"分析经济形式，既不能用显微镜，也不能用化学试剂。二者都必须用抽象力来代替"②。这一段话非常精髓地提出了研究方法与叙述方法辩证同一于"抽象力"——理论认识力。显微镜对应于实证科学中的物理学，化学试剂对应于实证科学中的化学，前者更侧重于空间，后者更侧重于时间，时空恰是感性直观形式，知性通过感性直观形式抽象出知性概念，把握好知性阶段就是人类运思的起点和门槛，勾连现实和思维的中项，实现由表及里，从现象到理论的关键，这个力是现实生活要求理论逻辑表达的内驱力，马克思称为"抽象力"，模糊理解研究方法与叙述方法两者关系的根源就是对"抽象力"缺乏理解，对知性环节缺少正确的认识，对知性思维做了僵化的形而上学理解，对辩证思维中的知性环节做了外在化割裂式处理。马克思明确指出："对一切后来的

---

①〔英〕阿瑟. 新辩证法与马克思的《资本论》[M]. 高飞，译. 北京：北京师范大学出版社，2018：5.

② 马克思恩格斯文集（第5卷）[M]. 北京：人民出版社，2009：8.

资产阶级经济学者来说，理解各种经济关系的形式区别所必要的理论认识力的缺少，都还是一个通例。他们只能对经验所写的材料粗糙地抓一抓，只对这些材料感兴趣。"①马克思认为研究方法是"感性具体—抽象—思维具体"的全过程。关于叙述方法，马克思认为研究工作时间先在，唯有经研究、分析得出结论之后，才被允许进入到叙述阶段，"现实的运动才能适当地叙述出来。这点一旦做到，材料的生命一旦在观念上反映出来，呈现在我们面前的就好像是一个先验的结构了"②。研究工作时间先在，叙述工作紧跟其后，将研究结果按一定的顺序和逻辑叙述出来，研究结果是研究过程得出的，研究工作开展之前结果未知，不会预设结果，而是从"现实的运动"出发，现实是感性具体，运动是形式的发展，知性的内驱力要求不可在此阶段做思维停留，继续从"感性具体—抽象"阶段向下一阶段"抽象—思维具体"进发。叙述是从上一阶段研究过程所得的研究结果出发，为了保证知识的客观普遍性，力戒感性活动的痕迹（偶然性和不确定性），理论的叙述过程要求从最简单最抽象的概念和范畴开始，逐步展开和丰富，直至思维的具体。马克思明确指出："只是思维用来掌握具体、把它当作一个精神上的具体再现出来的方式。"③马克思认为叙述方法侧重于"抽象—思维具体"，从抽象到具体的方法就是思维把握具体的全过程，但必须严格区分具体本身再现和具体本身的产生过程。

　　研究方法与叙述方法在内容实质上是相同的。研究的过程主要侧重于思考，最终产生结果，是内容生产的全过程，而叙述的过程主要侧重于表达，最终实现传递，是形式传递的全过程，思考的内容决定叙述的形式，叙述的形式反作用于思考的内容。换句话说，研究方法是思考内容的全过

---

① 剩余价值学说史（第1卷）[M]. 北京：人民出版社，1975：71.
② 马克思恩格斯文集（第5卷）[M]. 北京：人民出版社，2009：22.
③ 马克思恩格斯文集（第8卷）[M]. 北京：人民出版社，2009：25.

程，叙述方法是表达形式的直接安排，两者相互影响，存在逻辑先后关系，研究并非是单纯的时间先在。在叙述时也会反身思考，叙述过程中也可能产生或完善新的研究成果，1858年2月，马克思给拉萨尔的信中介绍自己经济学著作相关工作的进展中提道，"最近几个月来我都在进行最后的加工。但是进展很慢，因为多年来，作为主要研究对象的一些题目，一旦想最后清算它们，总是又出现新的方面的问题，引起新的考虑"①。这段文本说明了几个关键问题，首先研究逻辑在先且不可或缺，多年来的研究成果，需要进行"最后的加工"才能呈现于世，其次叙述并非纯粹的叙述，其中还有接续研究，欲对研究成果加以"清算"之时，新的问题总会浮现，激发新的思考，势必开始新的研究，叙述和研究在某种意义上是同时的。最后，叙述的过程远比研究的过程要艰辛，"进展很慢"表明花费的时间和精力更多，为了保证知识内容的增加和普遍客观性，叙述需要花大力气，多次调整。

研究方法与叙述方法在形式上是不一样的。研究是面向全过程的集合，包括现实的感性材料，对材料的知性加工，分析与综合得出最终结论等；叙述是以寻求客观普遍性认同为前提而展开的有序逻辑表达，最大的特点是逻辑先在，这就决定了两者形式上的差别。马克思关于《资本论》的叙述顺序的表述，"我的著作的各个部分是交替着写的"。表面马克思叙述的顺序并不同研究的顺序相同，这就是形式上的差别，"我本人写作《资本论》的顺序同读者将要看到的顺序恰恰是相反的"，创作（写作）的顺序同研究顺序基本吻合，但为了保证知识的客观普遍性，叙述的顺序却是截然相反的。"只不过我最后着手写的第一卷当即做好了付印的准备，

---

① 马克思恩格斯文集（第10卷）[M]. 北京：人民出版社，2009：149.

而其他两卷仍然处于一切研究工作最初阶段所具有的那种初稿形式"①。阐明了三卷的研究和叙述顺序是相反的，叙述方法是从最为简单的抽象概念和范畴开始，逐步丰富和完善为思维具体。特别需要指出，马克思关于思维具体同黑格尔有本质区别，特别强调建立于唯物基础之上，放置于历史长河之中。马克思的叙述在研究的基础之上，也就是包含了从感性具体到抽象概念和从抽象概念到思维具体的两个阶段，不可避免带有知性痕迹，而对于这个阶段通过"抽象力"加以弥合，勾连感性和理性，正是马克思研究方法和叙述方法辩证同一的密码。正如前文所论述，"抽象力"作为一种理论认识力，不同于一般的思想活动、心理现象和思维实践，其本质是以追求真理的客观普遍性为前提，通过现实的生产关系和交换关系得以发生和实践，最终实现了对唯心主义立场的"思辨哲学"进行富有内容的批判和超越。

马克思《资本论》中研究方法与叙述方法的辩证同一，不仅是马克思辩证方法实现对现实富有内容的批判，更是实现了近代哲学认识论的真正转向，揭示了资本主义社会全部领域的秘密，祛除了商品世界的所有"魔法妖术"和神秘力量。

其二，马克思在《资本论》中实现从事实出发与从逻辑出发的统一。

列宁曾说过，"虽说马克思没有遗留下'逻辑'……但他遗留下《资本论》的逻辑"②，关于《资本论》的逻辑论断显然无比正确，事实上，《资本论》是一个由一系列的概念、范畴和规律组成的严密的理论体系，它们不是机械的任意排列，而是内在关联的环环相扣，掌握后面的概念和范畴的前提条件是了解和把握前面的概念和范畴，不了解商品就没法了解

---

① 马克思恩格斯文集（第10卷）[M]. 北京：人民出版社，2009：471-472.
② 列宁全集（第55卷）[M]. 北京：人民出版社，2009：290.

货币，而不了解货币就没法了解资本。所以，在搭建《资本论》的整个体系时，逻辑起点的选择就显得至关重要了，否则一切都将无从谈起。马克思最终选择"商品"作为《资本论》的逻辑起点，按照由抽象到具体这一原则，把复杂的资本主义经济形态的产生和发展在理论上展现出来。因为"商品"克服了黑格尔关于逻辑起点选择的唯心性，表征了从事实出发与从逻辑出发的统一。

马克思在选择逻辑起点时，批判地吸收了黑格尔关于逻辑起点一般规定的合理内核，黑格尔关于逻辑起点的几点认识：第一，黑格尔认为逻辑学的出发点应该是最直接、最简单、最抽象的东西。逻辑学以"纯粹思想"为研究对象，而人们在"开始思维时，除了纯粹无规定性的思想外，没有别的"①。也就是说，在思维过程中，最早出现的什么也不是的直接性的纯存在，它"不以任何东西为前提，必须不以任何东西为中介，也没有根据"②。因此，逻辑学的出发点是"一切中最单纯的东西"③。黑格尔上述思想有其合理之处，但他把纯粹抽象绝对化，拒斥以现实的具体物作为出发点，则是唯心主义的突出表现。第二，黑格尔认为逻辑学的出发点应该是包含着以后全部发展的萌芽。逻辑学的出发点并不是a=a的绝对同一，而是包含着差别的同一，承认差别的普遍存在，承认矛盾的无处不在，而这种包含着差别的同一"在每一事例中，即在每一现实事物或思想中，都不难指出有与无的统一。……无论天上地下，都没有一处地方会有

---

① ［德］弗里德里希·黑格尔. 小逻辑［M］. 贺麟，译. 北京：商务印书馆，1980：190.

② ［德］弗里德里希·黑格尔. 逻辑学（上卷）［M］. 杨一之，译. 北京：商务印书馆，1976：54.

③ ［德］弗里德里希·黑格尔. 逻辑学（上卷）［M］. 杨一之，译. 北京：商务印书馆，1976：55.

某种东西不在自身内兼含有与无两者"①。不难看出，最初的出发点实际上包含着非常丰富和非常复杂的内容，只不过尚未显现和展开罢了，黑格尔认为逻辑学的出发点"把全部发展都包含在这个萌芽中"②。第三，黑格尔认为逻辑学的出发点也是发展的终点。要想真正完全地说明和认识世界，不能依靠线性方法，而应该用自身说明自身的方法，即圆圈式的方法。在概念的发展的表达中，最初的概念中潜伏着最后的概念，前者是后者的根据和基础，同样最后的概念是由最初的概念经过正确的推论发展而来，后者同样包含着前者，并且是完全展开了的前者。黑格尔这种观念和思想固然有可取之处，但黑格尔认为逻辑理念从纯存在发展到绝对理念后，"一切欠缺和不幸就消除了主体，也就和世界和解了，在世界里得到了满足，一切对立和矛盾也就已解决了"③。列宁指出这是"对发展的背叛"④。最后，黑格尔认为逻辑学的出发点同哲学史的出发点一致。逻辑理念的进展是由抽象到具体，同样在哲学史上最早的哲学体系往往是最抽象、最贫乏的。黑格尔极力推崇巴门尼德，视为"哲学的真正开始点"⑤，这点充分暴露了他从逻辑概念出发的唯心主义的真面目。

马克思对黑格尔关于科学体系出发点的观点和看法做了认真的研究，从其唯心主义的神秘外壳中剥离出合理内核，并将其应用于《资本论》的

---

① ［德］弗里德里希·黑格尔. 逻辑学（上卷）［M］. 杨一之，译. 北京：商务印书馆，1976：72-73.

② ［德］弗里德里希·黑格尔. 逻辑学（上卷）［M］. 杨一之，译. 北京：商务印书馆，1976：20.

③ ［德］弗里德里希·黑格尔. 逻辑学（上卷）［M］. 杨一之，译. 北京：商务印书馆，1976：124.

④ 列宁全集（第55卷）［M］. 北京：人民出版社，2009：146.

⑤ ［德］弗里德里希·黑格尔. 小逻辑［M］. 贺麟，译. 北京：商务印书馆，1980：191.

创作中，"从分析商品开始"①，以商品作为出发点完美实现了从事实出发与从逻辑出发的统一，具体说明如下。

第一，《资本论》中商品是最简单的"经济的具体物"②，具有客观实在性。马克思在写作《货币章》时，曾提醒自己，在叙述时不要让读者产生错觉，好像交换价值转化为货币是从概念到概念的辩证运动。"往后，在结束这个问题之前，有必要对唯心主义的叙述方法作一纠正，这种叙述方法造成一种假象，似乎探讨的只是一些概念的规定和这些概念的辩证法。因此，首先是弄清这样的说法：产品（或活动）成为商品；商品成为交换价值；交换价值成为货币"③。在手稿中，马克思曾经打算把第一章的标题定为"价值"④，但在1859年出版的《政治经济学批判》中就改为"商品"。马克思的这一改变，不仅是出于形式上的考虑，而且具有重大的方法论意义。"价值"尽管具有客观实在性，但本质上缺失抽象的概念，而"商品"不同，首先它是一个外在的看得见和摸得着的现实存在，商品可以在人与人的交换流通中体现一定的社会经济关系，兼具价值和使用价值，马克思说："商品的使用价值是既定的前提，某种特定的经济关系借以表现的物质基础。"⑤这样一来，"商品"作为《资本论》逻辑出发点和事实出发点的统一，使得整个叙述行程奠定在唯物主义的客观基础之上。

第二，商品是资本主义社会的最简单、最抽象、最一般的形式。所谓"最简单"是指商品是构成资本主义社会的基本单位，《资本论》开篇便将商品比作资本主义社会的"细胞形式"和"元素形式"⑥，马克思认为对

① 马克思恩格斯文集（第5卷）[M]. 北京：人民出版社，2009：47.
② 马克思恩格斯全集（第19卷）[M]. 北京：人民出版社，1963：413.
③ 马克思恩格斯全集（第46卷）下册 [M]. 北京：人民出版社，1979：97.
④ 马克思恩格斯全集（第46卷）下册 [M]. 北京：人民出版社，1979：411.
⑤ 马克思恩格斯全集（第46卷）下册 [M]. 北京：人民出版社，1979：411.
⑥ 马克思恩格斯文集（第5卷）[M]. 北京：人民出版社，2009：47.

经济形式的分析不同于自然科学实验，需要借助"抽象力"为中介，通过知性的方式析解出商品是资本主义社会的最抽象形式，同时也是最为本质的规定。

第三，商品中内蕴着资产阶级社会的一切矛盾的胚芽。商品是使用价值和价值的对立统一，商品经济的一切矛盾都是从此矛盾中发展而来的，货币之所以能转化为资本，最主要的原因是劳动力可以变为商品，这种商品的使用价值本身具有成为价值源泉的特殊属性，它的实际使用本身就是劳动的物化，从而是价值的创造，并且所创造的价值大于其自身。从商品内部矛盾出发，我们就能理解资本主义生产过程的特点。列宁指出马克思在《资本论》中首先分析了资产阶级社会最简单的关系"商品交换。这一分析从这个最简单的现象中，（从资产阶级社会的这个'细胞'中）揭示出现代社会的一切矛盾（或一切矛盾的萌芽）"①。此处的"细胞"就是资产阶级社会最简单经济具体物——商品。

第三节　"感性活动"确定性
在马克思辩证法中的理论作用

马克思将辩证法根基回归到了现实世界之中，原本被黑格尔视为可感的经验世界成为人类可改造的对象世界，原本被黑格尔视为有理念统摄的自然界也成为人类本质对象化的"属人世界"。于是，马克思变革黑格尔辩证法的关键是在"知性肯定"环节上发生了根本性转变，即由黑格尔的"知性肯定"的确定性转向马克思"感性活动"的确定性。也正是由于

---

① 列宁全集（第55卷）[M]. 北京：人民出版社，2009：307.

"知性肯定"环节的变革，才确立了马克思辩证法正、反、合的三个环节：从人类改造自然的感性活动出发（肯定环节）、生产活动中的人本质的对象化（否定环节）以及劳动产品中人性呈现（否定之否定环节）。马克思辩证法不仅没有否定知性环节，而且还通过实践论的转身，确立了"知性优先"的实践原则。

一、辩证法的肯定环节：人类改造世界的感性活动

黑格尔哲学的"理念"是一个既定了的大全的规定——"理性即真理""真理即全体"，所以在黑格尔的辩证法中，"理念"就包含了整个宇宙的全部规定，当理念在理性中达到了最全——"绝对理念"，所以"理念"中包含着的是既定的真理，这样，黑格尔也将"绝对理念"作为整个宇宙的唯一"根据"和"内容"，万事万物从"绝对理念"中"外化"出来，按照自身的理性规定性自我生成、自我发展，最后复归于"绝对理念"。马克思反对黑格尔哲学中"绝对理念"作为万事万物产生的"根据"的"神秘性"与"唯心性"。在马克思看来，哲学真正要解决的是人自身的问题，人所生活的世界的"真实性"的根据恰恰在于人在"实践"活动中自由自觉的"创造"能力，因此能动性就在人的"感性活动"之中，而不是存在于抽象"概念"的"理念的大全"，所以人类的历史的真理就内在于人的"自由自觉"之中，而不是被动地执行和按照某种"神秘的""绝对"来发展。马克思指出："通过实践创造对象世界，改造无机界，人证明自己是有意识的类存在物。"①所以人所面对的自然界，是"属人的"，"对象化"的"世界"，这一世界的根基在于人的"感性活动"，是人改造世界的第一个环节。"劳动这种生命活动，这种生产生活本身对人来说不

①　马克思恩格斯选集（第 1 卷）［M］．北京：人民出版社，1995：46.

　　过是满足他的需要即维持肉体存在的需要的手段"①。在思维方式上，马克思继承了黑格尔的辩证思维。黑格尔将"绝对理念"作为宇宙万事万物产生的根据，把握的是事物"表象"之间"否定"的矛盾，因此辩证法是解决"矛盾"的方法，内在要求将"正题"以及与其对自身否定的"反题"在更高环节的"否定之否定"中回到自身。在黑格尔的辩证法中，"理念"作为正题，是产生宇宙万物的"根据"，是黑格尔哲学中的肯定性的环节和整个辩证法的出发点，从"理念"（正题）——走向自身的反面"外化"出自然（反题）——通过"扬弃"的"否定之否定"达到（绝对精神）（合题）的过程，即是"事物的内容本身"（正题）——通过自然界异化、对象化（反题）——"扬弃"外在的"样式"和"表象"，在更高的层次上向"绝对精神"自身复归，达到不依赖任何"表象"的"绝对精神"（合题）。马克思将辩证法根基"从天上"落回"人间"即基于人类的"感性活动"作为人类世界得以展开，人类历史得以创造的"根据"，因此被马克思称为"生产活动"，"生命活动"的感性世界中的活动，成为马克思辩证法中的出发点和肯定性的环节。从"感性活动"出发，原本被黑格尔视为可感的经验世界，就成为人类可改造的对象世界；原本被黑格尔视为由理念统摄的自然界，也成为人类本质对象化的"属人世界"。

　　在马克思看来，在"感性的基础"上，应该将"人的科学"和"自然科学"统一于其中，并且建立成为"一门科学"。②马克思指出"真正本体论"在"本质"（自然）的"肯定"是人的"感性的确定性"。因此，"感性确定性"是对于"人类社会"和"自然界"的双重肯定。正如马克思指出的，"感性的自然界"是"人的自然科学"的"直接对象"；对于人自身

---

① 马克思恩格斯选集（第 1 卷）[M]. 北京：人民出版社，1995：46.
② 马克思恩格斯全集（第 42 卷）[M]. 北京：人民出版社，1979：128.

而言，首先最直接的就是"人的感性"，因此"人的第一个对象——人——就是自然界、感性"①。因此，不同事物"表象"上的差异在"感性活动"的"内容"中能够完成肯定性的统一。因此，在"感性活动"的"内容"上，主体与客体、精神与物质、思维与存在都是同一的。在马克思看来，"感性活动"作为"私有财产的活动""工业生产"，其确定性所指向的就是现实中的"社会实践"活动。马克思批判地继承了黑格尔哲学的合理内核，运用辩证思维，从人的现实的"感性活动"出发，把握的是事物自身内容的逻辑，因此所揭示出的必然是人类社会真理的逻辑。

二、辩证法的否定环节：感性活动中的本质对象化

黑格尔指出知性思维的思维方式，是对事物的"表象"进行思考和认识，获得的知识是将事物理解为"主观化"的"抽象"的概念，割裂了事物的"表象"与"事物"自身"内容"之间的联系，以"静止"和"片面"的方式来把握客观事物，用主观化了的抽象的概念代替了真实的客观事物的"内容"，以主观"僵化"的思维"肢解"外在客观的世界，从而产生了对于"表象"所做出的"规定"就是对于事物"鲜活"的"内容"的"否定"。因此，黑格尔提升了思维的层次，去消除知性思维认识中的"屏障"。将知性思维的"规定即否定"纳入辩证思维的环节之中。因此，立足辩证思维，事物在实现自身的过程中，必然在"表象"中走向自身的对立面，通过"否定"的环节来实现自身，形成"表象"的"矛盾"，才能在"否定之否定"的环节中"肯定"事物自身的"内容"。

马克思反对黑格尔把"理念"在人自身之外独立出来，完成了将"理

---

① 马克思恩格斯全集（第42卷）[M].北京：人民出版社，1979：128-129.

念"向人自身的还原，马克思没有将人的"本质"还原到"思维"或"直观"，而是还原到"实践"——人的主体的能动性的"感性活动"的"内容"。马克思从"感性活动"出发，提出人的世界是由"实践"创造的。这就证明人是"有意识的类存在物"，"它把类看作自己的本质，或者说把自身看作类存在物"①。马克思提出，人的本质是内在于主体的，所以本质的存在必须通过对象化，在对象化中自我确证自己的"类本质"，所以"实践"的类本质是我们每个人后天所形成的本质，它需要自我的生成的过程。马克思在人与动物本质上的区别中阐释人的"类本质"提出"动物也生产。它为自己营造巢穴或住所，如蜜蜂、海狸、蚂蚁等。但是动物只生产它自己或它的幼仔所直接需要的东西"②。因此动物只是为了生存而生产，所以"动物的生产是片面的，而人的生产是全面的"③。所以人的生产，真正的生产，是"不受肉体需要影响也进行生产，并且只有不受这种需要的影响才进行真正的生产"④。所以人之为人，不需要受到肉体需要的束缚可以"自由地面对自己的产品"⑤。因此，作为人，"懂得按照任何一个种的尺度来进行生产，并且懂得处处都把内在的尺度运用于对象；因此，人也按照美德规律来构造"⑥。"内在的尺度"即"类"的尺度。人的本质正是在"实践"中证明出来。"这种生产是人的能动的类活动。通过这种生产，自然界才表现为他的作品和他的现实。因此，劳动的对象是人的类活动的对象化"⑦。从感性活动的肯定性环节出发，人自身的本质

---

① 马克思恩格斯选集（第1卷）[M]. 北京：人民出版社，1995：46.
② 马克思恩格斯选集（第1卷）[M]. 北京：人民出版社，1995：46.
③ 马克思恩格斯选集（第1卷）[M]. 北京：人民出版社，1995：46.
④ 马克思恩格斯选集（第1卷）[M]. 北京：人民出版社，1995：46.
⑤ 马克思恩格斯选集（第1卷）[M]. 北京：人民出版社，1995：47.
⑥ 马克思恩格斯选集（第1卷）[M]. 北京：人民出版社，1995：47.
⑦ 马克思恩格斯选集（第1卷）[M]. 北京：人民出版社，1995：47.

"类"需要以"否定自身"的方式实现自身，即"劳动的异化"。"异化劳动把自主活动、自由活动贬低为手段，也就把人的类生活变成维持人的肉体生存的手段"①。感性的活动中的自由自发的创造性，人的对象性的"类本质"在现实中以"手段"的"表象"实现了自身，包含创造性"目的"与维持肉体生存的"手段"发生了颠倒，产生了"私有财产"，"私有财产只有发展到最后的、最高级的阶段，它的这个秘密才重新暴露出来，就是说，私有财产一方面是外化劳动的产物，另一方面，又是劳动借以外化的手段，是这一外化的实现"②。因此当感性活动中，人将自身的"本质"对象化"在实践的、现实的世界中，自我异化只有通过对他人的实践的、现实的关系才能表现出来。异化借以实现的手段本身就是实践的"③。即劳动与生产过程、劳动产品、劳动的结果、人的本质相异化。马克思把握"表象"背后的"内容"，从感性活动的肯定性环节，阐释人通过"对象化"直到"异化"通过他人，进入否定的环节来实现自身"实践"的"内容"，看到了未来社会发展的方向，必然在"否定之否定"的环节中消除劳动的"异化"实现"生产"的对象化。

三、辩证法的否定之否定环节：感性活动中人性的复归

在黑格尔辩证法中"否定之否定"的理论设定具有肯定性意义，体现在对第一个否定的"这种外化不仅有否定的意义，而且有肯定的意义"④。尽管在肯定意义层面起着一种推动性的正向作用，但是其作为一种精神运动的思辨抽象表达却呈现了一种非批判态度，马克思正是要在对黑格尔辩

---

① 马克思恩格斯选集（第1卷）[M]. 北京：人民出版社，1995：47.
② 马克思恩格斯选集（第1卷）[M]. 北京：人民出版社，1995：50.
③ 马克思恩格斯选集（第1卷）[M]. 北京：人民出版社，1995：49.
④ 马克思恩格斯文集（第1卷）[M]. 北京：人民出版社，2009：207.

证法的非批判的批判中重新寻找其批判的意义和价值。马克思赞同黑格尔关于"否定之否定"的逻辑设定，"否定的否定所包含的肯定方面把否定的否定看成真正的和唯一的肯定的东西，而根据它所包含的否定方面把它看成一切存在的唯一真正的活动和自我实现的活动"①。将一切存在都归结为自我实现的活动，但缺陷也十分明晰，这种逻辑设定首先只是对这一过程的抽象逻辑表达，其次这个环节只解释了真正的人的形成的过程，而非现实的过程，马克思将实现了类本质的人称为真正的现实的人，黑格尔辩证法的"否定之否定"环节只是揭示了人通过扬弃异化劳动而复归自由自觉的劳动的真正的人的过程，最终导致了理论同现实的妥协。这一切的根源都在于抽象的思维终究还是复归于抽象的思维，"否定之否定"貌似具有批判的外表，但所有的一切环节都发生在思维范畴之中，本质上还是对现实的妥协和调和。

马克思提出，事物的概念或者事物的本质，往往要在一个事物要结束之际才会"清晰地""呈现出来"。就像"人体解剖对于猴体解剖是一把钥匙"②。因此，我们要按照逻辑来把握以往发展中的历史。马克思运用辩证法对资本主义的生产规律和工人的劳动状态展开了价值规律的研究，通过对《手稿》中异化劳动的分析以及《资本论》中对"资本"的"本性"的环节考察，深入到资本主义运行的机制内部，在否定"异化""私有制"和"资本"之后进入"否定之否定"环节，看到在肯定和否定的环节中，无论是"对象化"的人的劳动，还是压抑人、奴役人的，人自身外化出的"表象"，都是基于人的"自由的创造""内容"之上而展开的。人的本质是后天的否定（外化的环节）的统一，否定是外化的环节，本质通过外化

---

① 马克思恩格斯文集（第1卷）[M]. 北京：人民出版社，2009：201.
② 马克思恩格斯选集（第1卷）[M]. 北京：人民出版社，1995：23.

否定样式，让自己存在下来，因此，环节的必然性，需要通过解释其自身的矛盾，从而实现自我扬弃，因此，扬弃异化，实现对象化，在人的"自由自觉"的创造性的活动中实现人向人自身的人性的复归。否定的统一所对应的是动物的直接的同一。因此，辩证法所理解的就是人性的思维方式。现实的人本身就是一个辩证法的存在。

马克思借由卢梭在《社会契约论》提出的"政治人"概念，提出了自己的关于人性复归的理论："任何解放都是使人的世界即各种关系回归于人自身。"①其中政治解放归结为两类人，一类是精致利己主义者，即市民社会中的个体成员；一类是公民法人。人的解放需要满足如下条件，其一，现实的个人把抽象的公民复归于自身，并成为类存在物；其二，现实的个人充分认识自身固有力量即社会力量，不会再以任何方式加以分离和割裂。

同样具有政治性质的共产主义也认识到人的自我扬弃异化本质是"人向自身的还原或复归"②。共产主义是对私有财产的积极扬弃，是对自我异化的积极扬弃，是通过人、为了人对人的本质实现真正的占有。这里马克思再一次作了总结性陈述，"因此，它是人向自身、也就是向社会的即合乎人性的人的复归，这种复归是完全的复归，是自觉实现并在以往发展的全部财富的范围内实现的复归"③。这种复归其背后的本质，正是辩证法的第三个环节，即否定之否定环节。共产主义正是在感性活动中得以实现，实现了人道主义对自然主义的否定之否定，是人与自然、人与人之间矛盾的真正解决，是存在和本质之间矛盾的真正解决，是对象化和自我确证之间矛盾的真正解决，是自由和必然之间矛盾的真正解决，是个体和类之间矛盾的真正解决。

---

① 马克思恩格斯文集（第1卷）[M]. 北京：人民出版社，2009：46.
② 马克思恩格斯文集（第1卷）[M]. 北京：人民出版社，2009：185.
③ 马克思恩格斯文集（第1卷）[M]. 北京：人民出版社，2009：185.

四、"感性活动"在马克思辩证法中的优先地位

黑格尔辩证法中，知性确定性的样态就是"否定"，因此知性的"规定"本身就是对事物"内容"的"否定"。因此，通过肯定—否定—否定之否定来透过事物的表象，直接把握事物的内容。作为辩证法的第一个环节，知性的确定性（否定）并不是认识论意义上的否定，而是被黑格尔当作认识事物内容的必要"环节"将其包含于自身之中，恰恰在于"知性确定性"才能够开启整个辩证逻辑的演绎，马克思从"感性活动"的确定性出发。

"感性活动"中所体现的就是人主体的能动性，它与"异化"相对应。马克思从"劳动产品"和"生产行为"两个方面考察了"实践的人的活动"，即"劳动"的异化行为①，指出了"异化不仅表现在结果上，而且表现在生产行为中，表现在生产活动本身中"②。因此，马克思超越费尔巴哈对人的"抽象性"的理解，提出"无论是在人那里还是在动物那里，类生活从肉体方面来说就在于人（和动物一样）靠无机界生活，而人和动物相比越有普遍性，人赖以生活的无机界的范围就越广阔"③。马克思批判费尔巴哈将人的本质看作内在无声的、抽象的一个人类共同的一个本质，这种做法实际上是将"绝对精神"还原为人的一种本性，将人本身看作一个"感性的实体"。但是马克思指出，"劳动"是一种"生命活动""生产活动"，并且认为"这一活动本身就是满足维持肉体生存的需要的手段"。因此"感性活动"才是真正的现实世界中的人的"类生活"即"生产生活"得以产生的根基。它（"感性"的"活动"）的"人"是突破"抽象

---

① 马克思恩格斯选集（第1卷）[M]. 北京：人民出版社，1995：42.
② 马克思恩格斯选集（第1卷）[M]. 北京：人民出版社，1995：43.
③ 马克思恩格斯选集（第1卷）[M]. 北京：人民出版社，1995：45.

性”的“感性实体”的现实的个人。从“肉体生存的手段”到“人的类特性——自由的有意识的活动”①是人类“实践”得以展开的历史过程，人的“实践”从确定的“感性的现实中的活动”出发，在“实践”中自我展开、自我生成、自我完善。“正因为人是类存在物，他才是最有意识的存在物，就是说，他自己的生活对他来说是对象”，这样，“他的活动才是自由的活动”②。因此“感性活动”成为实现“类本质”的第一个环节在马克思的辩证唯物主义中确定下来，包含于消除“异化”，实现人向人的“类本质”复归的辩证发展之中。

第四节　“感性活动”确定性 与马克思哲学革命之间的内在关系

马克思辩证法的正、反、合的三个环节：从人类改造自然的感性活动出发（肯定环节）、生产活动中的人本质的对象化（否定环节）以及劳动产品中人性呈现（否定之否定环节）。马克思在辩证法“知性环节”的变革，也决定了马克思整个哲学变革的主基调，即由解释世界转向改造世界、由人类的精神解放转向人类的现实解放。

一、“感性活动”决定了哲学对象的变革：从思辨对象到生产活动

黑格尔思辨哲学的对象是“绝对理念”，囊括了思想、人与自然在内

---

① 马克思恩格斯选集（第1卷）[M]. 北京：人民出版社，1995：46.
② 马克思恩格斯选集（第1卷）[M]. 北京：人民出版社，1995：46.

的最丰富的最高存在，达到了真正的自由和绝对，"绝对理念"自己规定了自己的逻辑准则，并将其贯彻到自然和人类社会之中，层层演绎，层层丰满，从抽象到具体，最后复归于自身。黑格尔将思辨对象设定为"绝对理念"，是最具有现实性的存在。马克思批判黑格尔思辨哲学对象的抽象性和无人身性，并进一步揭示了其对现实世界的无能为力，唯有对哲学对象加以变革，目光从神秘虚幻转向到现实社会人类实践，让哲学回归现实，而现实中的现实存在即是指人的物质生产活动。《德意志意识形态》的原手稿中有被删除的一段话，"黑格尔完成了实证唯心主义。在他看来，不仅整个物质世界变成了思想世界，而且整个历史变成了思想的历史。他并不满足于记述思想中的东西，他还试图描绘它们的生产活动"①。这里黑格尔实证唯心主义不满足于思辨对象，更开始向以"思想和概念"为主导的生产活动进军。马克思呼喊德国哲学家们能从自己的幻想世界中被唤醒，继而起身反抗思想世界，"他们把关于现实的东西、有形的东西的观念同思想世界……"②，此处的省略号应该包含着颠倒和反转的期待，过去所有的德国哲学批判家都断言——"观念、想法、概念迄今一直支配和决定着现实的人，现实世界是观念世界的产物"③。这种观念一直在延续，但马克思给出了这个世界实然和应然的样子，而不是过去"他们的批判的思想活动一定会使现存的东西灭亡"④。只依靠这些孤立的思想活动上的批判，已经不足以实现哲学的转向和变革，唯有依靠"感性活动"，"以一定的方式进行生产活动的一定的个人，发生一定的社会关系和政治关系"⑤。这里的主

---

① 马克思恩格斯文集（第1卷）[M]. 北京：人民出版社，2009：510.
② 马克思恩格斯文集（第1卷）[M]. 北京：人民出版社，2009：510.
③ 马克思恩格斯文集（第1卷）[M]. 北京：人民出版社，2009：510.
④ 马克思恩格斯文集（第1卷）[M]. 北京：人民出版社，2009：510.
⑤ 马克思恩格斯文集（第1卷）[M]. 北京：人民出版社，2009：523.

体不再是抽象的个人，而是现实生活中真正以一定生产方式从事生产活动的人，并且和周围的社会和政治发生一定的关联，不带有任何神秘和思辨的色彩。在生产活动中，人们同自然界互相影响，生产者之间也互相影响，"他们借以互相交换其活动和与全部生产活动的条件，当然依照生产资料的性质而有所不同"①。其中，个人参与生产所产生的社会关系，即社会生产关系，一定随着物质生产资料、生产力的变化和发展而变化和改变的。

马克思早在《黑格尔法哲学批判》中提出了"市民社会决定国家"的论断，开篇就对哲学对象作了颠倒式变革，提出现实中家庭和市民社会是国家的前提、基础和必要条件。具体做法就是集中火力批判了黑格尔的神秘逻辑，"观念变成了主体，而家庭和市民社会对国家的现实的关系被理解为观念的内在想象活动。家庭和市民社会都是国家的前提，它们才是真正活动着的；而在思辨的思维中这一切却是颠倒的"②。这里马克思不满黑格尔从逻辑学的形式出发来规定现实"感性活动"中市民社会和国家间的关系，思辨中的观念主体占据了所有活动的主体地位，"制约者被设定为受制约者，规定者被设定为被规定者"③，这种颠倒的做法无疑将思辨唯心主义体现得淋漓尽致。一个政治国家的存在不可能离开家庭的自然基础和市民社会的人为基础，这两点基础既是充分条件，也是必要条件。思辨对象从观念主体变成了真正活动着的家庭和市民，而家庭和市民所从事的"感性活动"正是生产活动。

另一方面，马克思赞同黑格尔的否定性的辩证法，赞同将劳动视为人的本质，人通过自我外化成为人，劳动起了决定性的作用。但也尖锐指

---

① 马克思恩格斯文集（第1卷）[M]. 北京：人民出版社，2009：724.
② 马克思恩格斯全集（第3卷）[M]. 北京：人民出版社，2002：10.
③ 马克思恩格斯全集（第3卷）[M]. 北京：人民出版社，2002：12.

出，黑格尔承认的劳动是思维范畴的抽象精神的劳动，是自我意识自身异化又克服异化的精神活动，而不是人作为人的实践活动——物质生产活动，这样就容易忽视了异化劳动的消极意义。而现实中从事感性活动的人，将自己确立为活动主体，通过现实的生产活动不断把自然界转化为人的活动对象，这个活动过程就是生产活动过程，人不仅生产他自己，也生产别人。自己的存在相对于别人的存在，别人的存在也是相对于自己的存在，因此，人与自然的关系本质也是人与人的关系，对于人来说，自然对象转变为社会对象，结论就是社会也是由人生产的，反之也成立，只有社会才生产作为人的人。

在马克思看来，人作为主体，在出生之时的人的天然本能上，人与人之间没有太大的差别，都遵从个人的物种规定性，但是后天的实践"类本质"——是每个人自我塑造的结果。这是人类历史的指向。

作为辩证法的否定环节：感性活动中的本质对象化人类本质的发展方式分为以下三个阶段：1. 人身依附关系阶段：人最开始要以群去面对自然界，才能保证自己的生存，人性是群的本性，个体没有独立性。2. 以物的依赖性为主的人的独立性——"社会分工"，在马克思看来，原始社会发展到一定程度出现"社会分工"，此时人们开始用劳动交换相互的需要，因此这个时候是指人以物质生产分工基础上的独立性，依赖性来完成人的独立性。进入商品经济阶段，利己的前提是为别人而生产，因此此时利他的因素已经贯穿于商品经济的基因之中了。这个阶段只是人的一个过渡阶段，社会分工是人的类本质的片面发展，分工是把类本质隔离分别继承的结果，人类发展一定要完成自我的内在的实践的类本质的丰富性，最后达到自由的个性，人完全继承了类本质的全部内容，分工就此取消，人最终可以变成一个按照自己随时所需要的使用价值而生产一切东西，这是人是真正的自由，人性才真正地实现。

二、"感性活动"决定了哲学功能的变革：从解释世界到改造世界

辩证法的否定之否定环节：感性活动中人性的复归。经过异化和对象化的否定环节。1. 本质和存在：动物的本质和存在是天然的直接的同一，本质就是存在，动物的本质就是本能。人的本质是类本质，要达到最后的自由的类存在，因此，类本质是后天的，对于人来说要完成本质和存在的统一过程，类本质是后天的丰富自身、完善自身，才能决定人是以何种的样态的本质的存在，所以每个人的本质都不一样，存在也不一样，成为一个什么样的存在，取决于后天个人的完成塑造方式。动物的本质是先天的肯定的直接同一，人的本质是后天的否定（外化的环节）的统一，否定是外化的环节，本质通过外化否定样式，让自己存在下来，向自身回归。否定的统一所对应的是动物的直接的同一。因此，辩证法所理解的就是人性的思维方式。现实的人本身就是一个辩证法的存在。2. 对象化和自我确证，只有人的类本质才需要对象化，人需要将自身实现出来，对象化是一个自我确证的过程，所要确证的是自我的类本质。动物不同于人，不需要确证。每个人的类本质包括整个人类的类本质的发展过程却需要类本质的确证，确证的方式就是实践类本质通过人的"劳动产品"，通过"自身实践"的改造程度来确定每个民族乃至整个人类的类本质的发育程度。3. 自由和必然，必然指的是动物都有一个必然的，前定的预定的本质，只有人的类本质是后天自己塑造自己，将规定在自身中建立起来并且按照自我的规定去生活去存在去发展，因此人才是自由的，在马克思看来，人的本性就在于自由自觉的创造性活动。马克思发展了黑格尔的理解：人必须将类本质在我们自身中建立起来，即将必然性在我们的自身中建立起来，我们的行动再有所依据，不然人会茫然没有方向。就是生命本质中无内容的建

构——空虚、焦虑、无聊，这就是没有方向。所以，在马克思哲学中，对于自由的本质与黑格尔在自由与必然的辩证中理解是一致的，在黑格尔看来，自由与必然并不是分开的，"对于自由和必然的真正理解——自由是将必然包含在自身之中"。4. 个体和类：个体和类的统一完全是后天的继承，《手稿》中提到的"完成了的人道主义就是自然主义，完成了的自然主义就是人道主义"，完成了类本质的建构才是真正的人的自然而然的应该的存在方式。

　　马克思主义辩证法是一个整体，如列宁所言，是"是一块整钢"，其首要任务是要正确地揭示世界规律——解释世界，马克思在《关于费尔巴哈的提纲》中第十一条提出"以往的哲学家只是解释世界，而问题在于改变世界"①，充分说明了"感性活动"决定了哲学功能的变革，从解释世界转向改变世界，这里需要明确的是解释世界固然重要，但绝非是停留于书斋中玄思妙想，也不是臆想出一个与世界一一对应的能自圆其说的理论，而是一个既能立足于实践，又有科学理论依据遵循，经过不断反复地研究和总结现实问题的迭代过程。这个过程的起点不是也不应该是头脑中未经现实验证的理论，应该是用现实世界中的复杂关系去建构并发展科学理论。这里，马克思在《〈黑格尔法哲学批判〉导言》中展开了对德国的"实践派"与"理论派"的批判，他明确指出："德国的实践派要求否定哲学是正当的。该派的错误并不在于提出了这个要求，而在于仅限于提出这个要求，没有认真实现它，而且不可能实现它。"②德国的理论派则在相反方向上犯了同样的错误，认为目前的斗争只是哲学同德国这个世界的批判斗争，恰恰忽视了整个过程的底层逻辑，现存的哲学本身即现实世界，而

① 马克思恩格斯文集（第1卷）[M]. 北京：人民出版社，2009：502.
② 马克思恩格斯全集（第1卷）[M]. 北京：人民出版社，1956：459.

且还是现实世界的补充，尽管只是观念层面的补充，批判只针对他人，却不面向自身，马克思最后总结该派的缺陷道，"不消灭哲学本身，就可以使哲学变成现实"①。解释世界不仅仅是前提，更是整体中不可或缺的前置要件，在解释世界中就是要以现实世界、现实的人为前提，就是要关注现实世界与现实人的发展，就是要在批判种种错误理论的过程中正确揭示现实世界的发展规律、描绘人类发展的美好前景，其中的科学精神与人文精神是紧密合一的，其中关于现实世界的"感性活动"正是哲学功能转变的核心基础，体现在解释世界中就是要不断关注实践中的新问题并为解决这些问题提供有益的思路与具体的方法。

人的感性活动首先是一种分化世界的活动，在现实生活交往中，把自身提升为认识世界和改造世界的主体，进而将世界变成人类认识和改造对象的客体，在对世界自在性的否定中，实现了对自为世界和自在世界、主观世界和客观世界、属人世界和自然世界的分野和对立，同时，人的感性活动又是统一世界的活动，人的目的性的对象化活动中，实现世界对人和人对世界的双向生成。所以，人的抽象思维同具象世界是对立且统一的，形成的本体既不是自在的自然，也不是自为的精神，而是既分化世界又统一世界的人类感性活动。并不是说马克思排斥解释和哲学方法，对于马克思而言，解释世界和改造世界差别不在言语表述上，而是理论态度和实践态度的统一。康德将两者统一于道德自律，费希特将两者统一于"自我"的奋斗，谢林将两者统一于艺术直观，黑格尔将两者统一于自由意志，而马克思则将两者统一于改造世界的实践，关注的重点从解释世界转向改造世界，其中包含着"新世界观的天才萌芽"，凝练提升了自从哲学出现后的新实践观，人类需要自觉完成的原来的工作，就是历史上所有伟大哲学

---

① 马克思恩格斯全集（第1卷）[M]. 北京：人民出版社，1956：458.

家共同追求的、把解释世界和改造世界统一起来的工作，马克思哲学的理论和实践是这项工作的继续。

三、"感性活动"决定了哲学使命的变革：从精神解放到现实解放

马克思几乎全部作品都贯穿着关于人类解放的思想。马克思在《〈黑格尔法哲学批判〉导言》从对宗教的批判追求精神解放到对国家和法的批判追求政治解放，从对资本主义生产方式的批判来追求实现经济解放，逐渐到对异化劳动的批判来追求实现劳动解放。《1844年经济学哲学手稿》是人类解放思想新开端，马克思透过劳动和社会关系的异化来探讨人的解放。《德意志意识形态》则以成熟的理论形态和具体的现实论证整体完善了"现实的人"。这是人类解放的出发点。在《共产党宣言》中，马克思认为无产阶级是人类解放的主体力量，全世界的无产者联合起来，实现共产主义。透过《资本论》，通过对资本主义生产方式的全面研究，得出了人的解放的历史过程和社会发展的关系，使其人的解放思想最终得到成熟。晚年马克思人类解放思想体现在《人类学笔记》等文献中，阐述了他的东方社会发展理论，为历史唯物主义和人类解放史理论研究指明新的方向。

马克思指出，通过"异化劳动"和"私有财产"的关系可以得出"社会从私有财产等解放出来、从奴役制解放出来，是通过工人解放这种政治形式来表现的，别以为这里涉及的仅仅是工人的解放，因为工人的解放还包含着普遍的人的解放"①。在马克萨斯看来，真正的精神的解放是在人类基础上展开的。在马克思看来，人的真正的发展空间，不是物理空间，而是人在现实中的交往和联系。因此现实的解放体现出来一定是所有人的

---

① 马克思恩格斯选集（第1卷）[M].北京：人民出版社，1995：51.

自由的创造性活动，在社会上实行按需分配，按照使用价值去生产，每个人都完成了向自身的"类本质"的复归。因此，现实的解放的联合体中，排除了法律、道德、国家，是自由人的联合体。在现实的解放中，社会生产力高度发达的基础上，产品极大丰富，商品经济或资本主义的发展已经到达，当历史的环节在自身中扬弃，必然进入共产主义的联合体，完成人的现实的解放。

马克思哲学思想中，不管是政治解放、经济解放还是社会解放都是精神解放的前提条件，同时通过精神解放的环节，最终走向人类解放的终极宗旨，如何实现人的精神解放，马克思阐释了三个历史阶段，其一是以人的依赖为特征，其二是以物的依赖为特征，其三是以人的个性解放的实现为特征。马克思以审视社会发展结构和人类发展特征，认为资本主义社会是历史发展的一个阶段，如何超越资本主义的生产方式，是马克思将目光转向政治经济学的一个重要原因，马克思设计了一套人的精神解放之路，消灭分工、虚幻共同体、私有制、劳动及意识的一切形式和产物，换句话说，就是要想彻底实现人的精神解放，就必须要消灭分工，扬弃私有制，废除虚幻共同体，而这背后恰恰触及到了世界的本质，就是现实，所以精神解放的终极便是现实解放。

实现现实解放，首先，要实现对私有财产的扬弃。马克思在对生产方式和生产力历史发展的考察中，发现异化劳动和私有财产互为前提和条件，私有财产具有一定的历史积极意义，在一定程度上助力了生产力的向前发展，进而变革社会关系，推进封建社会迈入资本主义社会，人获得了以外物为依赖的独立性和自我管理权。马克思认为，人的本质借助私有财产这一环节外化到现实世界中，生产符合自己真正需要的产品。这时的私有财产体现了人与物、人与人和人与自身之间的关系，私有财产是异化劳动出现的原因，也是劳动人民被压迫和剥削的原罪，这些异己对象化产物反过来主宰人的生活，共产主义即是对私有财产或人的自我异化的扬弃，这种解放路径正是从精神解放走向现实解放，是一种消灭扭曲现实社会的运动，也是一种合乎人性的人的复归。其次，要实现对社会分工的扬弃。社会分工是社会发展到一定程度的特殊规定性，集中体现了社会经济发展的程度。随着分工的出现，生产力和生产关系之间的矛盾日益明晰，个人利益和普遍利益冲突加剧，统治阶级将其自身的利益冠以普遍利益的称谓，致使个人无时无刻不处于一种自己和公共利益互为异化的撕裂状态，此时的公共利益不仅不代表他们自身，甚至连自己付出劳动和时间所凝结的产品都反过来奴役自己，更没有闲暇时光来思考生命的意义，实现自己的理想。马克思深刻揭露出劳动者精神上被压抑及生存上被剥削的底层原因是资本主义社会中的分工造成的，不能单纯依靠观念的消灭而使自己重新获得力量。消灭分工意味着日常生活中有大把时间可以进行自由支配，更顺达地建立起"现实世界"同"可能世界"以及"精神世界"和"现实世界"之前的通向人的全面自由发展的路径。最后，要实现对虚幻共同体的扬弃。在马克思的理解中，"虚幻共同体"——"一个阶级反对另一个阶级的联合"，人的自由被限定在统治阶级内，对于广大的劳动者而言，个性的实现是自由劳动的实现，需要消灭当前的生存条件。在资本主义社会中，分工已经非常发达，个人的利益和普遍的利益相对立的局面，国家为了弥合这所谓的"虚幻共同体的形式"，即弥合以虚幻形式实现普遍性统治的内部划分为统治阶级与被统治阶级。在马克思的构想中，国家作为虚幻共同体的存在，相较于人的自由堪称一种枷锁，在这种统治阶级以统治阶级利益为主的国家统治中，人的发展受到了来自生产力以及生产方式的制约，而只有消灭这种共同体，建立真正的自由人的联合体，人们的才能和兴趣，人民的爱好和需要才能得到最大的满足和发展。这一切都是以精神解放为前提，最后通达现实解放。

第五章　马克思辩证法"感性活动确定性"中国化演进历程及其时代价值

　　中国特色社会主义革命与建设是马克思哲学具体化的实践写照，也是马克思辩证法"活的灵魂"的成功运用。我们在实践中充分发展了马克思辩证法中"知性优先"的实践原则，提出了实事求是、具体问题具体分析、中国道路等一系列与时俱进的哲学纲领，一步步地引领中国不断开拓出人类文明新形态的伟大实践。同时，重新审视马克思辩证法的知性肯定性维度，一方面可以纠正我们错误地将辩证法与形而上学思维方式对立起来的理论倾向，另一方面也可以为我们坚持中国特色社会主义道路自信提供有力思想理论支撑。

第一节　马克思辩证法"感性活动"确定性的首次中国化——毛泽东的辩证法

　　毛泽东的辩证法无疑是第一个将马克思辩证法中国化的典范，"中国化"内蕴着从中国的实际国情出发，以中国独有的"感性活动"为研究载体，在寻求其确定性上确证了马克思辩证法的知性前提，是马克思辩证法

"活的灵魂"的成功运用。我们在实践中充分发展了马克思辩证法中"知性优先"的实践原则，提出了实事求是、具体问题具体分析、中国道路等一系列与时俱进的哲学纲领，一步步地引领中国不断开拓出人类文明新形态的伟大实践。

一、认识论中的"感性活动"确定性："实事求是"

马克思主义思想进入中国后，毛泽东经过认真审视和细致分析当时中国的国情，创造性地将"实事求是"运用于中国革命实践，迅速成为指导中国共产党的思想路线和行动指南。从哲学认识论维度看，毛泽东的"实事求是"思想继承和发展了马克思主义思想，"实事求是"作为毛泽东辩证法的"活的灵魂"，体现了"感性活动"确定性在毛泽东辩证法中的优先地位，实现了马克思辩证法"感性活动"确定性的首次中国化，更是在实践中充分发展了马克思辩证法中"知性优先"的实践原则。

在《改造我们的学习》中，毛泽东强调马列主义的态度"就是实事求是的态度"①，进一步从唯物主义认识论维度加以解释。毛泽东很看重"实事求是"四个字，将其亲笔题名为延安时期中央党校校训。"实事求是"至此就成为指导中国共产党革命实践的思想路线，指引中华民族不断走向胜利。1978年，邓小平在系列报告中多次提到"实事求是"，将这一马克思中国化的伟大成就复归于毛泽东思想活的灵魂，同年6月，在报告《在全军政治工作会议上的讲话》中，开篇第一个问题就讲"实事求是，是毛泽东思想的出发点、根本点。这是唯物主义"②。赞同毛泽东关于"实事求是"的观点，并且摆在毛泽东思想基本前提的显著位置。反对在

---

① 毛泽东选集（第3卷）[M]. 北京：人民出版社，1991：801.
② 邓小平文选（第2卷）[M]. 北京：人民出版社，1994：114.

认识事物时，对原话不加思考和不顾实际地照抄照搬，而要坚持一切从实际出发，根据"感性活动"的确定性，求索实际生活过程背后的一般规律，其中体现的正是马克思辩证法的"知性优先"实践原则。同年9月，在报告《高举毛泽东思想旗帜，坚持实事求是的原则》中，开篇重申："毛泽东思想的基本点就是实事求是，就是把马列主义的普遍原理同中国革命的具体实践相结合。"①"实事求是"是毛泽东思想的重要基点，也是马克思辩证法"感性活动"确定性的理论基点，将马克思主义理论特别是马克思辩证法同中国革命的具体"感性活动"相结合，辩证地坚持实事求是，充分把握"感性活动"的确定性，则容易犯"两个凡是"这样形而上学式的错误。随后，历届党的领导人都对此思想路线坚决一以贯之，理论联系实际，实际检验理论成果，不断深化改革开放，取得丰硕成果。2017年，习近平总书记在党的十九大报告中，再次强调要坚持"全面深化改革"这一论断，就是要求坚持"实事求是"的思想路线，坚持从世情、国情、党情出发，通过对"感性活动"确定性的把握，形成了"改革是由问题倒逼而产生，又在不断解决问题中得以深化"②的实事求是辩证法范式，认识随着"感性活动"的展开而不断深入，问题的出现倒逼改革的实施，对实践的理论认知也在不断解决问题中持续深入，形成一个良性的自驱内循环，符合马克思辩证法的螺旋认识模型。

毛泽东认为，"'实事'就是客观存在着的一切事物，'是'就是客观事物的内部联系，即规律性，'求'就是我们去研究"③。此处的"实事"，并非一般意义上的纯粹客观的抽象的"物质"或"物"，而是"感性活

① 邓小平文选（第2卷）[M]. 北京：人民出版社，1994：126.
② 中央文献研究室. 十八大以来重要文献选编：上 [M]. 北京：中央文献出版社，2014：497.
③ 毛泽东选集（第3卷）[M]. 北京：人民出版社，1991：801.

动"——在特定的历史条件下，有活生生的人参与其中，与之发生联系的"实际情况"的"事"或"事变"。这里客观存在的"实事"体现了"感性活动"的确定性和知性前提的客体优先原则，"事"或"事变"从共时态和历时态两个维度体现了知性前提的历史性原则。从认识论层面看，主体要把握和理解"实事"，需要通过对"实事"自身做系统性调查研究，切实了解情况，探究"实事"背后的规律"是"，需要科学有效的认识论方法。

毛泽东辩证法中"实事求是"概念的理论溯源。它同马克思主义的辩证唯物主义认识论息息相关，恩格斯在《自然辩证法》中清晰阐释了以自然界和历史为研究对象的认识方法，"都必须从既有的事实出发"，这里的既有事实就是具有确定性的"感性活动"，比如以自然界为例，"感性活动"的确定性就是实实在在的物质形式和真真切切的运动形式，"不是设计种种联系塞到事实中去，而是从事实中发现这些联系，而且一经发现，就要尽可能从经验上加以证明"[①]。事物间的抽象联系不是提前预设，而是以"感性活动"的确定性为前提，从现实中去发现和揭示，并回到"感性活动"再次加以验证。不难发现，恩格斯从具有确定性的"感性活动"出发，以此作为科学的研究方法和认识论方法的确认。在《德意志意识形态》中，对费尔巴哈忽视现实和历史维度的半截子唯物主义展开批判，要求"按照事物的真实面目及其产生情况来理解事物"[②]，其中"真实面目"实际上就是"感性活动"的确定性，就是"实事求是"中的"实事"，就是马克思辩证法的唯物存在论前提，进而明晰了以事实为根据的认识方法。恩格斯在《反杜林论》中对"实事求是"的"是"做了源头性的注

---

① 马克思恩格斯选集（第4卷）[M]. 北京：人民出版社，1995：288.

② 马克思恩格斯选集（第1卷）[M]. 北京：人民出版社，1995：76.

释，"是"是"感性活动"背后的一般规律，也可以理解为一般原则，强调"原则不是研究的出发点，而是它的最终结果"①。在逻辑顺序上，"是"在"实事"逻辑之后，"实事"是研究的出发点，"是"是研究的阶段性终点，不是"实事"去适应"是"，不是"感性活动"去适应"原则"，而是"是"在符合"实事"的情况下才是正确的，"这是对事物的唯一唯物主义的观点"②。

毛泽东辩证法中"实事求是"思想的认识论意义。从认识论维度审视毛泽东辩证法中"实事求是"思想，"实事"被认作"感性活动"中的一切事物，"是"被认作"真理性认识"，这样一来，"实事求是"的唯物主义认识论意义得以呈现出来，其核心就是确认"求是"的认识论源于"实事"的存在论前提，因为"实事求是"从"求"的行为和目的上表明认识的"感性活动"确定性，"求"的过程离不开"实事"，就可以理解为认识不从主观世界中来，也不从直观形式的客体中来，而是从主体作用于客体的"实事"过程中来。具体来讲，真理性认识能且只能从"实事"中来，从具有确定性的"感性活动"中来，从现实的实践中来。接下来，对认识的真理性检验也从"实事"中来，在确定性的"感性活动"中检验"是"的真理性认识，"是"的真理性也是人在改造客观世界的"感性活动"中得到验证。马克思对此评价道，"人的思维是否具有客观的真理性，这并不是一个理论的问题，而是一个实践的问题"③。"实事求是"的辩证法的前提是中国的具体实践，也就是认识论中的"感性活动"确定性。

① 马克思恩格斯选集（第3卷）[M]．北京：人民出版社，1995：374．
② 马克思恩格斯选集（第3卷）[M]．北京：人民出版社，1995：374．
③ 马克思恩格斯选集（第1卷）[M]．北京：人民出版社，1995：134．

二、方法论中的"感性活动"确定性："具体问题具体分析"

在《中国革命战争的战略问题》中，毛泽东第一次提出"具体问题具体分析"这一观点，并不忘提醒"列宁说：马克思主义的最本质的东西，马克思主义的活的灵魂，就在于具体地分析具体的情况"①。这里的"具体的情况"就是"感性活动"中的确定性问题，带有知性的特点，因矛盾的特殊性而彼此分离，面对这些具有不同的确定性的具体的"感性活动"，只能采取有针对性的不同的方法来分析决断。这里的"分析"，主要针对的是"具体"，知性维度上，通过分析具体的矛盾，把握矛盾的特殊性，针对不同的"感性活动"进行不同的分析，最终实现认识升华，找到解决矛盾的方法。将"具体问题具体分析"作为马克思主义的方法论前提，是马克思辩证法最本质的方法。1937年8月，毛泽东在《矛盾论》中用中国化的马克思主义语言将"具体问题具体分析"表述为"矛盾的特殊性"，并指出"要从矛盾的各个方面着手研究，才有可能了解其总体。……离开具体的分析，就不能认识任何矛盾的特性"②。在这里毛泽东要求了解事物的总体和全体之前，首先要从矛盾的各个方面开始析解，研究他们各自的内涵和外延，以此为基础再深入到它们之间可能存在什么样的联系，这些都是具体而细致的工作，遵循了"是其所是"的知性原则，正是知性的分析方法。具体的事物就是个别的、特殊的事物，辩证法承认矛盾的普遍存在，每个具体事物之间还存在着或多或少的差异，这就是辩证法。所以，"具体问题具体分析"是知性分析法与辩证法的统一。

具体问题具体分析是毛泽东辩证法思想产生的方法论前提，在《反对

① 毛泽东选集（第1卷）[M]. 北京：人民出版社，1991：187.
② 毛泽东选集（第1卷）[M]. 北京：人民出版社，1991：317.

本本主义》等很多文章中都涉及了具体问题具体分析的方法，毛泽东基于矛盾特殊性萌生了"具体问题具体分析"的方法论，并在"两论"中得到了进一步发展，面对纷繁复杂的形式，要善于发现规律，透过现象看到矛盾特殊性的本质，时刻将具体问题具体分析。

具体问题具体分析是毛泽东辩证法思想的活的灵魂。"活的灵魂"主要强调依据"感性活动"的确定性所呈现出不同的具体情况，为此所作出不同选择模式提供了方法论指导。老一代领袖们通过对中国实际国情的精准把握，将马克思主义的真正精神，马克思辩证法"感性活动"的确定性真正应用于中国的具体实践，探索出一条符合中国实际情况的方法路线，应用于具体实践，从实际反馈中积累经验，实现理论在"感性活动"确定性中的检验，形成一套行之有效的方式方法。第二代领袖们继承其"活的灵魂"，打破"两个凡是"的教条枷锁，在"感性活动"中发现新问题，研究新情况，经由具体问题具体分析的方法，不断解决新问题，从中发现规律，形成好的方案推广全国，引领全国人民在实践中走出一条符合自身要求的有中国特色社会主义道路。不难发现，具体问题具体分析这个"活的灵魂"是符合中国革命的客观规律的科学方法论，可以实现带领全国人民从胜利走向胜利。

从哲学方法论维度看，毛泽东的"具体问题具体分析"思想继承和发展了马克思主义思想，"具体问题具体分析"作为毛泽东辩证法的"活的灵魂"，体现了"感性活动"确定性在毛泽东辩证法中的优先地位，在实践中充分发展了马克思辩证法中"知性优先"的实践原则。

三、革命实践中的"感性活动"确定性："独立自主"中国革命道路

习近平总书记曾指出，"独立自主，是毛泽东同志运用辩证唯物主义

和历史唯物主义观点，从中国革命和建设的长期实践中得出的科学结论"①。"独立自主"走中国自己的路，其内在前提就是准确判断和清晰把握革命实践中的"感性活动"。具体来讲，要求我们在中国革命和建设中，对外国模式不照搬照抄，对外国的"恩赐"不盲目依赖，更不能为了眼前利益和外国压力而屈服投降，要立足中国实际国情，充分相信和依赖党和人民的智慧和力量，自立更生地走出一条属于中国自己的革命道路。同时，也不能闭关锁国，隔绝于世界共同体之外，要取其精华，勇于和善于学习外来一切有益知识和模式，对能争取的外部力量也不能轻易放弃，核心目的就是提高我国生产力，改善我国生产方式，高质量发展我国社会主义经济建设。

毛泽东独立自主思想的基本特征和现实意义。首先，立足革命实践中"感性活动"的确定性，坚持独立自主，争取革命胜利。中国共产党成立之初，由于没有经验，很多方针政策都是在苏联和共产国际的帮助下制定，甚至是直接照搬照抄，结果出现了很多水土不服的现实问题。遵义会议，确立了"独立自主"的中国革命道路。抗战时期，中国共产党没有在依附美英和盲从苏联的问题上左右摇摆，而是坚持独立自主，结合自己的实际情况，坚定不移地走自己的路，实事求是地解决中国自己的问题。毛泽东面对美外交官曾豪气直言，"我们不听从任何人的指挥。我们要自己解决自己的事，要按中国的实际情况应用马克思主义"②。我们中国人的事情应该交由我们中国人办，别人休想对此指手画脚，坚持独立自主地解决我们自己的问题。毛泽东对我们制定方针政策的落脚点和基点也作出了

---

① 习近平. 基本国策：从自力更生到对外开放——兼论邓小平对毛泽东独立自主思想的重大发展 [J]. 理论学习月刊，1996（11）.

② 万华. 他目光远大——谢伟思眼中的毛泽东 [J]. 党史纵横，1994（12）.

明确指示，"放在自己力量的基点上"①，不依靠别人，相信自己的力量和决心，一定能取得中国革命的最终胜利。

其次，立足革命实践中"感性活动"的确定性，坚持独立自主，进行社会主义建设。面对新情势，毛泽东第一个倡导"以苏为鉴"，积极探索一条符合世情国情党情的社会主义建设道路。凡是自己能办的，最好自己多办。因为只有自己最了解自己的状况，将别人的方法不假思索地移植到自己身上，很可能产生难以预估的不良后果，甚至是副作用。在错误的道路上停下脚步也是一种进步，以相对快和相对完美为目标，最好的办法还是依靠中国人自己的智慧和力量，创造性地将马克思主义思想同中国实际相结合，凭借"感性活动"的确定性，独立自主地探索社会主义建设道路，这样才不会处处受制于人。很多人误解毛泽东所提出的"一边倒"战略，认为是对苏联的依附，其实毛泽东的本意是在战略上表明中国坚定站在社会主义阵营一方，而不是站在哪个超级大国一边，并立场严正地表达，苏联妄要以任何形式控制中国。面对中苏关系交恶，撤走援华专家，发动核威胁，实施全面封锁制裁，毛泽东辩证地看到恶劣外部环境背后的机会，"封锁吧，封锁十年八年，中国的一切问题都解决了"②。深刻地认识到依附他人不能在战略上和外交上获得任何主动权，相反会受到诸多牵制和威胁，包括经济威胁和国家安全威胁等，直接损害的是国家的主权完整和未来发展的可能性。

最后，立足革命实践中"感性活动"的确定性，统筹独立自主与争取外援内外两个大局。毛泽东强调要辩证地看待坚持独立自主，不是一味地排斥所有外在因素和力量，要学会区分这些因素和力量是否对自己有益，

----

① 毛泽东选集（第4卷）［M］. 北京：人民出版社，1991：1132.
② 毛泽东选集（第4卷）［M］. 北京：人民出版社，1991：1496.

在不损害根本利益的前提下，可以借势而为。关于坚持独立自主和争取外援帮助上尽量做到统筹兼顾，前者是前提，后者是补充，两者是辩证统一的关系。毛泽东曾慷慨陈述中华民族有战胜一切来犯之敌的无往气概，有复兴一切往日荣光的无悔决心，有屹立一切世界之巅的创世能力，却不能说"我们可以不需要国际人民的援助"①，对于世界上所有的国家和民族，但凡进行革命斗争都需要国际援助。毛泽东还强调独立自主前提下，以积极的态度向西方学习先进技术，争取西方的各种援助，牢记每个民族都有自身的优点，在每个国家身上都能找到值得自己学习的地方，学习的范畴不仅局限于经济领域，还包括政治、军事、教育、卫生等等诸多方面。中国如今能拥有世界上最为完备的工业体系，同当年苏联对我国低息贷款的援助，在东北援建156个大中型工业项目有着密切的关系。

独立自主，走自己的路，正是在革命实践中坚持"感性活动"的确定性，在"感性活动"中发展了马克思辩证法中"知性优先"实践原则。

第二节 马克思辩证法"感性活动"确定性的演进：中国特色社会主义的伟大实践

马克思主义辩证法作为科学的方法论，如果不澄明其知性维度，就永远不能摆脱"诡辩论"的怀疑和"变戏法"的理论嘲笑。作为意识形态的方法论，如果仅仅高扬其批判性本质和否定性向度，就无法实现中国共产党的角色变迁和作为指导思想和国家意志的方法论原则的历史性转变。

如何在现实的中国特色社会主义的伟大实践中澄明马克思辩证法知性

---

① 毛泽东选集（第1卷）[M]. 北京：人民出版社，1991：161.

维度中的唯物论原则，在继续高扬批判性本质和否定性向度时，辩证地发挥和谐价值取向和肯定性向度。实现对马克思主义辩证法往日荣光的回复，实现作为指导思想和国家意志的方法论原则的肯定性复归，重新审视马克思辩证法的知性维度，以"感性活动"为中介，通过对黑格尔辩证法"知性肯定"的确定性加以积极扬弃，实现了"知性肯定"环节的变革，将其转向为马克思"感性活动"的确定性，进而引发了马克思哲学革命，由解释世界转向改造世界、由人类精神解放转向人类的现实解放。因此，马克思辩证法不仅没有否定知性环节，而且还通过实践论的转身，确立了"知性优先"的实践原则。

我们在实践中充分发展了马克思辩证法中"知性优先"的实践原则，提出了实事求是、具体问题具体分析、中国道路等一系列与时俱进的哲学纲领，一步步地引领中国不断开拓出人类文明新形态的伟大实践。

一、改革开放新时期中道路开辟的"感性活动"确定性前提

重新审视马克思辩证法的知性肯定性维度，就是要重新树立"感性活动"确定性前提，坚持"知性优先"的实践原则。改革开放新时期，真理标准大讨论的展开与实事求是思想路线的恢复。面对"两个凡是"的教条主义枷锁，邓小平领导开展全国范围的关于真理标准的大讨论，渐次恢复实事求是的思想路线。"文化大革命"时期，林彪、"四人帮"反革命集团对国家造成了很大的损害，给国人戴上了沉重的精神枷锁。1976年10月，党中央粉碎"四人帮"，但存在已久的教条主义倾向依旧保持着相当的惯性，使得在毛泽东思想和毛泽东晚年错误思想及"四人帮"反革命集团的胡言乱语间难以作出科学而精准的析别与切割，缺少了实事求是又饱含政治智慧的思想站位和边界划定。形而上学的教条主义，让权力极度膨胀，鼓吹之下，人们开始迷信和盲从权威，理论开始拒斥变化，失去自身批判

的能力。用政治方式解决所有问题，"以阶级斗争为纲"成为当时的指导思想，以此观点观察和分析一切，具体表现为怀疑一切和打倒一切。

造成这种局面的背后是对马克思辩证法知性维度的缺失把握，离开了"知性优先"的实践原则，彻底否定了"感性活动"的确定性前提，否定了矛盾的同一性并将斗争性绝对化，使辩证法"对现实事物肯定性理解中包含着对事物否定性的理解"变成纯粹单一的"对现实事物否定性"的理解，忽视了对现实事物理解的肯定性前提条件和肯定性目标指向，背后都是对"感性活动"确定性的忽视。

邓小平主持并领导的全国范围内的关于真理标准的讨论和实事求是思想路线的恢复就是彻底贯彻马克思辩证法"知性优先"的实践原则。结合当时的历史条件，思想亟待拨乱反正，百废待兴之际，解放思想和统一思想是辩证统一的，而做到这一点的前提就是坚持唯物主义的存在论原则，坚持理论联系实际，采取实事求是的态度，一切从实际出发。

我国在社会主义改造基本完成以后，客观上进入了社会主义初级阶段，确切地说是"不发达阶段"，"一切都要从这个实际出发，根据这个实际来制定规划"[①]。而在我们党的理论和政策上，却长期未能充分认识这个基本国情，存在"革命发展问题上的机械论"[②]，脱离我国生产力发展水平，脱离我国实际，频繁出现照搬马克思主义词句的"超阶段"的失误，使得社会主义制度的优越性没能更好发挥。

正是由于坚持了马克思辩证法"知性优先"的实践原则，坚持实事求是的根本世界观方法论原则，我们党才实现了对"左"和"右"的教条主义的扬弃与超越，才对社会主义初级阶段国情的把握达到了"空前的历史

---

① 邓小平文选（第2卷）[M]. 北京：人民出版社，1993：252.

② 中共中央文献研究室. 改革开放三十年重要文献选编（上）[M]. 北京：中央文献出版社，2008：474.

真实"①。我们依然是一个地地道道的工业化、市场化水平非常低的农业国家，也是一个世界上最大的发展中国家。这就意味着，"工业化与市场化是当代中国的双重历史任务"②，生产方式的变迁成为这一阶段的逻辑主线。基于这种"历史真实"的国情把握，随着社会主义初级阶段的基本确立，我国结束了从"站起来"到站稳的社会主义建设阶段，开始奔赴"富起来"的改革开放和社会主义现代化建设阶段。

和平与发展的时代主题是邓小平基于客观事实的分析研判和时代本质特征及世界基本矛盾的精准把握所得到的科学论断。这一论断体现了马克思辩证法"知性优先"的实践原则，坚持"肯定—否定—否定之否定"辩证法环节所体现出的肯定性原则。所谓时代主题，某一时代反映世界基本矛盾及其运动的战略性本质特征。19世纪末20世纪初，列宁运用阶级分析的方法揭示了帝国主义阶段世界的基本矛盾，战争的爆发和革命的到来使得那一时代的主题呈现为战争与革命。第一次世界大战后，俄国十月社会主义革命的伟大胜利形成了"一球两制"——资本主义和社会主义共存的大时代。第二次世界大战，社会主义革命在一些亚欧国家取得历史性胜利，社会主义和资本主义的对立更为尖锐和深刻，凸显了当时"战争与革命"的时代主题。

在"战争与革命"的时代主题下，毛泽东基于二战后世界整体局势的现实把握，实事求是地作出了判断：爆发新的世界范围大战的危险尚存。20世纪60年代，中苏关系急剧恶化，中美争霸无可避免，毛泽东从大局着手，提出了"备战备荒"、时刻准备打仗的路线方针，进一步强化了以否

① 郭忠义，侯亚楠. 中国奇迹与意识形态［M］. 北京：中国社会科学出版社，2018：162.

② 郭忠义，侯亚楠. 中国奇迹与意识形态［M］. 北京：中国社会科学出版社，2018：165.

定和对抗为核心的"战争与革命"时代主题。而没有看到战后世界和平力量超过战争力量、时代主题正在悄然变化。

邓小平基于对世界矛盾的实事求是研判，基于对国内社会矛盾的实事求是分析，提出了和平与发展是当今世界时代主题的科学论断。邓小平谈到"以前总是担心打仗，每年总要说一次。现在看，担心得过分了"①。高瞻远瞩地对历史和现在做了对比分析，并给出了未来10年都是和平年代的基本判断。邓小平同日本客人会面时还指出"虽然战争的危险还存在，但是制约战争的力量有了可喜的发展"②。中国希望有一个和平的发展局面，中国人民也热爱和平，但战争的危险从来不止来源于内部，还有外部的诸多变化因素，从同日本客人的谈话中也能敏锐地嗅出，中国的力量正在崛起，很快就能成为推迟或制止战争的不可忽视的力量。关于"和平与发展"问题，邓小平认为"现在世界上真正的大问题，带全球性的战略问题，一个是和平问题，一个是经济问题或者说发展问题。和平问题是东西问题，发展问题是南北问题。概括起来就是东西南北四个字。南北问题是核心问题"③。邓小平将"和平与发展"定位于世界全局性和战略性的"真正的大问题"。东西指代社会主义和资本主义两大阵营的对立，南北指的是发达国家和发展中国家的对立。东西南北覆盖全球，两者比较而言，邓小平认为发展是核心问题。邓小平指出，"南方得不到适当的发展，北方的资本和商品出路就有限得很，如果南方继续贫困下去，北方就可能没有出路"④。简单说，发达国家要想长久发展，帮助发展中国家适当发展是唯一出路。因此，发展中国家的发展是解决全世界发展问题的核心所

① 邓小平文选（第3卷）[M]. 北京：人民出版社，1993：25.
② 邓小平文选（第3卷）[M]. 北京：人民出版社，1993：105.
③ 邓小平文选（第3卷）[M]. 北京：人民出版社，1993：105.
④ 邓小平文选（第3卷）[M]. 北京：人民出版社，1993：106.

在。邓小平强调发展是第一要务，并开启了"以阶级斗争为纲"向以经济建设为中心的转变，背后就是坚持从世情和国情出发，从实际出发，实事求是地分析问题，提出问题并解决问题，而这就凸显了马克思辩证法"感性活动"的确定性，实现了从否定性战争对抗向肯定性合作发展的转变。

二、改革开放中建立社会主义市场经济的"感性活动"确定性逻辑

伴随改革开放进程的日益加快，各种社会思潮暗流涌动，我们为什么要建立社会主义市场经济的质疑声开始出现，我们的改革开放到底"姓社"还是"姓资"的疑问慢慢浮现。无疑，社会主义市场经济模式的建立很好地解释了"中国为什么能"，这一点几乎所有经济学家都达成了共识，但对市场经济的矛盾同一性认知，如何实现经济转轨以及将社会主义同市场经济制度相结合等具体问题，绝大多数经济学家确实也充满困惑和不解。在思维层面看，存在着"市场经济等同于资本主义"的理论教条，绝对知性化地认为公有制产权形式的社会主义与市场经济不能兼容，仅凭"市场社会主义"和"东欧相关改革"等理论就断然认为现实中无法实现"市场"和"计划"的兼容并包。邓小平论述不仅基于对中国改革开放实践的理论总结，更是基于我国实际面对的现实世情和国情，其背后是基于社会主义市场经济"感性活动"的确定性，基于肯定性辩证法的知性前提，基于"知性优先"的实践原则。

"姓社"与"姓资"的背后是对市场经济的矛盾同一性认知。看似市场经济领域内的一对矛盾，实质上却是有着底层逻辑上的同一性认知。首先了解下两者背后的历史逻辑，自由市场经济在过去不到百年的历史创造了人类历史过往生产力创造的总和，生产力呈现指数级上扬。但在世纪之交被社会主义盖过了风头，俄国将社会主义的思想运动，以制度化的形式

具现化为现实运动，社会主义成为时代的潮流，计划经济也同社会主义紧密勾连成为未来理想的经济形式。从历史维度看，"姓社"的计划经济和"姓资"的市场经济都源于启蒙运动所确立的自由、平等、民主、博爱、富裕、幸福等思想原则，只是前者对后者的批判让上述原则得到更进一步的彻底发展。马克思认为计划经济处于一种理想性描述阶段，尚有待进一步加以缜密的逻辑论证，方可实现从理论向现实的跃迁，其中还有许多条件需要被满足。比如，是否具备高度发达的生产力基础和极为丰富的社会物质财富，是否真正"消灭私有制"等等。恩格斯认为社会主义视域内的计划经济具体实践尚是一个不可解方程，"一旦社会占有了生产资料，商品生产就将被消除，而产品对生产者的统治也将随之消除。社会生产内部的无政府状态将为有计划的自觉的组织所代替"①。这里所设想的社会主义计划经济体制前提是全社会单一的生产资料社会所有制，要求社会以社会化大生产为基础，同时实现生产力高度发达，而这些在具体实践领域还是需要相当长时间的努力。列宁提出了"一国胜利"学说，十月革命使社会主义从理想变为现实，但国家间资本主义发展程度大不相同，其中最大的影响因素就是商品生产的效率不同。结合当时全世界情况分析，不难得出一个结论，社会主义不可能在全世界范围内都取得压倒性胜利，"它将首先在一个或者几个国家内获得胜利，而其余的国家在一段时间内将仍然是资产阶级的或资产阶级以前的国家"②。列宁从辩证法的知性维度强调了具体问题具体分析的重要性，"因为一切抽象真理，如果应用时不加任何分析，都会变成空谈"③。面对国际帝国主义对俄国疯狂进攻的现实危险，空谈世界革命而不实事求是地对当下局势加以研判，不进行有针对性

① 马克思恩格斯文集（第9卷）[M]. 北京：人民出版社，2009：300.
② 列宁选集（第2卷）[M]. 北京：人民出版社，1995：722.
③ 列宁选集（第3卷）[M]. 北京：人民出版社，1960：459.

的具体问题具体分析，利用帝国主义者内部的矛盾和对立化解危机，那么一切皆是空谈。斯大林在接下来的社会主义建设中，逐步形成了一套固化的、绝对化的模式，特点是政治集权、经济集中，被后人命名为"斯大林模式"，并将此模式推广至整个社会主义阵营，计划经济成为同市场经济相对立的基本经济制度。受过去的惯性思维影响，社会主义同计划经济画上了等号，资本主义同市场经济画上了等号，因为社会主义和资本主义有着本质的不同，所以，计划经济同市场经济相互对立，就此在历史上形成了"姓社"还是"姓资"的争论。

在思维逻辑层面上，知性思维的同一性要求两者在结果中不能互相矛盾，必须保持一致，马克思赞同黑格尔的观点，将知性作为内置于整体中的第一环节，通过知性思维具有两极性，且在对立中相互运动的规定性，可以实现突破自我限定，从自身出走又返回自身的复归运动，在思维逻辑层面实现知性逻辑的自我发展，并进一步以"感性活动"的确定性为中介，置换"知性肯定"环节的确定性，实现用现实事物的自身运动置换了逻辑自身运动，从天国回到尘世，在历史逻辑和现实逻辑下，实现了具体问题具体分析。将"社会主义"和"市场经济"放到现实中考察，社会主义是一个目标（阶段性），在接近或达到这个目标的过程中，需要以市场经济为手段来实现。如果对市场经济做知性绝对化理解，"国民经济由计划发展的规律，是作为资本主义制度下竞争和生成无政府状态的规律的对立物而产生的"[①]。斯大林对计划经济（国民经济）做了绝对化理解，对列宁重视商品经济发展，应当适时适度发展市场经济持否定态度，这种僵化的思维方式背后就是对知性的肯定性同一原则的否认和否定，没有意识到知性维度下，马克思用"感性活动"阶段的确定性替换了黑格尔"知性

---

① 斯大林文集［M］．北京：人民出版社，1985：602．

肯定"环节的确定性，忽视了"知性优先"的实践原则。事实上也是斯大林把社会主义建设取得的系列经验固化僵化为具有内在否定性倾向的"苏联模式"，对社会生产力和人民生产意愿造成极大损害，经济自此开始走向下坡路。

邓小平总结了历史经验教训，反思全盘计划经济的内生缺陷，创造性将社会主义和市场经济结合起来，认为计划和市场都是经济手段——"计划经济不等于社会主义，资本主义也有计划；市场经济不等于资本主义，社会主义也有市场。计划和市场都是经济手段"①。手段的多样性往往可以辩证统一地内含于目标的整体实现之中，经济手段作为"感性活动"确定性中介，根据马克思辩证法中"知性优先"的实践原则，将"社会主义"同"市场经济"内化于一体，两者本质非但不对立，反而统一于"社会主义"根本目标——实现共同富裕，社会主义不是贫穷的社会主义。社会主义的优越性就体现在"赢得与资本主义相比较的优势，就必须大胆吸收和借鉴人类社会创造的一切文明成果，吸收和借鉴当今世界各国包括资本主义发达国家的一切反映现代社会化生产规律的先进经营方式、管理方法"②。通过比较优势，吸收和借鉴先进经验，实现好的拿来，为我所用。结合我国实际情况，进行创造性发挥，形成后发优势，实现对西方发达国家的弯道超车。而且，西方资本主义国家也并非完全是自由竞争的市场经济，各种贸易壁垒和金融杠杆都存在于现实之中。

"感性活动"确定性同社会主义市场经济建立的市场化取向内在一致。社会主义市场经济的建立不是一蹴而就，是经过理论和实践的反复探索，证明了地区的经济活力和人民生活水平同这个地区的商品化和市场化程度

---

① 邓小平文选（第3卷）[M]. 北京：人民出版社，1993：373.
② 邓小平文选（第2卷）[M]. 北京：人民出版社，1993：373.

呈正相关，也是凭借这样的实证经验，党和国家主导的改革渐进式趋向市场化目标。其背后在思维逻辑层面上，马克思辩证法不仅没有否定知性环节、否认知性思维，而且还通过"感性活动"确定性的中介置换，实现了实践论转身，进而确立了"知性优先"的实践原则。

市场经济离不开"感性活动"确定性。其一，市场经济效益取决于法治保障的普适性程度，普适性的法律法规一定是在人们的"感性活动"中逐步形成形式化、合逻辑的确定性规范。其二，市场经济是一种具有明晰确定性的资源分配方式。关于产权的界定和配置的划拨，要求对任何权益进行精确明晰的划分和保障。市场不相信眼泪，理性地审视每一个参与者，任何非理性的行为都会造成市场经济的扰乱，造成劣币驱逐良币的市场失衡和失序。这一切都需要思维方式的转变，从"差不多"的模糊性思维到"斤斤计较"的确定性思维，市场经济所需要的明晰化和精准性都需要"感性活动"确定性的"知性优先"实践原则加以支撑和转换。其三，市场经济的内在要求是实现集约型增长。成本优势，需要精准控制；管理优势，需要精细化管理；营销优势，需要客户和需求的精准分类和投递；技术优势，需要从细微处着眼创新。这一切依靠精准的确定性思维来实现，"感性活动"确定性的要求自然被提出。

市场经济的有限理性前提离不开"感性活动"确定性。市场经济的哲学内核拒斥理性万能，拒斥将理性绝对化，认为市场中的理性人的认知是有限的。而计划经济则相反，认为人可以拥有无限理性。第一次世界大战之后，首次在国家层面出现了计划经济，并逐步同市场经济对立起来，到了二战之后，随着科学技术的日新月异，计划经济得以进一步发展，相信只要人们掌握的信息足够多，涉及的领域足够广，可以通过计算推演出未来发展的趋势和结果。人们将这种美好的愿景从科学领域推进至社会历史领域，期冀通过精准计算，提前布局，实现资源的最优配置。现实中，人们的理性并非无限，没有全知全能的救世主，改革开放的核心理念同样是以有限理性为前提，未来的蓝图不能提前完整描绘，完美无缺的理想模式只存在于理想之中，所以，有限理性内核中的肯定性和确定性需要在现实实践中得到证明，市场经济的有限理性前提离不开"感性活动"确定性，面对该如何建立社会主义市场经济，我们要自下而上坚持"摸着石头过河"，汇聚成功经验，经过理论提纯形成确定性标准化范式并加以推广；自上而下坚持"顶层设计"，从制度层面提供支持保障，宏观层面整合资源并进行合理配置，最后自下而上在"感性活动"中历练反馈，形成确定性经验和模式，打造一个良性循环。在充分肯定理性的前提下，有效范围内合理使用理性，不夸大和绝对化是市场经济的有限理性前提离不开"感性活动"确定性。

综上，以"感性活动"确定性为中介，对市场经济进行知性化分析，从中国实际出发，依据马克思辩证法中"知性优先"的实践原则，具体问题具体分析社会主义经济本质的商品经济属性，达成对市场经济的矛盾同一性认知。

20世纪80年代国际形势风起云涌，"姓社"与"姓资"的"道路辨识成为意识形态的显著符号"[①]，很多人将苏联解体和东欧剧变绝对化理解为市场化改革的结果，同意识形态相勾连，教条式认为市场经济就是否认公有制，否定社会主义制度。这时，邓小平同志实事求是地对形势做了分析和研判，具体问题具体分析地对社会主义本质做了创造性阐释，对社会主义根本任务作出了创造性规定，社会主义不是贫穷的代表，要消灭剥削，最终实现共同富裕。此时，市场经济和计划经济将不再因为制度属性

---

① 郭忠义，侯亚楠. 中国奇迹与意识形态［M］. 北京：中国社会科学出版社，2018：221.

不同而被迫二分为"姓社"与"姓资"，只是相同经济框架内两种不同的资源配置方式，两者同一于社会主义市场经济，以能否提高生产力、提高社会主义的综合国力和提高人们的物质文化生活水平为评价标准，"党的十四大终结了长期以来的计划与市场之争"①。

基本经济制度的"主体"与制度定力背后的"感性活动"确定性逻辑。自改革开放后，中国共产党逐步恢复实事求是的思想路线，立足于我国处于社会主义初级阶段的实际情况，实现了对计划经济体制和单一的公有制认识的思想突破，对确立和稳步推进社会主义基本经济制度作出了一系列有益探索。

我国社会主义基本经济制度的"主体"的历史演变与形成过程。党的十一届六中全会提出了"国营经济和集体经济是我国基本的经济形式，一定范围的劳动者个体经济是公有制经济的必要补充"②；党的十二大提出坚持国营经济主导地位和发展多种经济形式；党的十三大首次提出社会主义初级阶段的基本经济制度以公有制为主体，在这个肯定性前提下继续发展多种所有制经济，将非公有制经济列为社会主义经济必要的和有益的补充；党的十四大提出基本经济制度的主体为公有制包括全民所有制和集体所有制经济，主体必要且有益的补充包括个体经济、私营经济和外资经济；党的十四届五中全会提出："在积极促进国有经济和集体经济发展的同时，允许和鼓励个体、私营、外资等非公有制经济发展，并正确引导、加强监督、依法管理，使它们成为社会主义经济的必要补充。"③作为"必

---

① 郭忠义，侯亚楠. 中国奇迹与意识形态 [M]. 北京：中国社会科学出版社，2018：222.

② 中共中央文献研究室. 改革开放三十年重要文献选编（上）[M]. 北京：中央文献出版社，2008：213.

③ 中共中央文献研究室. 改革开放三十年重要文献选编（上）[M]. 北京：中央文献出版社，2008：826.

要补充"的非公有制经济，必须在基本经济制度主体——公有制经济引导、监督、管理的前提下，才能被允许和鼓励；党的十五大首次提出社会主义基本经济制度概念，"公有制为主体、多种所有制经济共同发展，是我国社会主义初级阶段的一项基本经济制度"[①]。明确了公有制经济的范围，除了包括国有经济和集体经济，还将"混合所有制经济中的国有成分和集体成分"[②]也划分在内，明确了公有制经济的主体地位，从"质"和"量"要求全面占优，以增强国有经济的控制力为目标，寻求更好发挥基本经济制度主体的方法和路径；党的十六大要求毫不动摇地巩固和发展基本经济制度主体作用——公有制经济，同非公有制经济一道更好地发挥社会主义制度的优越性，两者优势互补，统一于社会主义现代化建设的伟大进程中；党的十七大在坚持"坚持平等保护物权，形成各种所有制经济平等竞争、相互促进新格局"[③]；党的十八大进一步明确对基本经济制度主体中各种所有制经济进行法律保护，实现在竞争中有序发展的良性局面。

　　从基本经济制度的"主体"的历史演进不难看出我国无比强大的制度定力。坚持守正创新，不断发展和完善经济制度。从所有制维度看，主体为公有制，多种所有制经济协同发展，公有制主体决定了我国社会主义基本经济制度的性质，也决定了我国社会主义分配制度和经济体制，坚持公有制为主体的制度定力，必须坚持两个"毫不动摇"。从分配制度维度看，主体为按劳分配，多种分配方式并存，必须处理好初次分配、再分配和第三次分配的关系。初次分配以市场机制为主导，按劳分配为主体；再分配

---

① 中共中央文献研究室. 十五大以来重要文献选编（上）[M]. 北京：人民出版社，2000：20.

② 中共中央文献研究室. 十五大以来重要文献选编（上）[M]. 北京：人民出版社，2000：21.

③ 中共中央文献研究室. 十七大以来重要文献选编（上）[M]. 北京：中央文献出版社，2009：20.

以政府为主导，以税收、社保、转移支付等手段实现对收入过高群体的精准调节；第三次分配以社会为主导，通过道德和习惯，以募集、捐赠和资助等慈善公益方式实现高收入企业和人群的"自我价值"，缩小社会差距，实现共同富裕。同时，也要处理好公平与效率的关系。从经济体制维度看，主体为社会主义市场经济体制，要求主体完善产权制度，实行要素市场化配置和处理好政府和市场关系。

社会主义基本经济制度的制度定力，正是基于基本经济制度的"主体"在所有制、分配制度和经济体制三个维度上的有机统一。基本经济制度的"主体"为公有制主体，多种所有制经济协同发展，决定了生产力和生产关系，决定了分配关系，决定了经济体制及其运行；基本经济制度的"主体"为按劳分配，其他多种分配方式共存，对所有制关系及其生产力发展水平起着至关重要的作用；社会主义市场经济体制同所有制关系和分配制度互相影响和制约。三者互补且紧密相连，共筑社会主义基本经济制度。基于对马克思辩证法中"感性活动"确定性所处优先地位的理解，不难发现，基本经济制度的"主体"与制度定力背后的"感性活动"确定性逻辑，一切从实际出发，实事求是地看待问题，具体问题具体分析地分析问题，最后依据马克思辩证法中"知性优先"的实践原则切实地解决问题，实现马克思辩证法同中国特色社会主义伟大实践的辩证统一。

三、新时代中国特色社会主义建设中"感性活动"确定性时代诉求

中国特色社会主义迈入新时代，面对新情势、新阶段、新国情，我们取得了一系列伟大历史性成就，为全人类贡献了中国方案和中国智慧，是肯定性辩证法范式的实践诠释，其背后彰显着肯定性辩证法的时代精神力量。我们对中国特色社会主义基本制度的肯定性理解，正是基于对我国依

然处于社会主义初级阶段没有变的基本国情的准确判断，对中国特色社会主义制度独有的自改进、自完善和自发展时代诉求的全面完整理解，背后表征着新时代中国特色社会主义建设中"感性活动"确定性的时代诉求。

面对百年未有之大变局，习近平总书记直面"世界怎么了，我们怎么办"的时代之问，以大国之担当和大国之气魄，庄严承诺以同利益、共责任将全球各国命运联系起来，贡献中国方案——构建人类命运共同体，实现全世界共赢共享。这个回应时代诉求的中国方案只有在肯定性辩证法中才能够得到合理的阐释，只有准确理解马克思辩证法"感性活动"确定性才能完整把握，实现的路径就是在实践中充分发展马克思辩证法中"知性优先"的实践原则。

构建人类命运共同体符合历史发展的客观规律，是基于当代世界的客观社会存在，是建立公正合理国际秩序的必然产物。构建人类命运共同体的客观条件和现实紧迫性都是基于经济全球化、人类在灾难与进步面前命运与共的客观现实。时代诉求决定了构建人类命运共同体已具备深厚的客观基础。当今社会生产力高度发展，世界呈现多极化，经济全球化实乃大势所趋，高新科技赛道翻新和全球产业布局重组，国家间的科技经贸往来日益紧密，天平正逐步从战争向着和平倾斜，渐渐形成相互渗透、相互依存的命运共同体，人们对和平和发展的理念充满期待。同时，挑战也层出不穷，世界经济增长乏力，逆全球化思想开始随着新民粹主义思潮的沉渣泛滥而蠢蠢欲动，冷战思维和强权政治让全世界都笼罩在战争威胁的阴影里，新冠疫情反复难祛，恐怖主义随处可见，气候变化出人意料，各种非传统安全威胁持续全球蔓延。世界呈现的全球一体化、多极化、信息化和多样化的客观现实，要求国家间形成依存度高、休戚与共的人类命运共同体。

2017年1月18日，国家主席习近平在联合国日内瓦总部发表演讲，深刻、全面、系统阐述人类命运共同体理念，主张共同推进构建人类命运共同体伟大进程，建设一个持久和平、普遍安全、共同繁荣、开放包容、清洁美丽的世界。面对当今世界充满不确定性，挑战层出不穷、风险日益增多，面对"世界怎么了、我们怎么办"的时代之问，我们给出的中国方案——构建人类命运共同体，实现共赢共享。

"构建人类命运共同体"在2017年被首次写入联合国决议中，同年11月载入了联大一委决议，填补了联合国国际安全领域决议的空白，2020年11月又一次写入联合国外空决议之中。"'人类命运共同体'理念的提出，更是无不体现了肯定性的辩证精神"①。

人类命运共同体理念在历史中证明了这是顺应历史发展潮流，为解决当今世界各种问题和挑战提供了根本行动方案。新冠疫情给全球带来极大的危害和影响，中国积极履行将疫苗作为全球公共产品的承诺，有力地促进了人类卫生健康命运共同体的建设，是人类命运共同体理念的生动实践和有力诠释。

习近平总书记多次将人类命运共同体理念喻化为船，以喻示人，展示了人类命运休戚与共的大图景，全球的190多条小船不如一艘大船在狂风巨浪中来得安稳，中国有意愿更有决心同全世界人民一道乘风破浪、一路披荆斩棘共同驶向辉煌，展现出宁落一整船、不落一个人的大国担当之姿，中国共产党人提出了人类命运共同体理念，内含着肯定性辩证精神的中国智慧，从整体性维度看，超越了狭隘的民族国家视角和短期利益考量；从包容性维度看，超越了"非此即彼"的"零和博弈"思维；从公正性维度看，超越了"大国优先"的强权逻辑；从人民性维度看，超越了"资本至上"的发展逻辑。随着人类命运共同体理念在实践版图上不断延

---

① 郭忠义，袁野. 从否定性辩证法到肯定性辩证法［J］. 学术交流，2022（03）.

展，中国倡议、中国主张、中国行动极大丰富了其背后的肯定性辩证精神，将各国各民族利益和人类共同的未来紧密融合在一起，将为中国人民谋幸福和为中华民族谋复兴同全人类福祉和解放紧密融合在一起。

第三节　马克思辩证法"感性活动"确定性的时代价值

中国特色社会主义的革命与建设是马克思哲学具体化的实践写照，重新审视马克思辩证法的知性肯定性维度，树立"感性活动"确定性前提，坚持"知性优先"的实践原则，准确把握马克思辩证法"感性活动"确定性的时代价值，有利于我们不断拓宽和丰富我们理解马克思辩证法精神实质的理论视域，有利于我们及时纠正将辩证法与形而上学思维方式对立起来的理论倾向，有利于为我们坚持中国特色社会主义道路提供有力思想理论支撑。

一、可以拓宽和丰富我们理解马克思辩证法精神实质的理论视域

"感性活动"确定性作为马克思辩证法的核心概念范畴，可以从"感性"和"活动"两个范畴加以把握，一方面，"感性"是"活动"的受动性前提和载体，另一方面，"活动"是能动性的人在现实生活中的实际活动，是一个内部矛盾不断变化发展的全过程，随着矛盾的不断自展开，"活动"不断地丰富和深化"感性"的内涵，最终"感性"和"活动"共同形成一个有机全体。马克思将辩证法根基回归到了现实世界之中，以"感性活动"为中介，实现从黑格尔"知性肯定"的确定性向马克思"感

性活动"的确定性转向,从认识论的思维模式变迁、对象原理的定义方法转换和辩证法中介勾连性三个维度,拓宽和丰富了我们理解马克思辩证法精神实质的理论视域。

认识论的思维模式变迁:从既成性思维模式到生成性思维模式。马克思辩证法是一种不同于黑格尔基于"知性肯定"确定性的理论范式辩证法,而是基于"感性活动"确定性的一种实践范式辩证法。在认识论维度,前者内蕴既成性思维模式,后者内蕴生成性思维模式。既成性思维模式从抽象原则出发,执着于探寻世界的唯一本原,强调前定和谐的逻辑在先,从悬设的唯一本质出发推理演绎出人、自然和社会,势必造成逻辑前提的主客二分,在现实存在的世界之外还有一个先在的本质世界,以"是什么"的方式追问世界的本质。生成性思维模式从现实生活出发,不承认前提假设,认为万事万物都在不停地运动变化,强调具体过程和关系搭建,将存在看作时空中不断变化的过程集合,任何时刻的状态都是暂时态,唯一不变的就是变化态,重视个体间的差异和全体的创造性,重视现实具体,反对抽象,以"怎么是"的方式表征世界的形成过程。马克思认为,马克思曾有过类似的表达,"整个所谓世界历史不外是人通过人的劳动而诞生的过程,是自然界对人来说的生成过程"①。在这里,马克思将人的劳动看作"感性活动"的表现形式和根本前提,世界历史看作通过人的劳动这个前提而得以诞生的过程,生成性思维模式实现了对既成性思维模式的扬弃,克服了和谐前定、悬设本体的抽象困境。

对象原理的定义方法转换:从概念本质主义到关系搭建主义。既成性思维模式体现了概念本质主义,回答概念"是什么"的问题,这种定义方法最大的弊端在于阐释概念时存在相当大的局限性,不管阐释得如何"全

---

① 马克思恩格斯文集(第1卷)[M]. 北京:人民出版社,2009:591.

面"，也无法做到完全"周延"，只能规定和肯定其中的一部分，而且是静止孤立的状态。生成性思维模式更关注过程和关系，回答概念"如何是"的问题，内蕴马克思辩证法的精髓，"一切规定性，都可以在相关的且流动的面貌上，即在他为的然而以自我否定为契机的面貌中来理解"①。这里的"规定性"建立前提不再是有限的肯定，而是流变的关系；不再是对概念本质的揭示，而是整体关系的搭建；不再是一味纯粹的肯定，而是更为辩证地表达了内涵肯定的否定和内涵否定的肯定之间的交融与交互。关系搭建主义的定义方式更为关注关系，不容易陷入"非此即彼"的形而上学思维方式。其背后的哲学原理主要体现在对象性原理和有机联系的世界观，马克思认为"人则使自己的生命活动本身变成自己意志和自己意识的对象"②，此处的"生命活动"就是"感性活动"，马克思又继续解释了"生命活动"，认为生命活动是"不依赖于他的对象而存在于他之外的；但是，这些对象是他的需要的对象"③。不难发现，"感性活动"客观独立存在，但是与其相关的事物范畴均形成对象性的关系，比如人与现实的生活、人与现实的他物等。这些都是继承于黑格尔关于"全体"的观点，事物一旦孤立起来，就会表现出狭隘和局限，而一旦从属于全体，意义马上得以凸显，"它是从属于全体的，并且是理论的一个有机的环节"④。"知性肯定"环节是黑格尔概念辩证法的首置位环节，"感性活动"环节是马克思辩证法的首置位环节，马克思对黑格尔辩证法变革的关键就是在"知性肯定"环节上发生了根本性转变，即由黑格尔的"知性肯定"的确定性

① 广松涉. 唯物史观的原像 [M]. 邓习议，译. 南京：南京大学出版社，2009：250.

② 马克思恩格斯文集（第1卷）[M]. 北京：人民出版社，2009：162.

③ 马克思恩格斯文集（第1卷）[M]. 北京：人民出版社，2009：209.

④ [德] 弗里德里希·黑格尔. 小逻辑 [M]. 贺麟，译. 北京：商务印书馆，1980：423.

转向马克思"感性活动"的确定性。关系搭建主义在定义对象时可以更加完整和全面，同时也强化了对象间的流动和关联。

"感性活动"在马克思辩证法起到中介勾连性作用。生成性思维模式是"感性活动"的自展开呈现，关系搭建主义是"感性活动"主体和客体间自为形成的关系网，而"感性活动"真正让"知性肯定"环节动了起来，以"感性活动"为中介，知性的规定性两极化才能实现在对立中运动，黑格尔认为中介具有动态特质，可以勾连事物和事物的两极，实现事物的自展开和矛盾的自展开。马克思没有明确提出"中介"的概念，只是零散地提过"它自己的媒介，表现为主体，两极只是这个主体的要素，它扬弃这两极的独立的存在，以便通过这两极的扬弃本身来把自己确立为唯一独立的东西"①。直接回应了恩格斯提出的关于知性的思维规定性问题，两极化如何在对立中实现运动，进而确立为唯一的独立存在。

"感性活动"确定性作为马克思辩证法的核心概念范畴，从认识论的思维模式变迁、对象原理的定义方法转换和辩证法中介勾连性三个维度，拓宽和丰富了我们理解马克思辩证法精神实质的理论视域。

二、可以纠正将辩证法与知性思维方式对立起来的理论倾向

"感性活动"确定性以中介的形式出现，实现从黑格尔"知性肯定"的确定性向马克思"感性活动"的确定性转向，从一般抽象转向具体实践，从静止孤立转向运动联系，根本上纠正了辩证法与知性思维方式相对立的理论倾向。

首先明确区分知性思维方式和传统形而上学思维方式，这也是造成辩证法与知性思维方式呈现对立理论倾向的根本原因。所谓形而上学思维方

---

① 马克思恩格斯全集（第46卷上）[M]. 北京：人民出版社，1979：295.

式，恩格斯用了一种具象化的描述方式给出了明晰的阐释，古希腊哲学的辩证法是一种朴素且实质上正确的世界观，强调一切都在流变，重整体而轻细节。近代哲学的辩证法重视真理性知识的确定性，将细节从自然和历史的总体联系中抽离出来，分门别类地进行切片式研究，难以避免地将研究对象看作孤立静止、固定不变的死的状态。这种科学实验方式被近代经验论者从自然科学范畴中移植到哲学范畴中，形成了带有局限性的形而上学思维方式。恩格斯对此思维做了一个准确的描述，"在绝对不相容的对立中思维"①，适用于常识范围，而不宜进入研究领域，一旦超过了某个界限就会陷入无法解决的矛盾，只看到静止，而忽视了运动。这个界限，被恩格斯形象地比喻为"形而上学思维的框子"，里面只有"非此即彼"的确定性。很多人对知性思维最大的误解就是将知性绝对化，也就是将知性形而上学化了。恩格斯就曾尖锐地批判了杜林先生的断言，"在合理的力学中不存在介乎严格的静和动之间的桥"②。恩格斯引用了杜林的一段话，并邀请读者发现隐藏在这段话背后的潜在表述，"形而上学地思维的知性绝对不能从静止的思想转到运动的思想"③。知性不能将静止的思想转化为运动的思想的本质原因是知性被形而上学地思维着，就是知性被形而上学绝对化了。而知性思维到底是什么样的思维方式？到底能不能实现让思想从静止到运动，究竟如何才能使思想运动起来？

其实，关于知性思维如何能让思想运动起来，恩格斯也给出了明确的答案，"知性的思维规定的对立性：两极化"④，明确了知性思维的规定性就是两极化。当思维出现两极化后，其实和物理学现象一样，都不会继续

---

① 马克思恩格斯文集（第9卷）[M]. 北京：人民出版社，2009：24.
② 马克思恩格斯文集（第9卷）[M]. 北京：人民出版社，2009：127.
③ 马克思恩格斯文集（第9卷）[M]. 北京：人民出版社，2009：127.
④ 马克思恩格斯文集（第9卷）[M]. 北京：人民出版社，2009：472.

保持静止态，而是因自身具备内在超越的自驱力，而显现出自己运动的冲动，或者直接实现"在对立中运动一样，思想也是如此"①。所以，在马克思恩格斯看来，知性思维必须放在辩证方法的整体性思维中，才能更好地把握客观现实。也就是说，站在知性思维的立场看知性思维，将知性思维外在化于辩证方法的整体之外，知性思维就无法跃迁至辩证思维，乃至更高层级可以把握真理性知识的思辨思维，那么知性思维就无异于传统的形而上学思维，因为界限而无法运动，无法表达运动和联系。如果说，站在整个辩证方法的思维整体上看知性思维，将知性思维看作全体中的一个环节或一个阶段，那么既解决了对概念表述的确定性要求，也实现了突破界限束缚承认矛盾的运动要求。辩证法与知性思维的关系也不是全然对立的，两者有着复杂而深刻的关系。马克思辩证法以"感性活动"为中介，通过对黑格尔辩证法第一环节"知性肯定"的确定性加以积极扬弃，实现了"知性肯定"环节的变革，将其转向为马克思"感性活动"的确定性，进而引发了马克思哲学范式革命，马克思辩证法成为可以改变世界的武器。

所以综上所述，知性思维方式和传统形而上学思维方式既有区别，又有联系，两者不是完全相同的思维方式。辩证法与知性思维方式相对立的原因，很大程度上是因为没有分清楚知性思维方式和传统形而上学思维方式的区别，一直将辩证法和传统形而上学思维方式的对立理解为辩证法与知性思维方式的对立。当我们弄清了两者之间的不同，就可以从根本上纠正辩证法与知性思维方式相对立的理论倾向。当然，辩证法和传统形而上学思维方式也不是绝对互不相容的对立，正如孙正聿教授所阐释的那样，总是在经验常识的意义上对两者加以理解，"把哲学层面的理论思维下降

---

① 马克思恩格斯文集（第9卷）[M].北京：人民出版社，2009：472.

为经验思维"①。

三、可以为我们坚持中国特色社会主义道路提供有力思想理论支撑

　　道路关乎党、国家和民族的前途命运，习近平总书记要求我们坚定道路自信，因为坚持中国特色社会主义道路是实现中华民族伟大复兴的必然要求。"中国特色社会主义道路以实践为基石"②，这条道路是依靠中国共产党带领全国各族人民齐心协力，在长期的实践中不断开拓、接续奋斗、逐步完善的中国道路。实践是基石，"感性活动"是马克思辩证法的哲学表达，我们准确完整地把握马克思辩证法"感性活动"确定性的时代价值就是为我们坚持中国特色社会主义道路提供有力思想理论支撑。

　　习近平总书记曾告诉我们学习马克思主义理论很重要，专心致志读原文，悟原理，才能更好地"掌握贯穿经典著作中的马克思主义立场观点方法"③。那么回到经典著作理解马克思主义立场观点方法，更不能脱离现实的社会发展实践。马克思是用"感性活动"替代了理念，实现对黑格尔辩证法的实践颠倒，将辩证法运用到人类物质生产领域，并科学地揭示了人类社会运动发展的"历史真理"。与黑格尔相比，马克思将辩证法根基回归到现实世界之中，回归到现实的人实际生活的全部中，原本被黑格尔视为可感的经验世界成为人类可改造的对象世界，原本被黑格尔视为有理念统摄的自然界也成为人类本质对象化的"属人世界"。马克思辩证法的"感性活动"确定性决定了马克思整个哲学变革的主基调，即由解释世界

---

① 孙正聿. 恩格斯的"理论思维"的辩证法 [J]. 哲学研究，2012（11）.

② 韩建平. 坚定不移走中国特色社会主义道路 [J]. 奋斗，2022（16）.

③ 习近平. 认真学习马克思主义著作，推进中国特色社会主义事业 [N]. 学习时报，2011-05-16.

转向改造世界、由人类精神解放转向人类的现实解放。同时也在逐步中国化进程中指引我们坚持走中国特色社会主义道路，为我们从胜利走向胜利提供有力思想理论支撑。

深入生活、扎根人民，努力"把握特有对象的特有逻辑"①，为我们坚持中国特色社会主义道路提供有力思想理论支撑。马克思关心德国民众疾苦，心系德国工人运动命运，德国特殊国情孕育了德国工人运动（"特有对象"）的"特有逻辑"，而这"特有逻辑"来源于社会现实的"感性活动"，德国西里西亚纺织工人运动浪潮是德国民众迫于现实生存的必然之举。基于此，马克思的"感性活动"从方法论、认识论和存在论三个维度为新唯物主义提供了"解释世界"的思想理论支持，实践维度上推动德国工人运动的蓬勃发展，为国际工人运动事业提供"改变世界"的行动指南。习近平总书记要求我们坚守人民立场，就要深入生活、扎根人民，关注国家发展，关心社会民生，自觉运用马克思主义基本原理进行全面、合理和认真的分析，努力"把握特有对象的特有逻辑"并给出解决矛盾、问题的对策、思路或方案。

实现中华民族伟大复兴是每一个中国人的愿望与期待，唯有坚持中国共产党领导、坚持人民主体地位、坚定不移走中国特色社会主义道路才能实现。这条道路也不是一条轻轻松松就能走好的，是中国共产党带领中国人民披荆斩棘以付出巨大代价换来的，是符合世情国情党情被实践和时间检验过适合时代发展要求的正确道路。中国特色社会主义道路，不是"定于一尊、一成不变的套路，只有把科学社会主义基本原则同本国具体实际、历史文化传统、时代要求紧密结合起来，在实践中不断探索总结，才

---

① 马克思恩格斯全集（第3卷）[M]. 北京：人民出版社，2002：114.

能把蓝图变为美好的现实"①。坚持中国特色社会主义道路，需要辩证地理解马克思辩证法"感性活动"确定性等范畴，理论必须结合实际，坚决反对"定于一尊、一成不变"的形而上学思维方式，唯有重新审视马克思辩证法知性维度，准确把握"感性活动"确定性内涵和外延，坚持"知性优先"的实践原则，在"感性活动"中进行不断探索和总结，才能将美好的蓝图变为阳光之下的现实。

中国特色社会主义革命与建设是马克思哲学具体化的实践写照，也是马克思辩证法"活的灵魂"的成功运用。我们在实践中充分发展了马克思辩证法中"知性优先"的实践原则，提出了实事求是、具体问题具体分析、中国道路等一系列与时俱进的哲学纲领，一步步地引领中国不断开拓出人类文明新形态的伟大实践。同时，重新审视马克思辩证法的知性肯定性维度，一方面可以纠正我们错误地将辩证法与形而上学思维方式对立起来的理论倾向，另一方面也可以为我们坚持中国特色社会主义道路自信提供有力思想理论支撑。

第四节　马克思辩证法"感性活动"
确定性的中国实践诠释

恩格斯曾经指出，随着自然科学的大力发展，必然积累数量庞大的经验知识，为了保证这些知识材料间的内在联系的确定性，必然产生一种思维方式的"复归"运动——"从形而上学思维向辩证思维复归"②。在恩

---

① 中共中央党史和文献研究院. 十九大以来重要文献选编（上）[M]. 北京：中央文献出版社，2019：434.

② 《马克思恩格斯文集》第9卷 [M]. 北京：人民出版社，2009：438.

格斯看来，"思维的科学"是一种关于历史的科学，是一种"关于人的思维的历史发展的科学"。思维的科学在经验领域的应用也是非常重要的，关于思维的科学的理论，"并不像庸人的头脑在想到'逻辑'一词时所想象的那样，是一种一劳永逸地完成的'永恒真理'"①。所以，思维方式的"复归"恰如其时地到来了。对于自然科学来讲，辩证法恰好能为自然科学自身发展和其研究领域间的普遍联系提供方法论支持。而"复归"路径有两条，一是"仅仅通过自然科学的发现本身所具有的力量自然而然地实现"②，另一条则是依托辩证方法，向辩证思维复归——从肯定性知性思维向否定性辩证思维复归，最终达到否定之否定的肯定性思辨思维。而其中"复归"的最大阻碍就是对辩证方法的误读，将知性思维和辩证思维做出了整体外和环节间的对立研判。思维方式的"复归"运动，首先重新认识知性思维的内在力量源于其自身的理论冲动，由拒斥"矛盾"和"悖论"到承认"矛盾"和"悖论"；由要求自身的"完全性"和"形式化"到接受"非完全性"和"非形式化"的因素存在；由片面要求"拒斥形而上学"和全面贯彻"实证主义"到认同"历史主义"和"形而上学"的有限合理性。知性思维向辩证思维复归，辩证思维也向知性思维不断运动，这一过程也符合思维的运动轨迹：肯定—否定—否定之否定，那么相对于知性思维而言，复归的过程，就是一个知性内在化的过程，知性作为一个内在性环节——实现全体的一个内在环节，对于知性的运用不能绝对化，否则容易形成教条主义；也不能过分忽视，容易滑入怀疑论和不可知论，走向虚无主义，而应当以"活生生的人的现实生活"为基础，坚持解放思想，实事求是，与时俱进、求真务实，中国实践证明了恩格斯这一观点的

---

① 《马克思恩格斯文集》第9卷［M］. 北京：人民出版社，2009：436.
② 《马克思恩格斯文集》第9卷［M］. 北京：人民出版社，2009：438.

真理性和预见性，两条道路都发挥了不可磨灭的作用。中国改革开放40多年，从开启新时期到跨越新世纪，在新时代取得了举世瞩目的成就，越来越走向世界舞台的中心，沉心静气地反思取得这一切成果的背后正是重新审视马克思辩证法的知性维度，实现知性内在化的理论复归同中国马克思主义中国化现实实践相融合。

一、马克思辩证法"感性活动"确定性与改革开放

改革开放，是中国共产党在关键的历史时刻所做出的一项历史性决策，"是基于对党和国家前途命运的深刻把握，是基于对社会主义革命和建设实践的深刻总结，是基于对时代潮流的深刻洞察，是基于对人民群众期盼和需要的深刻体悟"。（习近平在庆祝改革开放40周年大会上的讲话）更是中国共产党对实现中华民族伟大复兴的中国梦的抽象表达。意识形态理念上，从革命到改革，从封闭到开放，本质上是思维方式实现从否定性向肯定性的转变，具体路径就是知性内在化。

站在马克思唯物史观的立场上展开逻辑主线，十一届三中全会之后的历史逻辑是以生产方式变迁和人的发展为逻辑来展开，与之对应的现实逻辑主线便是改革开放的逻辑，改革开放本身兼具双重使命，一个是改革，一个是开放。改革，是从制度层面，实现自我持存式的逐步完善，是一种无可置疑的肯定性表述，而非自我消解式的制度革命——全盘否定性的"休克疗法"；开放，从对外交往层面，以共赢为目的，实现制度上的互存共立和交互认同，而非否定性的两极互斥的零和博弈。知性意味着确定性和有序性，过分夸大或过分忽视知性作用，导致知性的绝对化运用，最直接的表现就是知性外在化，独立于辩证方法之外，势必导致教条主义盛行。破除教条主义，就是首先要正视知性在思维中的合理地位，对辩证法进行知性思维前提的重建，而这一前提的重新确立就是实现由教条主义向

实事求是的转变。

党的十一届三中全会是在一个非常特殊的历史时刻召开，党和国家面临该何去何从的重大历史考验，世界经济的外部环境可谓日新月异，国内经济却因"文化大革命"的十年内乱而风雨飘摇，温饱成了最大的问题，贫困成为压在年轻共和国身上的"不可承受之重"，党内外一致要求纠正"文化大革命"的错误，重新振奋起来，改革势在必行。思想上重新凝聚共识，必须完整、准确地把握毛泽东思想体系，从"两个凡是"和"以阶级斗争为纲"的"以政治建设为中心"的教条主义转向"以经济建设为中心"，核心的思维方式转变就是依靠——解放思想，实事求是。

改革开放标志着意识形态范式转化背后的思维方式肯定性转向——知性内在化。新意识形态大致可表述为由实事求是、以经济建设为中心和改革开放三大理念要素同构同筑，我们的党和国家经过长时间的理论分析和实践探索，实现了对内外两大环境的宏观把握，并且达到了前所未有的高度真实，这种真实的把握正是后续做出一系列高瞻远瞩伟大战略的知性前提，唯有立足于实际，才能精准把握时代主题和时代任务——"和平与发展"和实现"工业化和市场化"。是中国拥抱世界，真正进入从传统到现代的转型洪流中。而现代化就是以新工业化为目标的中国形式，社会主义市场经济就是以市场化为目标的中国形式，改革开放就是以市场化为基本内涵、以现代化为实现目标的中国形式，社会主义形态是保障市场化的人民属性不动摇的国家意志。

国家意识形态对改革开放的指引和推动作用是根本性和决定性的。中国的改革基本上都是党和国家主导的以市场化为基本取向的渐进式改革，国家鼓励创新，支持地方和民众从个人的实际出发，实验点先行，取得成绩后进行经验推广，以统筹的视角，自上而下持续、适时和高效地提供各种制度安排和政策保障，站在未来看现在，提供足够的政策导引和各方面支持，保障了制度在供给层面的规模效应。固有意识形态下的体制机制障碍和利益固化藩篱，让改革举步维艰，第一步也是最为迫切的一步就是解放思想，实事求是——指导思想上核心理念的根本变革——意识形态范式的肯定性转向。唯有突破固有意识形态的枷锁，才能使中国顺利完成新型工业化和市场化的历史使命，才能实现中华民族的伟大复兴。

从新时期到新时代，中国共产党始终是为人民服务的执政党，社会主要矛盾不再是你死我活的敌我矛盾，而是从十一届六中全会提出的"人民日益增长的物质文化需要同落后的社会生产之间的矛盾"过渡到十九大提出的"人民日益增长的美好生活需要和不平衡不充分的发展之间的矛盾"。其背后的思维方式转变也是从否定性向肯定性的转变，思维长期沉浸于阶级革命理念之中，致使无法实现理性复归，社会秩序难以有效恢复，人民生活日益下降，贫困成为当时的主题，生活于现实中的人们不能因精神上短暂满足于革命激情而长久忽视物质生活的极度匮乏，也不能忽视对美好生活的无限向往而无限期延后兑现的现实窘迫。党和国家转变了原有的僵化教条思维方式，做出了一系列符合时代要求和顺应历史大潮的重大决策。于波澜壮阔的伟大实践中，实现理论与实践的良性互动，处处彰显新意识形态的核心理念——实事求是——知性的内在化，根据实际情况做出最为合理的判断。

解放思想和经济中心理念的历史性回归是知性内在化的理论诠释。中华人民共和国诞生于乱世，不管是两大阵营间意识形态的冷战，还是两极对抗的"热战"（抗美援朝和抗美援越），中国始终处于"世界革命的中心"。实事求是的历史唯物主义核心理念饱受革命至上的价值观和政治中心理念的掣肘，影响着第一代中国共产党领导人的认知和判断，决定了社会主义道路探索的历史性曲折。1957年的"反右扩大化运动"到同年10月关于党的八大所作国内主要矛盾的正确提法的转向，都标志着意识形态的否定性曲折逆转，之后一个个"左"的运动将中国拖入"文化大革命"的十年迷途。邓小平曾做过经典论断："从一九五七年开始我们的主要错误是'左'，'文化大革命'是极左。中国社会从一九五八年至一九七八年二十年时间，实际上处于停滞和徘徊的状态，国家的经济和人民的生活没有得到多大的发展和提高。"①接着做了一个客观的评判，"但就整个政治局面来说，是一个混乱状态；就整个经济情况来说，实际上是处于缓慢发展和停滞状态"②。从政治和经济两个大局做了综合评判，这"徘徊的二十年"皆因"民主集中制被破坏了，集体领导被破坏了，……我们过去的一些制度，实际上受了封建主义的影响，包括个人迷信、家长制或家长作风，甚至包括干部职务终身制"③。从意识形态维度看，毛泽东将"以阶级斗争为纲"的方式变成党的意志和国家意志，致使意识形态范式的曲折性逆向回转。这种革命性意识形态背后的思维方式是一种形而上学，同辩证思维相对立的思维方式，特点是在"不相容的两极对立中思维"④，强调一种非此即彼的两极性表达，拒斥调和与谅解。具体说，当时的革命性意识形态强调三大核心理念：政治中心、革命至上和实事求是。政治中心，以政治视角观察社会现象，以政治尺度评析社会问题，政治价值高于一切，呈现政治绝对化的超然地位；革命至上，视革命为最高价值标准，思维方式上崇尚非此即彼的两极式思考，崇尚简单粗暴，拒斥调和宽容，在解决社会问题习惯于全盘否定后的激进重建，拒斥渐进式改良，重信仰轻民生改善。在实事求是的基础上，逐渐向经济中心转移，以发展生产力为基础的全面社会主义建设，实现由革命到发展的意识形态转向，但由于

---

① 邓小平文选（第3卷）［M］. 北京：人民出版社，1993：237.
② 邓小平文选（第3卷）［M］. 北京：人民出版社，1993：264.
③ 邓小平文选（第3卷）［M］. 北京：人民出版社，1993：348.
④ 马克思恩格斯文集（第3卷）［M］. 北京：人民出版社，2009：360.

对崇高威信和最高权力的绝对化理解和教条化执行，党的思想路线开始背离实事求是的核心原则，逐渐走向了曾经坚决批判的"教条主义"。其背后是对马克思主义经典理论家的阶级斗争理论的知性外在化理解——知性绝对化理解，知性外在化具体表现，从实事求是理念转化为绝对服从的个人崇拜式教条主义，将政治中心和革命至上绝对化、极端化和形而上学化，最终形成了革命意识形态下的"以阶级斗争为纲"。具体来说，政治中心绝对化的本质内涵是"两个阶级、两条道路、两条路线"的对立和斗争，林彪所倡导的"政治第一"，就是绝对化地理解政治中心，剪影式将政治工作视为一切工作的中心和生命，因此政治中心绝对化就是"以阶级斗争为纲"。同时，对于正确思想体系的简单化和绝对化理解，形成标语式的教条宣言，奉为放之四海而皆准的绝对真理，以断章取义的形式对客观现实进行任意套用和裁剪。忽视对马克思唯物史观中要求发展生产力的根本逻辑，无视历史节点的转换，依然沿用革命时期的阶级分析思维来做直观判断，忽视对社会主义制度建立后的阶级做出知性分析，没有实事求是地分析阶级现状，致使阶级斗争实践层面扩大化和理论层面绝对化。可以说，革命意识形态范式影响了党和国家观察分析世界变化的根本性思维定式和分析模式，中国社会主义道路探索的曲折性都同这形而上学的绝对化思维方式有着密不可分的关系。因此，解放思想，拒斥一切绝对化成了一种必然性的要求。邓小平将思想锋芒直刺革命意识形态核心，直指"两个凡是"的意识形态虚假性本质，在对思想松绑的前提下，回归马克思主义意识形态的真实性，将外在化的知性做内在化"回归"，将绝对化的认知做相对化的理解，具体做法就是实事求是，回归实践唯物主义的存在论基础——"社会生活实际过程"，将其视为根本性的思想路线不动摇，冲破固有思想藩篱，打碎教条主义的精神枷锁。1978年6月2日在全军政治工作会议上的讲话中开宗明义地将"实事求是"作为第一个问题，

"……做任何工作，都为的是解决问题。……关键在于我们是否能够理论联系实际，是否善于总结经验，针对客观现实，采取实事求是的态度，一切从实际出发"①。随后还要通过实践来进行检验。解放思想是实事求是的内在性前提，"只有思想解放了，我们才能正确地以马列主义、毛泽东思想为指导，解决过去遗留的问题，解决新出现的一系列问题，正确地改革同生产力迅速发展不相适应的生产关系和上层建筑"②。只有解放思想才能解决旧问题，发现新问题，在思维方式上实现知性内在化——对绝对理性进行"有限性"的复归，根据实际情况，对政治和革命做出"知性内在化"的解释，邓小平指出，"革命是要搞阶级斗争，但革命不只是搞阶级斗争。生产力方面的革命也是革命，而且是很重要的革命，从历史的发展来讲是最根本的革命"③。这是以"生产力革命"置换"以阶级斗争为纲"的政治革命，这是历史的必然要求。"什么是中国最大的政治？四个现代化就是中国最大的政治"④。同样的方式，将"政治"置换为"四个现代化"，通过知性的内在化，重新在有限范围内的重新界定，对政治和革命赋予了新的历史内容和概念内涵，实现了思维方式从知性外在化向知性内在化的复归，由教条主义到实事求是的转换，从墨守"两个凡是"到解放思想、实事求是，实现从"以阶级斗争为纲"到经济中心理念转换，从革命至上到改革开放的新旧意识形态范式更迭。

解放思想、实事求是完美诠释改革开放取得的历史性成就。改革开放40多年，始终坚持以经济建设为中心，不断解放和发展生产力，主要农产品产量位居世界前列，建立全世界最完整的现代工业体系，基础设施建设

① 邓小平文选（第2卷）［M］. 北京：人民出版社，1993：113-114.
② 邓小平文选（第2卷）［M］. 北京：人民出版社，1993：141.
③ 邓小平文选（第2卷）［M］. 北京：人民出版社，1993：311.
④ 邓小平文选（第2卷）［M］. 北京：人民出版社，1993：234.

成就显著，成为世界第二大经济体、世界制造工厂、贸易出口第一大国、商品消费和外资流入第二大国。这一系列成就无不彰显着解放思想、实事求是的精神主旨，将改革开放的内在逻辑贯穿于其中，中国奇迹的创生与历史性的崛起都是源于意识形态范式的转换，源于思维方式的"知性内在化"带来的肯定性转向。

二、马克思辩证法"感性活动"确定性与社会主义市场经济的建立

过去的固有思维，社会主义同计划经济画等号，资本主义同市场经济画等号，因为社会主义和资本主义有着本质的不同，所以，社会主义同市场经济相互对立。思维的同一性要求两者在结果中不能互相矛盾，必须保持一致，马克思赞同黑格尔将知性作为内在性环节，通过知性突破自我限定，实现知性内在化复归，在逻辑层面实现知性逻辑的自我发展，并进一步用现实事物的自身运动置换了逻辑自身运动，从天国回到尘世，在历史逻辑和现实逻辑下，实现了具体问题具体分析。将"社会主义"和"市场经济"放到现实中考察，社会主义是一个目标（阶段性），在接近或达到这个目标的过程中，需要以市场经济为手段来实现。如果僵化地理解市场经济，"国民经济由计划发展的规律，是作为资本主义制度下竞争和生成无政府状态的规律的对立物而产生的"①。斯大林对计划经济（国民经济）做了绝对化理解，对前任列宁重视商品经济发展，应当适时适度发展市场经济持否定态度，这种僵化的思维方式背后就是否定知性的肯定性同一原则，对知性作外在化的绝对性理解，事实上也是斯大林把社会主义建设经验僵化为"苏联模式"，对社会生产力和人民生产意愿造成极大损害，经

---

① 斯大林文集［M］. 北京：人民出版社，1985：602.

济自此开始走向下坡路。

邓小平总结了历史经验教训，反思全盘计划经济的内生缺陷，创造性地将社会主义和市场经济结合起来，并做出了影响深远的历史性判断：计划和市场都是经济手段——"计划经济不等于社会主义，资本主义也有计划；市场经济不等于资本主义，社会主义也有市场。计划和市场都是经济手段"①。手段的多样性往往可以辩证统一地内含于目标的整体实现之中，其背后正是思维方式的知性内在化转向，于辩证思维中，将"社会主义"同"市场经济"内化于一体，两者本质并不对立，反而统一于"社会主义的本质，是解放生产力，发展生产力，消灭剥削，消除两极分化，最终达到共同富裕"②。从本质上界定了"社会主义"目标概念内涵，实现共同富裕，社会主义不是贫穷的社会主义。社会主义的优越性就体现在"赢得与资本主义相比较的优势，就必须大胆吸收和借鉴人类社会创造的一切文明成果，吸收和借鉴当今世界各国包括资本主义发达国家的一切反映现代社会化生产规律的先进经营方式、管理方法"③。通过比较优势，吸收和借鉴先进经验，实现好的拿来，为我所用，结合我国实际情况，进行创造性发挥，形成后发优势，实现对西方发达国家的弯道超车。而且，西方资本主义国家也并非完全是自由竞争的市场经济，各种贸易壁垒和金融杠杆都存在于现实之中。

"知性内在化"的思维方式肯定性转向同社会主义市场经济建立的市场化取向内在一致。社会主义市场经济的建立不是一蹴而就，是经过理论和实践的反复探索，证明了地区的经济活力和人民生活水平同这个地区的商品化和市场化程度呈正相关，也是凭借这样的实证经验，党和国家主导

---

① 邓小平文选（第3卷）[M]. 北京：人民出版社，1993：373.
② 邓小平文选（第3卷）[M]. 北京：人民出版社，1993：373.
③ 邓小平文选（第2卷）[M]. 北京：人民出版社，1993：373.

的改革渐进式趋向市场化目标。这背后正是"知性内在化"的思维方式肯定性转向同社会主义市场经济建立的市场化取向内在一致性决定的。

市场经济离不开知性思维。首先，市场经济是一种法治经济，市场经济的高效律在于价值规律、竞争规律和供求规律三机制共同作用，而从根本上起到保障作用，能让三机制顺利运转起来的，恰恰是因为法治可以提供一个维护公平竞争、等价交换、诚实守信的大环境，在这个大环境下，普适规则下的平等主体间可进行自愿交易和平等竞争。所以，市场经济的效益取决于法治保障的普适性程度，而普适性的法律法规必然是形式化的、合逻辑的法律，必然具备知性思维的确切性和清晰性的特点，这些特点就决定了市场经济中不允许出现"具体情况具体分析"的个例，不允许出现因人而异的"特事特办"，更不允许出现特权阶层的非法竞争，保证市场经济的绝对有序和规范。其次，市场经济是一种资源分配方式。关于产权的界定和配置的划拨，要求对任何权益进行精确明晰的划分和保障。市场经济保障每一个市场参与者都能在公平公正的环境下高效从事各自工作，就从主体方面不容许出现任何的产权模糊，任何的权责不清。市场不相信眼泪，市场理性地审视每一个参与者，任何非理性的行为，不管目的和动机是否为善，都会扰乱市场经济的正常运行，造成劣币驱逐良币的市场失衡和失序。这一切都需要思维方式的转变，从"差不多"的模糊思维到"斤斤计较"的精细思维，市场经济所需要的明晰化和精准性都需要知性思维的内在化来加以支撑和转换。最后，市场经济的内在要求是实现集约型增长。成本优势，需要精准控制；管理优势，需要精细化管理；营销优势，需要客户和需求的精准分类和投递；技术优势，需要从细微处着眼创新。这一切依靠精准的思维来实现，知性思维内在化的要求自然被提出。

市场经济的效率至上原则和赏罚难明。从旧有的革命意识形态向新的发展意识形态的转变是一种正向的肯定性转向，从"以阶级斗争为纲"到以经济建设为中心，将革命领域置换到经济建设领域，大力发展和解放生产力，从社会主义的本质和任务到发展是硬道理和"三个有利于"，无不彰显着效率至上原则。自然经济配置，行政指令性中央调配都是不讲求效率的，这也是计划经济的内生性缺陷，信息的滞后和不匹配性让效率难以提升。市场经济通过分工和交换，让专业的人做专业的事情，分工再通过交换实现社会的全体协作，以货币为一般等价物，在市场经济下，实现自愿交换，以市场的供给关系确定市场的价格，市场的价格导向又影响着大家的消费行为和生产选择，自发协调整个经济体系运行，合理配置社会上所有的经济资源。市场这个"看不见的手"，通过有效的运作，以商品价格机制，为人们的生产和消费提供明确的信息导向和有效激励，从而使人们做出更有效率的决定。反观计划经济，核心是"人人为我，我为人人"，出发点是个人，而落脚点却是集体，计划经济的内生缺陷是忽视了人的合理利己性，过分强调了人的利他性，现实运行中，个人利益和群体利益往往很难兼容，表现出的就是一种"平均主义"，效率难以提升，积极性更是难以调动，中国改革之初也是遇到同样的问题，调动生产积极性成为解放和发展生产力的第一难题。突破平均主义，按劳分配，多劳多得，大力探索激励机制，市场化取向的改革才是解决问题的根本方法，既能坚持效率至上原则，也能发扬激励兼容精神。

市场经济的有限理性前提。市场经济的哲学内核拒斥理性万能，拒斥将理性绝对化，认为市场中的理性人的认知是有限的。而计划经济则相反，认为人可以拥有无限理性。第一次世界大战之后，首次在国家层面出现了计划经济，并逐步同市场经济对立起来，到了二战之后，随着科学技术的日新月异，计划经济得以进一步发展，相信只要人们掌握的信息足够多，涉及的领域足够广，可以通过计算推演出未来发展的趋势和结果。人们将这种美好的愿景从科学领域推进至社会历史领域，期冀通过精准计算，提前布局，实现资源的最优配置。现实中，人们的理性并非无限，没有全知全能的救世主，改革开放的核心理念同样是以有限理性为前提，未来的蓝图不能提前完整描绘，完美无缺的理想模式只存在于理想之中，所以，要自下而上"摸着石头过河"汇聚成功经验，经过理论提纯加以推广，自上而下坚持"顶层设计"从制度层面提供支持保障，再自下而上在实践中历练反馈，形成一个良性循环。在充分肯定理性的前提下，在有效范围内合理使用理性，不夸大和绝对化是市场经济的有限理性前提。

市场经济的功利主义原则。社会主义市场经济的伦理基础之一便是功利主义，由英国哲学家边沁提出，将功利主义原则表述为："当我们对任何一种行为予以赞成或不赞成的时候，我们是看该行为是增多还是减少当事者的幸福；换句话说，就是看该行为增进或者违反当事者的幸福为准。"①凡是符合功利原则，能给个人或社会带来幸福和利益的行为就是值得鼓励的，就是符合道德标准的。同时，边沁也论证了功利主义原则的唯一性，拒斥了反功利原则的虚幻性和不确定性，对苦乐源泉和价值做了精细计算。功利原则也符合社会主义市场经济的合法取利原则，在确定性的范围内，谋求以最小的成本获取最大的收益，极大调动人们的积极性、创造性和主动性。但不能将功利主义绝对化，片面追求个体的最大收益，见利忘义而做出损害他人、利于自己的行为。边沁明确主张功利主义原则为"最大多数人的最大幸福"，个人和国家在这个前提下是利益重合的，都是关注"最大多数人的最大幸福"，也就是全体的幸福。为了避免对功利主义原则绝对化的理解，发挥功利原则的最大效用，从思维方式上需要进行

① 周辅成. 西方伦理学名著选集（下卷）[M]. 北京：商务印书馆，1987：211-212.

"知性内在化"的肯定性转向，社会主义市场经济的确立就是在最大程度，从国家宏观层面引导全社会理性追求利益最大化，将求利和取义有机地辩证统一起来，两者不再是非此即彼的对立关系，而是倡导一种义利并重，以利进义，以义促利的充满辩证性的社会主义义利观。

三、马克思辩证法"感性活动"确定性与经济转轨路径的正确选择

20世纪30年代到80年代间，社会主义国家普遍采用过计划经济体制，除了由当时的各种客观历史条件所决定，还有对马克思主义经典著作中的经典论据的绝对化理解，"一旦社会占有了生产资料，那么商品生产将被消除"①。有些混乱思想开始涌现，要求一切生产资料都收归国有，废除商业和商品生产，"联合起来的合作社按照共同的计划调节全国生产，从而控制全国生产"，也就是实行统一按计划调拨。这些马克思主义的普遍信奉者表达了对社会主义的去商品化，去货币化和去市场化的狂热向往。尽管斯大林指出了主张取消商品生产是"大错特错了"的，但依然将中央计划机关通过指令性计划的行政手段对资源进行直接配置作为社会主义经济制度的基本特征。这种教条式的理解，皆源于思维方式的形而上学化，事实上，这些超前设想本身是包含很多内在前提的，是依据当时所处的特殊历史条件对未来社会的所有制和分配制度提出的一种一般性的科学预见。这种"历史逻辑空间化"的思维方式是一种典型的知性思维外在化，淡化时间维度的一种形而上学的思维方式。而这种一般性的科学设想是不能在教条化的思维方式下直接套用于现实的，势必要求知性思维的内在化，摆脱思维僵化，具体问题具体分析，因时因地的不同而采用不同的方

---

① 马克思恩格斯选集（第3卷）[M]. 北京：人民出版社，1995：633.

式和方法。

中央计划经济体制在全球范围内的14个社会主义国家施行过，优点是可以在战时和战后迅速凝聚各方面的力量，保障国家重点历史任务的完成。缺点是忽视供求关系规律，缺乏有效奖惩机制，难以实现集约化生产而效率低下，总体经济呈现下滑趋势。自20世纪50年代开始，社会主义国家的经济改革经历了一轮又一轮，起起伏伏，却一直没有找到合理的路径，究其根本原因就是面对禁区的裹足不前，将市场经济和社会主义制度做了绝对化的切割，绝对的对立不相容，其背后是绝对化理解了的知性思维在起作用。

世界经济转轨大潮云谲波诡，历史向世人宣告，中国关于经济转轨路径的正确选择——"双轨制过渡"——令世人刮目相看，于现实中实现了转轨绩效的长足领先，而苏联基于"华盛顿共识"所选择的"休克疗法"，让其承载了不堪回首的"失去十年"，决策者们之所以面对经济转轨做出了完全不同的抉择，其背后是思维方式的不同。"华盛顿共识"的出现是为拉美的经济发展提供良方，实际是新自由主义经济学家以现代成熟的市场经济为蓝本，从中抽象出的一般性普世模式，其背后是知性思维在起作用。苏联后来采取的转轨方式——"休克疗法"的核心理念便是"华盛顿共识"，其内容涉及推行市场和内外贸易快速自由化、国有企业全盘私有化和宏观经济稳定化等，后果是加速了苏联的解体和分化，其背后是计划与市场绝不相容的知性思维，"是就是、不是就不是"①的形而上学思维方式。"休克疗法"的内生缺陷是无视市场经济制度建立的历史过程，忽视时间维度，是一种"历史逻辑空间化"的思维模式，企图抽离时间维度，跨越历史完成经济模式的瞬时置换，经济转轨不是思维层面的概念逻辑展

---

① 马克思恩格斯文集（第3卷）[M]. 北京：人民出版社，2009：734.

开，而是面向现实生活的全过程，是社会制度变迁的全过程，不管是市场经济制度信息，还是市场经济制度的法制化进程，都是渐进完善的过程集合体，都是对计划经济的否定之否定。其背后是肯定性知性思维向否定性辩证思维的复归，最终趋向于思辨思维的否定之否定的肯定性转向。实现的途径就是知性内在化，将知性作为一个肯定性的前提环节内含于辩证思维之中，实现自我突破和自我扬弃，最终达到否定之否定的肯定性转向。

苏联经济转轨失败的内在原因分析。苏联经济转轨所做的路径选择是"休克疗法"，当时的决策者叶利钦可以问鼎最高权力宝座，并非因其国家治理能力的超然卓越，而是善于高举"民主"大旗，勇于批判社会主义"弊端"，巧于迎合大众心理，短短四年光阴便取代了戈尔巴乔夫，踏上权力巅峰。整个过程充满了权谋争斗和利益博弈，以政治为中心，将政治斗争视为唯一使命，其背后非此即彼的革命思维主导了这一切，这种形而上学的知性思维模式拒斥一切协同合作，将所有加以对立，进行革命颠覆性斗争。以决绝的姿态同僵化的斯大林模式做切割，转而迅速投入到"新经济自由主义"的怀抱，完全放弃从现实实际出发的知性内在化立场，体现了从一个极端走向另一个极端的绝对化革命思维。在这种思维模式的导引下，"休克疗法"的核心理念加以确认——自由化、稳定化和私有化，并且认为实施过程应该是以雷霆万钧之势一锤定音，主张"创造性毁灭"，凸显了一种"不破不立"的无所畏惧的革命情怀，然而事实却是残酷的，一套西方数百年进化而来的成熟制度妄图一朝一夕就能瞬时置换于一个市场全无的新环境，无异于痴人说梦，这种无根据理念只能在历史上留下无知者无畏的注脚，历史明证，"破"不等同于"立"，盲目的"破"只能陷入更深层次的混乱，"破"与"立"的关系是辩证统一的，除了需要极大的勇气，更需要更大的智慧。

"休克疗法"失败与"强政府"的没落。回顾历史，实行计划经济的国家，因自身在经济层面的高度集中，国家在制度层面上往往拥有更为集权化的"强政府"，决策者受到"新经济自由主义"的影响和知性化革命思维的支配，政治体制的改革致使"强政府"开始走向衰败。此消彼长，资本主义国家因为经济自由化而迅速走向繁荣，"最小政府"、"无为政府"，甚至是"无政府"开始成为"新经济自由主义"的政治主张，但成功的国家毕竟是少数，其核心便是片面强化市场的作用，而忽视市场与政府之间的辩证统一关系。特别是在转轨国家中体现得尤为明晰，凡是拥有强有力政府的国家都能成功转轨，比如，捷克体制改革起步虽晚，但转轨绩效很快攀升，最为重要的原因就是捷克拥有一个团结的领导层，一个高效的执行层，能够提供长久持效的经济政策供给。反观俄罗斯，因政府多受各方利益集团的博弈掣肘，面对经济压力，往往是政治优先，总理职位两年间五易其主，可见失去"强政府"的有力支撑，经济转轨势必步履维艰。

　　"休克疗法"失败的自身原因，除了上述的决策者知性外在化的革命思维和"强政府"的衰败没落，其自身原因也是客观存在的。首先，治理通货膨胀采用对转轨制度进行瞬时置换的方式，违背客观规律，制度与结构性的调整不可能一蹴而就，更不可能一下子绕过计划经济和市场经济的原生矛盾。其次，"休克疗法"的政策组合内生缺陷明显，自由化、稳定化和私有化三位一体的政策组合不适应现实中的俄罗斯经济，不能带来复苏与繁荣，反而陷入更为棘手的麻烦中，经济开始持续走低，日渐萎靡。再次，"休克疗法"严重脱离实际。决策的制定与实行缺少对实际遗留问题的系统考察和深刻反思，认为政治体制改革后的经济体制也随之土崩瓦解，需要彻底地来一次"创造性毁灭"，最大的危害是造成了经济体制的"制度真空"，整个经济工作处于一种失衡和失序的混乱状态，实际是放弃了实事求是的思维前提，背后受形而上学的知性思维所主导。

反观中国，经济转轨路径上所做的正确选择——"双轨制过渡"。字面上不难理解，从计划经济的单轨运行，到以计划经济和市场经济的双轨运行过渡，最后实现社会主义市场经济的最终双轨并轨。其背后的辩证哲学思维方式是知性内在化——知性思维向辩证思维复归，最终到达思辨思维的辩证同一。波普尔从人类理性的有限性出发，在市场文明为基础的开放社会中，渐进式的和平改良要远优于激进的暴力革命，都能实现全体社会的肯定性进步。所以，建立社会主义市场机制，必须抛弃革命思维，抛弃非此即彼的知性思维，将其内在化，以包容的姿态，拥抱渐进式的改良思维。基于此，中国做出了同苏联不同的转轨路径选择——渐进式的"双轨制过渡"转轨方式。

"渐进式"业已成为中国改革开放40多年最为显著的特点，本质是在社会主义基本制度的基础上通过稳步改革的方式向社会主义市场经济过渡。坚持一切从实际出发，结合国情与世情，形成具有新时代中国特色社会主义特点的中国渐进式改革之路，"摸着石头过河"和"大胆去试，大胆去闯"的鲜明态度更是反映了中国渐进式改革的求实精神。"渐进式"的"双轨制过渡"具有诸多特点。首先，自上而下同自下而上相结合。具体来讲，就是"双轨制过渡"模式把强化中央"顶层设计"和坚持基层"摸着石头过河"紧密结合，形成一个时时高效反馈的闭环系统，在政府的有力指导下，充分发挥基层单位的制度创新自主性和积极性，形成好的成功经验，经过知性提纯，进一步形成可复制、可推广的成功经验范式，政府以制度和政策的形式提供持续供给，创造更有利于经济发展的优渥环境。其次，"双轨制过渡"不可求全贪快，不实行一步到位的市场化瞬时置换，而广泛采用渐进式进行局部的调整和改良，广泛采用行政协调与市场协调相结合的双轨制，以逐步调节市场化所占比重来稳步向社会主义市场经济过渡。再次，是经济体制改革同政治体制改革双管齐下，在逐步实现市场经济的同时，坚持政治方向和坚守政治稳定，保持相对集中，完善社会主义民主建设和法治建设，渐次推进国家治理体制机制改革。

"双轨制过渡"深刻体现了中国改革实事求是的指导思想，不断自我扬弃，自我完善，实现渐进式改革，蒸馏出旧体制中不合理因素，吸纳新的经济成分，诸如市场机制、非国有机制和按要素分配等，使社会主义的经济政治体制更具生命力和活力。其背后是实事求是的知性内在化思维方式，坚持一切从实际出发，坚决摒弃绝对化和教条化的形而上学思维方式，坚守理性的有限性，杜绝一切夸大理性，甚至要求理性绝对化的不合理要求。

四、马克思辩证法"感性活动"确定性与中国的产权改革

有效的产权制度是西方世界高速繁荣的基础制度保障，也是保持经济持续高效的核心要素保障，计划经济条件下，由于公有制企业找不到产权的实现形式，致使产权模糊和产权虚置、责任主体缺位，整体经济效率势必低下。历史经验也是如此真实地反映了这一结果——计划经济制度国家经济普遍疲软，反观市场经济国家经济突飞猛进。社会主义经济制度国家开始探寻产权制度如何改革的问题，苏联因其彻底的革命思维和僵化的形而上学思维，受到政治中心观念的严重影响，对西方的产权理论做了教条化和绝对化的理解，在没有市场主体的情况下，盲目采取了激进的"全盘私有化"措施，把以往的国有企业全部加以改造，全面施行私有化，结果没有实现经济复苏，反而更加深陷泥潭。反观中国决策者秉承解放思想、实事求是的理念，拒斥知性思维的绝对化和片面化干扰，通过三次大的产业革命实现了经济的复苏与腾飞。

中国的产权制度改革取得了巨大成功，其中两个最为引人瞩目的举措是农村联产承包责任制改革和城市国企改革。

1978 年的中国发生两件历史大事，一个是党的十一届三中全会的胜利召开，另一个是安徽小岗村的农村联产承包责任制，神州大地从国家的最顶层到最底层，在要求解放生产力、实现共同富裕的问题上达成了历史性的默契，体现了个体利益同国家利益的同一性，上下联动的模式势必能激发全社会最强的改革动力，中国农民自此开始从自己的实际情况出发，率先冲破枷锁，走出宗族辖管束缚，以身份独立自由的形式进入市场，并成为市场的重要参与者，成为马克思口中的"世界历史中的个人"。"包产到户，分田到人"是中国农民在生活物资极度匮乏的环境之下，为了生存所做出的无畏选择，具有哲学终极之问意味的向死而生的实践抉择。任何制度性的安排都是为了实现人的最终解放，形而上学式的抽象政治理念不能以牺牲"鲜活的生命"为代价，本质上，同邓小平一切从实际出发，关于向死而生的实践抉择有着相同的价值取向，"一个党，一个国家，一个民族，如果一切从本本出发，思想僵化，迷信盛行，那它就不能前进，它的生机就停止了，就要亡党亡国"①。同时，也标志着中国农民主体意识的觉醒，自内而外地打破束缚，以独立自主的形态进入市场，获得了财产权利和身份自由，争取自由而全面的发展。农村联产责任制重新确立了农民的产权主体地位，农民重新获得了土地所有权，结果此举大大刺激了农民生产的积极性和自主性，获得了大量的剩余产品，农民对于归自己所有的剩余产品进行再次投资，渐次形成了财产权利。中国农民的自由是全面的获得和占有，包括迁徙自由、劳动自由和凭借劳动实现社会身份转变的自由，从而使中国在世界范围内获得了劳动力比较优势，是中国经济高速腾飞的重要原因之一。

如果说农村联产责任制改革是体制外的增量型产权改革，未触及计划

---

① 邓小平文选（第2卷）[M]. 北京：人民出版社，1993：143.

经济体制的核心，那么城市国企改革从起步就直达计划经济体制的深层，从计划经济到市场经济体制转轨中关于企业改革，最为基本的就是实现一种转换——从计划经济结构的听命于计划指令的物质实体转换为市场经济结构中自立自为的自由实体——从工厂到公司转型。城市国企改革本质上就是企业产权范围的重新划定过程，内含着社会主义制度的基础——公有制问题。以政治为中心的革命意识形态下，国有企业的公有制意义往往是政治大于经济，"公有制是社会主义根本的经济制度，国有企业是公有制经济的实现形式和实体性表现，是国有经济在国民经济中主导作用的基石，从而使国有企业改革从一开始就非纯粹经济问题而具有政治和意识形态意义，每一改革成就都与意识形态的突破直接相关"①。中国国有企业改革更是其中的重中之重，不光关系产权改革的成败，更是对全面改革开放有着深远的影响。国有制企业自身的公有制属性，对其进行产权改革一定要摒弃僵化的形而上学思维，产权既不能全部国有股份，也不能绝对私有股份，而应该根据实际情况，实事求是地做出判断，以不同比例来实现共同所有，姓"公"还是姓"资"不是核心焦点，关键在于谁掌握了控股权。至此，国有企业大面积推出一般性经济领域，集中力量进入大有可为的命脉产业和关键领域，极大地激发了国有企业的活力与生机，全面扭亏为盈，抓住改革矛盾中的牛鼻子，诸多困难自然迎刃而解，背后是兼容两极的知性内在化思维方式的指导发挥作用。

确立了公有制为主体、多种所有制形式共同发展的基本经济制度，使国家拥有了强大的宏观调控能力，极大增强了整个国家和社会抗击风险的能力，创造了中国经济在2008年全球金融危机中一枝独秀高速增长的经济

---

① 郭忠义，侯亚楠. 中国奇迹与意识形态［M］. 北京：中国社会科学出版社，2018：222.

奇迹，公有制与私有制不再是两极思考的非此即彼，坚决要摒弃这种绝对化的知性思维方式，要求思维进行知性内在化的肯定性转向，关键在于具体问题具体分析，于两极对立的调和中加以思考，公有制和多种所有制并非不可共存。历史证明，通过市场化取向改革，现代企业制度正是多元市场主体与国有经济相结合的完美典范，中国国有企业已然凤凰涅槃，浴火重生，其背后的思维方式的肯定性转向都是以解放思想和实事求是为基本前提。

附录一　辩证法的知性内在化演进：
从康德到马克思

辩证法自其产生之日起，历史上反复被诡辩论者所盗用，被教条主义者所庸俗化，甚至被某些学者视为"变戏法"，哲学史上又有对黑格尔辩证法与辩证逻辑的创造性范式变迁所不经意附带的认知偏差，将辩证法作为与形式逻辑（知性思维）对立的思维方式和方法论原则。此种认知导致的结果，必然是排斥了作为思维常识的相关古典逻辑。在黑格尔看来，"真正的逻辑"要从描述知性的处理方式和普遍逻辑本身谈起，知性剥夺了彼此关系间的系统关联，诉诸孤立、固定和有限的诸范畴，无法对世界本身的整体把握施以加持，所以，要想解决辩证法的理论质疑和自身窘境，回到古典逻辑学中重新审视知性，厘清知性内在化演变的逻辑进路具有非常重要的意义。

一、康德先验论的对象性思维方式——知性环节外在化倾向

（一）康德先验论的对象性思维方式不同于旧形而上学的知性思维

康德最为重要的哲学贡献莫过于先验哲学，先验的含义就是探讨先天的知识和后天的经验内容结合在一起何以可能的问题、先天知识的产生原理。康德把认识划分为三个层次：感性、知性、理性。先验哲学的视域下

对应先验感性论、先验知性论和先验理性论（先验辩证论），一直以来关于先验知性论的探讨都有意无意地忽略其同辩证法和实践之间的潜在联系，具体表现就是将先验知性论的逻辑等同于知性逻辑或形式逻辑，先入为主地站在了黑格尔对康德先验逻辑的批判的立场，却忽视了黑格尔在《小逻辑》的逻辑学部分，其中"关于逻辑学概念的初步规定"将思想对客观性批判的三种态度分类，这里将关注点聚焦于前两类。站在黑格尔的视角看，第一类是康德以前的形而上学，即就形而上学包括笛卡儿、斯宾诺莎、莱布尼茨以及沃尔夫等人的思想，主要是批判片面性观点与全面观点的对立、有限思想与无限思想的对立、非此即彼与亦彼亦此的对立。核心是批判旧形而上学用抽象的有限的范畴去把握无限，去把握事物的实质。在黑格尔看来，这是名副其实的知性思维阶段。第二类是针对休谟代表的经验主义和康德代表的批判哲学，唯有黑格尔敏锐看到了康德的先验知性论的对象性思维方式是一种不同于旧形而上学的知性思维，且已经以一种潜在的方式存在于辩证的思维阶段。康德将思维与存在的关系归结为意识内容与感性对象的统一，具体来讲，就是对感性对象自身进行考察的同时也是对意识内容自身进行审视，两者相互依存，这种考察和审视的方式就是对象性思维方式，具体的考察内容是关系，考察的对象是各种对象建构关系和被赋予的各种对象关系，潜藏着主客二分的认识模式。在黑格尔看来，"康德是最早明确地提出知性与理性的区别的人。他明确地指出："知性以有限的和有条件的事物为对象，而理性则以无限的和无条件的事物为对象。他指出只是基于经验的知性知识的有限性，并称其内容为现象，这不能不说是康德哲学之一重大成果。"①黑格尔同意康德关于知性与

---

① ［德］弗里德里希·黑格尔. 小逻辑［M］. 贺麟，译. 北京：商务印书馆，1980：126.

理性的区别划分，深刻把握康德先验知性论所呈现出的特有的对象性思维方式，并从中发现了其先验逻辑中抽象的辩证法和实践内容的必然呈现趋势。这就是黑格尔批判思想对客观性两种状态的区分——形式逻辑和先验逻辑的不同。具体说，就是康德的知性思维不是传统形而上学意义上的形式逻辑，而是将对知性的探讨置于先验逻辑形式的框架之下加以探讨，既要探讨形式之上，还要探讨内容之中的逻辑是否正确的问题。关于内容层面的逻辑就不是形式逻辑所辖摄的范围，因为此时需要一个形式来承载关乎内容逻辑的论证。康德先验哲学中对象性思维是非常典型且有代表性的，其中先验知性论部分，揭示了直观与范畴的关系，"感受表象的能力（对印象的接受性）"①，显然无法应对，因为感性的杂多只能是被动地接受刺激，进而加以直观的偶然呈现，综其所有也只是一种表象以及感性的纯形式时空将感性直观确认为一种可能性而已。唯有"通过这些表象来认识一个对象的能力（概念的自发性），……对象在与那个表象的关系中被思维"②。真正实现让所有感性杂多的质料综合起来的正是知性的作用，其中知性的纯形式起着连接概念和表象的思维作用，这个纯形式就是范畴。类似于此的还有关于多对关系的考察，诸如范畴与理念的关系、理论和实践的关系等，都是典型的对象性思维。我们可以清晰地看到康德已经自觉地对人的先验认识的构造活动及其能力进行反思，认识客体需符合认识主体对其进行对象性的认识构造，就此形成了西方近代典型的对象性思维方式。

（二）康德先验论对象性思维方式的特点

康德先验论对象性思维方式超越了传统主客二分思维方式的非此即

---

① ［德］康德. 纯粹理性批判［M］. 邓晓芒，译. 北京：人民出版社，2004：51.
② ［德］康德. 纯粹理性批判［M］. 邓晓芒，译. 北京：人民出版社，2004：51.

彼，弥合了知性式思维的两厢对立，保有了对象的自我自主建构和被动赋予的结构性张力关系，打造了两位一体的关系集合，具有非常鲜明的典型特征：

（1）强占有，弱参与。康德先验论遵循"哥白尼式的革命"的理论进路，沿着对象在先天认识活动中建构自身和实现自身被赋予的路径解决认识和对象的关系问题。先天的时空直观形式只关涉感官对象，保证对象在感性直观活动中实现被赋予，在知性运思过程中实现被思维，这种不能凭经验被赋予，却可以通过占有的（被赋予的）形式进行思维的方式就是对象性思维方式，实质是一种转换了的哲学思维方式，使得关于物体的知识可以先于物体自身存在成为可能。沿着这个思维方式深入下去，人为自然立法成为必然的结论，人不再听命于自然，而具备了可以主宰自然的理性能力。这种强占有的思维方式也彰显了人的理性对自然的全面占有，同时也彰显了知性的全面胜利。海德格尔面对对象性思维方式的强占有性，聆听"面向事情本身"的时代之问，声明哲学之思不可避免地进入了澄明境界，"哲学谈论理性之光，却并没有关注存在之澄明"①。然而，若依对象性思维方式来看，理性之光占据主导地位，存在之澄明处于从属地位，光之所照皆为明净，光相较于黑暗就如同理性启蒙相较于神秘蒙昧，光之穿越才是抵达澄明境界的现实可能，仅仅单纯地占有并不能构成存在之澄明。所以，康德先验论对象性思维方式所具有的强占有、弱参与特性为后人的思维方式转变展示了理论张力和可能性。

（2）多先验，少实存。康德先验论对象性思维方式决定了感性直观形式和知性实存对象的疏离性，前者的被赋予状态不能从自在客体身上体

---

① ［德］马丁·海德格尔. 面向思的事情［M］. 陈小文，孙周兴，译. 北京：商务印书馆，2009：79-80.

现，只能在主客关系中加以呈现，并在主体表象中得以映射，也就是说感性直观形式同先验自我有着天然的联系。后者统摄于知性思维范畴，在对感性直观的形式杂多加以综合整理的过程中实现被赋予状态，知性实存对象兼具先验自我意识的自我同一性和知性实存基础的客观统一性。海德格尔对对象性思维方式中蕴含的先验自我意识提出质疑，先验自我意识以何种样态存在于何处。伽达默尔从主观性设定的维度解释为"能被理解的存在就是语言"①。自我意识在思维方式中的僭越使用，等同于整个历史意识是不科学的，只是作为其特定存在的效果要素。所以康德先验论对象性思维方式所具有的多先验、少实存特性为后人的思维方式转化提供了内在可行性道路。

（三）康德先验论对象性思维方式的困境——知性环节外在化倾向

对于康德先验论对象性思维方式的理解不能简单化为传统主客二分思维方式的"颠倒反转"，而更应关注其背后深蕴的革命性突破，将关注点聚焦于"求知以前先考验知识的能力"②，康德在开始一切工作之前，首先将人的认识能力作为考察和审视的对象，就好像考察下水游泳之前是否掌握了游泳这项技能，康德潜意识中对人的认识能力的考察区别对立于具体的认识过程，本质上是对于思维活动过程和思维形式割裂式理解，黑格尔批判这种对象性思维方式，"必须对于思维形式的本质及其整个的发展加以考察"③。思维形式不能同具体的思维历程相分离，具体的思维历程包括思维形式本身和思维形式本身的活动，康德先验知性论对象性思维方

---

① ［德］汉斯-格奥尔格·伽达默尔.真理与方法［M］.洪汉鼎，译.北京：商务印书馆，2007：432.

② ［德］弗里德里希·黑格尔.小逻辑［M］.贺麟，译.北京：商务印书馆，1980：118.

③ ［德］弗里德里希·黑格尔.小逻辑［M］.贺麟，译.北京：商务印书馆，1980：118.

式背后的静态人性观占据着康德的运思主宰，对人的认识能力作了工具式"外在化"的析解。

康德的历史任务是超越经验论和唯理论关于思维和存在的主客二分思维方式，要求区分感性直观和知性概念，于是在其先验知性论部分，首先区分了感性直观和知性概念，两者是差异和联系并存，既有分工又有合作，使得关于经验对象的确定性知识最终得以形成。康德的对象性思维方式将问题聚焦于人的认识能力实现条件是什么，感性直观同时兼具先验的观念性和经验的实在性，自身成立的条件不是内在建构，而是外在被赋予。但康德的对象性思维方式却面临了新的困境，知性活动的非直接性，让其无法直接与感性杂多发生关系，也就是说知性范畴无法直接作用在感性杂多之上，两者的异质性分歧无法解决，这时需要找到一个可以联结感性与知性的中介，康德在认识过程中自下而上对知性范畴进行"主观演绎"，再从先验统觉出发，自上而下对知性范畴进行"客观演绎"。康德在《纯粹理性批判》第一版序中写道："我不知道在对我们所谓知性的能力加以探索并对其运用的规则和界限进行规定的研究中，有什么比我在题为纯粹知性概念的演绎的先验分析论第二章中所从事的研究更重要的了；这些研究也是我花费了最多的、但我希望不是没有回报的精力的地方。"①康德花费了最大的精力在先验知性论上，重点考察知性和理性脱离经验能够达到的认识边界，同时对于读者能否全盘接受信心不足，其核心担忧是如何找到将感性经验直观和纯粹知性范畴结合的第三方桥梁，使异质性、对象性综合活动得以顺利实现。最终，康德发现了"判断力"——将知性范畴应用于具体经验对象之上的能力，承载"判断力"的方式是——"先验图型"，具有双重特征，"图"，直观可呈现，是感性的具体内容；"型"，纯

---

① [德] 康德. 纯粹理性批判 [M]. 邓晓芒，译. 北京：人民出版社，2004：5.

粹概念规定，是知性的先天形式。人的外感官包括时间和空间，人的内感官只有时间，对于人的认识活动来说，时间是一切现象的共同特征，基于此，康德发现了将范畴应用于直观的中介——"时间的先验规定"，一切现象都以时间作为先天的直观形式，同时具有一定能动性和自觉性。康德先验论对象性思维方式实现了对主客二分思维方式的超越，达成了直观概念化和概念直观化的抽象统一。胡塞尔将康德先验知性论中"先验图型"表述为一种潜在的知性技术，时间流动中的意识勾连人处于晦涩不明中。黑格尔也同样认为康德忽视了现象学的相关概念把握，感性和知性在各自领域内仍然存在对峙和坚守，"两者只是在外在的、表面的方式下联合着，就像一根绳子把一块木头缠在腿上那样"①。可见，这种对象性思维方式并未从根本上弥合异质性分歧，知性仍然游离于整体之外，知性环节在对象性建构和赋予之间仍保有一定的独立自存性，这种知性环节外在化倾向在一定程度上保留了要求超越先验论对象性思维方式的潜在张力。

二、黑格尔辩证性整体思维方式——概念辩证法中知性环节内在化

（一）黑格尔辩证性整体思维方式的内在化表现——实体即主体

近代哲学从笛卡儿开始，到康德和费希特，知性的对象性思维占据主体地位，体现为"主体哲学"，将知性局限于主观意识之内，知性为自然立法的前提立场却也是主体性的外在对象化，呈现出对世界二元化的整体把握，达到"理想的统一性"，而非现实的统一性。黑格尔的"精神"关涉世界的整体性；此处的世界不是康德意义上的基于主观性的现象界，而

---

① ［德］弗里德里希·黑格尔. 哲学史讲演录，第4卷［M］. 贺麟，王太庆，译. 北京：商务印书馆，1978：301.

是世界本身——世界显现为精神的世界。另外，"精神"也不同于理性和意识，不局限于认识能力和自我意识，是能够包容一切的，具有实体性、历史性、社会性的一个整体，这便是黑格尔的辩证性整体思维方式，是一种康德先验知性论对象化思维的内在化表现。

黑格尔也需要面对康德哲学的不彻底性，前提的不可知是一种无法容忍的体系"缺陷"，物自体如何消解成为一个不可回避的难题。费希特提出了知识学，但诉诸于信仰，谢林直接诉诸于神秘的理智直观与艺术直观，惟有康德通过发现了知识与对象之间的差别，找到了扬弃自在之物的可能性，但康德却采用了一种静态的结果分析，知性对象化的思维方式，否认了思维和存在的统一。黑格尔则相反，认为认识是一个发展过程，是一个动态的结构分析，认识符合对象，新知识有新认识，对象也变成新对象，从潜在的自为对象到实现自在对象，是一个不停符合的过程。这个扬弃自在之物的过程就是知识符合对象的过程，也是人类的认识活动让自身达成统一的过程，通过抹平主体和客体间的嫌隙，将主体整体性纳入实体之内——实体即主体。

这也是黑格尔面对康德的对象化思维时，所作回应的独特之处，不是把认识看作发生在实体之外的主观活动，而是看作实体实现自身的运动。将主体看作实体，这样认识的过程不再是主体认识实体的过程，而是实体实现自身的运动。人的认识活动构成了宇宙自身运动发展的一部分，而且是最高的阶段。康德的对象化思维方式，让人时刻意识到知性的局限性，唯有通过"人类之眼"看世界，得到的必然是有限的世界——现象界，而黑格尔要证明"人类之眼"就是"世界之眼"，就是"上帝之眼"，通过人类之眼，上帝成为上帝，通过人类之眼，绝对成为绝对精神。站在宇宙的角度看，通过它的最高产物——人类精神——来认识它自己。主体是实体，实体返回主体。宇宙就是如此自在自为地展开和回复，是一个从潜在展开实现的圆圈，把人类精神看作宇宙发展的最高阶段，意味着宇宙的本源是潜在的精神，当宇宙发展到了人类精神阶段——"现实的精神"，这就证明了宇宙发展到人类精神，便以成为精神的方式实现了自身。黑格尔的宇宙观实际是一个非线性的圆圈，开端既是潜在的，也是终局的；既是环节的，也是整体的；真理既蕴含于种子之中，也潜在展开实现于整个过程之中。

黑格尔辩证性整体思维方式，因为实体内部有一种能动的力量，推动自身进行自我发展，自我超越，自我实现。当把实体理解为主体时，具备了自己超越自己的能力，这个能动性将自身看作对象，自己内设一个对象，这样对象化的过程从外部主客内化为实体自身内部，内在的两个对立面彼此争斗，然后矛盾发展，扬弃自身的对立面，再有新的实体生成，恰好就是一个正—反—合的过程，或者说是一个肯定—否定—否定之否定的过程。矛盾的运动展开正是在这种否定之否定的过程中逐渐展开丰富的过程。这一切的基础是黑格尔站在一个整体的角度去审视实体内部的对象内设，整体即是"绝对精神"。黑格尔的辩证法是事物自身发展的本性，矛盾发展，内在超越性，实体内设一个对立面于内部，通过扬弃获得新实体，以环节的形式流动于整体生命之中。

（二）黑格尔概念辩证法中知性环节内在化

上述黑格尔辩证性整体思维方式的内在化表现为将实体理解为主体，主体内化其中，也就是说当思维意识到自身的本性就是概念辩证法，认识到知性作为思维的终点必然陷入困境，知性采取了消极否定的态度，消极应对矛盾，否定概念自身运动的内在超越性，不能从知性对感性世界的超越中领悟其真正价值，并将这种超越拒斥于自身规则以外，此时思维就进入了僵死而空泛的形式态。

黑格尔辩证性整体思维方式对知性对象化思维方式扬弃的关键，是站在思辨理性的立场对知性进行环节内在化思考还是站在知性立场对知性自身进行知性对象化思考。显然，黑格尔批判的是后者，一直站在知性立场停滞不前，不自觉造成的对象性割裂的知性逻辑（形式逻辑）及由此衍生而来的知性思维方式。具体来讲，剥离掉活生生的内容，反思出仅有形式却无内容的抽象的理性。黑格尔坚持认同和肯定的是从更高级的思辨理性立场出发对知性反思，黑格尔概念辩证法最显著的特点就是将整个方法论分为三个环节，其中放在首置第一环节的就是知性，并将知性视为一种环节内在化的分析活动——整个精神活动的一个活生生有机环节。

上述思维方式的扬弃正是黑格尔概念辩证法对知性形式逻辑的批判，黑格尔认为概念不是僵死的存在，而是一个辩证性整体集合，一个通过自我内驱实现自我展开发展的过程，思维过程的每个环节都既是自规定又是自否定，知性作为第一个环节内在化于整个辩证思维过程中，知性通过对象化出离自身，继续反身对象化复归即扬弃自身，实现了肯定—否定—否定之否定的圆圈式的概念自我发展，超越了对象化思维方式的理论前提——思维和存在具有统一性，是一种自觉形态的辩证法理论。

概念辩证法之所以具备自我运动能力，黑格尔将知性视为整个精神活动的一个活生生有机环节，而且是最为重要的前提要件，"最紧要的，就是对每一思想都必须充分准确地把握住，而绝不容许有空泛和不确定之处"[1]。由此对知性的重视程度可见一斑，对思维状态下的概念必须加以知性的明确化和规范化，这是把握判断和推论的前提条件，"切不可把抽象的知性规定坚执为最后的规定"[2]，再一次强调了对康德知性观中"自发

———————

[1]［德］弗里德里希·黑格尔. 小逻辑［M］. 贺麟，译. 北京：商务印书馆，1980：175.

[2]［德］弗里德里希·黑格尔. 小逻辑［M］. 贺麟，译. 北京：商务印书馆，1980：105.

性"的认可，知性因"自发性"而不可停留，对自身的否定不是单纯的否定，而是必然的建构，可以说，知性是顺利进入到理性的前置要件。

梳理哲学史不难发现，逻辑被知性绝对化支配，贯穿了整个西方哲学史，特别是近代西方哲学以来，以知性形式把握思辨的或肯定的理性的方面，此部分哲学史上并无直接对应逻辑理论，因康德为知性划界，知性原则无法联结思辨理性对象（物自体），也无法通达彼岸世界，处于不可言说的神秘直观，知性逻辑无法跨越的界限，被规定为"非逻辑"的对象。黑格尔辩证性整体思维方式扬弃了康德知性对象化思维方式的关照点——将知性、辩证的理性和思辨的理性皆安放于思辨的或肯定的理性环节，从思辨理性的立场反思知性、辩证的理性和思辨的理性，消解了知性逻辑形式的外在化，将三者以不同的方式统一于辩证发展的整体之中。

三、马克思辩证实践思维方式——彻底地知性内在化回归

（一）马克思对黑格尔知性式思维的批判性继承——知性为第一内置环节

首先，黑格尔对于知性逻辑持肯定态度，没有以思辨逻辑完全取消知性逻辑的想法，两者都是逻辑进程中必不可少的环节，后者是前者的前提，前者是后者的必然，"思辨逻辑内即包含单纯的知性逻辑，而且从前者即可抽得出后者。我们只消把思辨逻辑中辩证法的和理性的成分排除掉，就可以得到知性逻辑"①。从思辨逻辑中可以"抽得出"知性逻辑，这个抽取过程正是知性化的过程，知性化的结果是从具体的思辨逻辑到"单纯的"知性逻辑，从具体的同一到抽象的同一，抽离的正是辩证法和

---

① ［德］弗里德里希·黑格尔. 小逻辑［M］. 贺麟，译. 北京：商务印书馆，1980：182.

理性的成分，此处的辩证法和理性恰是大家一贯误解的部分，不是作为方法论的整个辩证法和理性的全部，而须结合黑格尔《小逻辑》第79节逻辑思想形式三重划分理解，辩证法只是其方法论的第二个环节——"辩证的或否定的理性方面"中的辩证部分，同样理性作为第二个环节——"思辨的或否定的理性的方面"中的否定的理性部分，如果黑格尔当初说抽离的是辩证的或理性的部分，相信也会产生新的误解（否定的理性和肯定的理性区分问题），所以，结合黑格尔文本才是理解黑格尔最直接的路径。黑格尔认为哲学只关注"具体的思想"，认同作为"形式的思想"——知性逻辑的存在意义——只可作为辩证法的内在性环节出现，"我们只消把思辨逻辑中辩证法的和理性的成分排除掉，就可以得到知性逻辑"①。如果我们将上述表述简化为一个直观性公式"知性逻辑=思辨逻辑−否定的理性"，这种知性化的表达更易于理解，同时，也容易产生误解，而误解就来源于"单纯化"和"外在化"的误用，单纯化的加减符号带来了外在化的（内容与形式）割裂式理解，这便是黑格尔认为的知性式思维——思维方式固执于概念的抽象同一性。知性式思维是思维的一个必经阶段，因其独具的特点，往往让人们误认为这个阶段就是思维发展的完结，其实这才是进入思维的第一阶段，黑格尔将其称为理念自身的"错觉"。辩证法一旦被知性式思维运用，便走上了"怀疑主义"的道路，一条单纯的否定的道路，离开事物本身的思维反而会遮蔽事物本身。黑格尔在这里不做"单纯的"减法，不是为了得到抽象的同一而排除固有的差异，不为了追求事物的普遍必然性而刻意忽视了具体特殊性。"哲学把怀疑主义作为一个环

---

① ［德］弗里德里希·黑格尔. 小逻辑［M］. 贺麟，译. 北京：商务印书馆，1980：182.

节包括在它自身内，——这就是哲学的辩证阶段"①。辩证法同样也吸收"怀疑主义"作为自己的一个内置环节，对知性进行内在性超越（单纯的否定）——结合具体的事物本身进行扬弃，知性因其自己的局限——有限性而被包含于辩证法中，并内在化地被扬弃。至此，事物的科学性得以展现，事物内在的联系和必然性也一并呈现出来。马克思实践思维方式延续了对知性式思维的批判，不光局限于认识论层面，同时指向了现实生活领域，"从现实生活中探寻人的解放的秘密"②，也指向了经济学领域，"生产一般"是对任何时代下的生产做以普遍性规定的抽象表达，"生产一般是一个抽象，但是只要它真正把共同点提出来，定下来，免得我们重复，它就是一个合理的抽象"③。"生产一般"是知性式思维的运用，将真正的共同点提炼蒸发出来，避免了重复性工作，是一个合理的抽象。但不能滞留于此，如果将之理解为思维发展的完结就是陷入了理念自身的"错觉"，必须继续往前走，抽象使得它们适用于一切时代，但就抽象自身规定性来讲，其自身也是历史的产物，唯有在这些关系之内才有切实的意义，关于这个抽象的同一，对共性凝结了一致，对差异取消了共存，将原本外在化的规定向内复归，在自身内在化扬弃中重新丰富起来，达到具体的同一，单从抽象同一的概念很难说明资本主义经济的现实，必须结合具体事物本身来加以扬弃，具体做法就是将普遍性和特殊性结合起来，因为"所谓一切生产的一般条件，不过是些抽象要素，用这些要素不能理解任何一个现实的历史的生产阶段"④。关于对现实的和历史的生产阶段的说明，抽象

①　[德] 弗里德里希·黑格尔. 小逻辑 [M]. 贺麟，译. 北京：商务印书馆，1980：181.

②　[德] 康德. 纯粹理性批判 [M]. 邓晓芒，译. 北京：人民出版社，2004：6.

③　马克思恩格斯文集：第8卷 [M]. 北京：人民出版社，2009：9.

④　马克思恩格斯文集：第8卷 [M]. 北京：人民出版社，2009：12.

的同一不足以胜任，很多庸俗经济学家恰好将知性式思维方式误读为辩证法，于知性式思维中展开对资本主义生产方式特殊性的探讨，马克思深切批判："对生产一般适用的种种规定所以要抽出来，也正是为了不致因为有了统一而忘记本质的差别。那些证明现存社会关系永存与和谐的现代经济学家的全部智慧，就在于忘记这种差别"①。抽象的同一不是为了抹杀本质差别而挫平一切，不是为了维护现存社会关系的虚假永续，抽象的同一只是一个标记，一个不断被挫平又不断被铭刻的标记。黑格尔的辩证法是现代辩证法的基本范式，马克思是沿用这一范式的。虽然《巴黎手稿》中对辩证法做了第二环节的否定性狭义规定，"黑格尔的《现象学》及其后成果——作为推动原则和创造原则的否定性的辩证法——的伟大之处首先在于，黑格尔把人的自我产生看作一个过程，把对象化看作失去对象，看作外化和这种外化的扬弃"②，对辩证法的第二环节辩证的或否定的理性阶段的狭义规定——视为推动原则和创造原则，这种对"否定"没有确定性前提和有限性范围的僭越性使用，很容易导致怀疑主义，并最终滑向虚无主义。

其次，黑格尔批判的是对知性思维进行简单粗暴地外在化理解，其认知结果势必带有强烈的抽象性和机械性。他主张一种与之对应的辩证思维方式，避免用知性思维的普遍抽象性范畴强行析解多样丰富的现实具体，这样只能得到思维概念下空洞的抽象同一，而是将知性思维作为整个运思整体的一个内置环节，不是整个思维过程的终点，在这个阶段，最大的特点是知性思维的结果总是和现实事物的直观具体相对立，黑格尔发现其优点，在理性和实践范围内，知性思维保证了认识的确定性和稳定性；缺点

---

① 马克思恩格斯文集：第8卷 [M]. 北京：人民出版社，2009：9.
② 马克思恩格斯文集：第1卷 [M]. 北京：人民出版社，2009：205.

也很明显，因知性思维自身局限，容易陷入"非此即彼"的矛盾中。此时，知性思维不做阶段性停留，避免了怀疑主义和独断论，继续向辩证思维"复归"，进入到辩证思维阶段，主要的任务就是自否定，辩证法既然以否定作为结果，那么这样的结果必然包含了肯定性的理解，自身和自身的出离一定相互依存，没有对方，自身也将失去存在的意义。自然过渡到"最后"的思辨思维阶段，辩证法最终的结果呈现必然是肯定性的建构，而非否定性的无穷消解，所以最后一定是越来越丰富的具体，哲学必然从事和服务于具体的思想。可见，在矛盾中辩证的理解对立统一是知性思维内在化的核心所在，这是一个螺旋上升的过程，本质上就是知性思维经历了对象化，异化和扬弃一系列变化，让自身实现了"从抽象到具体"的内在化复归。马克思对此认同的过程也是循环迭代的不断复归，直至《资本论》写作时期，再次重新研读了黑格尔的《逻辑学》，终于发现黑格尔辩证法的合理内核的革命要义，概念除了表征脱离现实的空洞抽象，经过知性思维内在化的处理，完全可以作为整个体系端点上的科学抽象，前提是其中包含了历史发展和社会现实的萌芽，这样一来，以此抽象出发，通过矛盾的不断自展开，终将实现抽象具体在思维进程中的全体再现——"具体的概念"。黑格尔的辩证方法已初具自超越的形态外在，但本质上还是对现实生发的一种逻辑猜想，因为黑格尔的出发点不是现实生活过程，而是从思维出发，通过逻辑世界中"空转"而来的对现实世界的哲学隐喻表达。马克思却是将现实作为出发点，从历史进程的维度加以理解和阐释，是一种历史生成性的辩证法，通过将知性思维内在化于整体思维进程中，经过辩证思维的对象化和思辨思维的扬弃式复归自身，马克思实现了对于黑格尔辩证法的彻底解构与超越。

（二）马克思在政治经济学领域内辩证方法的知性内在化呈现

马克思虽然批判黑格尔的辩证法，但是《资本论》的逻辑框架却是黑格尔式的。区别仅仅在于或主要在于马克思在《资本论》第二版跋中，关于辩证方法的定义所确立的"思维过程是造物主"还是头脑改造过的"物质的东西"①。也就是唯物主义存在论，还是唯心主义存在论前提的差异。正是将知性环节内在化于整个辩证方法之中，才让整个辩证方法有了确定性的唯物论存在前提。同样，也澄清了马克思同黑格尔辩证方法的不同。"我的辩证方法，从根本上来说，不仅和黑格尔的辩证方法不同，而且和它截然相反"②。即没有知性环节的辩证法不是马克思所认为的辩证法。如果是也是狭义的特指的而非一般的。

关于对政治经济学材料的加工，马克思向黑格尔学习了辩证方法的精髓，甚至径直把他的政治经济学方法称为辩证方法。在理解上只存在形式上的差别，黑格尔从绝对精神出发，马克思从人的现实生活出发。马克思的政治经济学方法主要是研究方法与叙述方法，关于研究方法，马克思认为"研究必须充分地占有材料，分析它的各种发展形式，探寻这些形式的内在联系"③。研究方法同"感性具体—抽象—思维具体"相对照，主要精力相对侧重于"感性具体—抽象"，在充分占有一手经验材料的同时对其进行分析，从感性阶段进入到知性阶段，从表象思维进入到形式推理阶段，知性是进入高层次思维阶段的门槛，是连接现实世界与概念世界的中项，是联结感性和理性的桥梁。马克思认为这个阶段是必不可少的，也是远远不够的，在知性阶段不可僵化停留，必须将知性以第一环节的形式内在化于整个辩证方法中，接下来，将纯化而来的概念和范畴放在"发展"的形式中，探索和寻找这些形式之间的内在联系，实现从概念和范畴的抽象到辩证思维的具体。《资本论》的辩证方法不同于抽象的表达和逻辑的

---

① 马克思恩格斯文集：第5卷［M］. 北京：人民出版社，2009：22.
② 马克思恩格斯文集：第5卷［M］. 北京：人民出版社，2009：22.
③ 马克思恩格斯文集：第5卷［M］. 北京：人民出版社，2009：21.

现实化，而是"物质自身的运动要求相应逻辑范畴的表达"①。集中体现
了马克思辩证方法的唯物论基础，具有强烈的批判性和革命性。最为重要
地提出了如何进行理论研究，如何对所占有材料进行"分析"，"分析经济
形式，既不能用显微镜，也不能用化学试剂。二者都必须用抽象力来代
替"②。这一段话非常精髓地提出了研究方法与叙述方法辩证统一于"抽
象力"——理论认识力。显微镜对应于实证科学中的物理学，化学试剂对
应于实证科学中的化学，前者更侧重于空间，后者更侧重于时间，时空恰
是知性的两者直观形式，把握好知性阶段就是人类运思的起点和门槛，联
结现实和思维的中项，实现由表及里，从现象到理论的关键，这个力是现
实生活要求理论逻辑表达的内驱力，马克思称为"抽象力"，模糊研究方
法与叙述方法的根源就是对"抽象力"缺乏理解，对知性环节缺少正确的
认识，对知性思维做了僵化的形而上学理解，对辩证思维中的知性环节做
了外在化割裂式处理。马克思明确指出"对一切后来的资产阶级经济学者
来说，理解各种经济关系的形式区别所必要的理论认识力的缺少，都还是
一个通例。他们只能对经验所写的材料粗糙地抓一抓，只对这些材料感兴
趣"③。马克思认为研究方法是"感性具体—抽象—思维具体"的全过程。
关于叙述方法，马克思认为只有在完成了研究这项工作之后，才开始进入
到叙述阶段，"现实的运动才能适当地叙述出来。这点一旦做到，材料的
生命一旦在观念上反映出来，呈现在我们面前的就好像是一个先验的结构
了"④。研究工作时间在先，叙述工作紧跟其后，将研究结果按一定的顺

---

① 阿瑟. 新辩证法与马克思的《资本论》[M]. 高飞等，译. 北京：北京师范大学
出版社，2018：5.

② 马克思恩格斯文集：第5卷 [M]. 北京：人民出版社，2009：8.

③ 马克思. 剩余价值学说史，第1卷 [M]. 北京：人民出版社，1975：71.

④ 马克思恩格斯文集：第5卷 [M]. 北京：人民出版社，2009：22.

序和逻辑叙述出来，研究结果是研究过程得出的，研究工作开展之前结果未知，不会预设结果，而是从"现实的运动"出发，现实是感性具体，运动是形式的发展，知性的内驱力要求不可在此阶段做思维停留，继续从"感性具体—抽象"阶段向下一阶段"抽象—思维具体"进发。叙述是从上一阶段研究过程所得的研究结果出发，为了保证知识的客观普遍性，力戒感性活动的痕迹（偶然性和不确定性），理论的叙述过程要求从最简单最抽象的概念和范畴开始，逐步展开和丰富，直至思维的具体。马克思明确指出，"只是思维用来掌握具体、把它当作一个精神上的具体再现出来的方式"①。马克思认为叙述方法侧重于"抽象—思维具体"，从抽象到具体的方法就是思维把握具体的全过程，但必须严格区分具体本身再现和具体本身的产生过程。

马克思主义辩证法要想被更多的人接受，不再受教条主义和庸俗主义的侵袭，不再被认为是一种变戏法，应该重新重视知性的研究，祛除知性绝对化影响，正视知性外在化倾向，将知性内在化于整个辩证方法的环节之中，唯有将知性放在适当的位置上加以研究，就不仅不会背离辩证法，而且是对辩证方法研究的一种深入。结合我国实际情况，重视辩证法的知性前提研究，就是要坚持实事求是，因为"坚定贯彻党的实事求是思想路线是百年大党创造诸多'中国奇迹'的思想密码"②，同时也是实现我国伟大复兴的重要法宝。

---

① 马克思恩格斯文集：第8卷［M］. 北京：人民出版社，2009：25.
② 王先俊. 百年大党创造中国奇迹的思想密码［J］. 南都学坛，2021（4）：84.

附录二　知性思维的辨析与澄明

一、对知性思维的误读

长久以来，人们对理性和辩证法推崇备至，却将知性和知性思维视为其对立面，将知性思维看作一种"教条式"的思维范式，采取了批判的态度，其积极因素渐次退隐，对知性思维采取的绝对化的片面理解和神圣化的僭越使用，造成了不可挽回的局面，本质上是对知性思维外在化的误读式理解。

（一）知性思维绝对化的片面理解

纵观哲学史，康德首次对感性、知性和理性作了明确划分，在《纯粹理性批判》一书中对知性的内涵和外延做了明晰的界定，概括一句话就是——"知性是思维能力"[①]，知性思维是知性产生概念的运思整体，具体来讲，心灵有接受表象的能力（感性），反过来，心灵也有通过表象认识对象的能力（知性），两者的关系是知性概念统摄感性直观，保证了其所形成的知识具有普遍必然性。

康德眼中的感性和知性是二元分离态，前者来自自然，后者来自先验

[①] ［德］康德. 纯粹理性批判［M］. 邓晓芒，译. 北京：人民出版社，2004：84.

设定，两者结合形成知识。但是，两者来源异质且对立，如此看来，具有普遍必然性的知识来源必有一中介将两者外在勾连，这个中介便是"先验图式"，以"想象力"勾连起感性和知性，强行从经验世界跨入理论思维领域，实现一种生硬的外在结合，"像一根绳子把一块木头缠在腿上那样"①。知性思维是纯形式范畴，知性通过范畴来整理感性直观，这一切的发生都是有条件的，并且这些条件限制都是逻辑先在的，唯有遵从这些限制条件，才能认识到客观事物。康德在知识范围划下一道界碑，一边是可以被感知和认识的领域——现象界，另一边是无法感知和认识的领域——自在之物。此处的自在之物是一个可感却不可知的世界，通过千姿百态的表象刺激着人的感官，却无法知道这个自在之物到底是什么，因为它超出了人类的认知范围。

黑格尔将追求理性作为哲学第一追求，认为之前的哲学都采用了知性思维的运思方式，强调理性思维是一种更为高级的思维方式，恰恰是这种强调让后人不自觉将知性思维同理性思维对立起来，且认为理性思维是好的无限，知性思维是坏的有限。黑格尔认为知性思维是有限的和有条件的思维方式，依据自身的局限性，只能活动于限定思维的界限内，并将这种界限看作"固定的东西，而不对它加以否定"②。这里黑格尔明显将知性思维等同于有限思维来阐明，将事物直接的分割和对立绝对化，以知性思维的确定性取向追求和类属边界的明晰界定来否定知性思维具有自主性，进一步取消了知性的自否定可能性。

这种对知性思维绝对化的片面理解势必导致独断论，其重要表现就是

---

① ［德］弗里德里希·黑格尔. 哲学史讲演录（第4卷）［M］. 贺麟、王太庆，译. 北京：商务印书馆，1978：271.

② ［德］弗里德里希·黑格尔. 小逻辑［M］. 贺麟，译. 北京：商务印书馆，1980：97.

要求知性思维严格遵守非此即彼的知性公式，具体来讲，就是对一对相互对立的判断作"一真一假"的绝对判定。这样的结果便是割裂和隔绝了有限与无限、有条件和无条件，失去了对事物间联系和转化的科学判断力，"独断论则坚持各分离的规定，当作固定的真理"①。而忽视了将这些片面的规定看作一个有机的全体，知性被绝对化分割，失去了环节性从属的全体性，也失去了自否定性发展的鲜活性。

（二）知性思维神圣化的僭越使用

面对现象界，康德以知性思维为知识立碑划界，自此知性和感性泾渭分明，理性的对象是物自体，不与经验直接相关，出发点是确定性知识，理性是对感性和知性形成判断的联结——为现象界提供整体秩序的能力——即推理的能力，进而形成最高和最完善的系统以把握无条件的绝对知识。其中理性的整体秩序体现在系统性调节上，而知性则起着更为基础的建构性作用。因此，在现象界中"知性为自然界立法"，知性思维规范自然的规律，遵循的是自然的因果律。知性思维的边界确立使得知性不得僭越理性，知性范畴不得非法运用于形而上学领域，否则将会产生先验幻相——二律背反，即针对同一论题，表述相反，但各自成立且皆可逻辑闭环，自洽自证。

但与知性思维的绝对化理解相反，高度赞扬知性，过分夸大知性的作用所导致的知性神圣化，将知性自身的局限性不断放大，直至从不自觉地对知性的任性使用发展到自觉地将知性神圣化为世界观，便是对知性和知性思维进行神圣化地僭越使用。当近代启蒙思想家们为理性高歌，为科学鼓劲，为文明振臂之时，卢梭敏锐地察觉了在知性思维占据主导，使原本

---

① ［德］弗里德里希·黑格尔. 小逻辑［M］. 贺麟，译. 北京：商务印书馆，1980：101.

主客统一的存在经验成为外在于主体的经验对象，尤为在人类自我持存的本性影响下，知性开始了对理性的僭越，丢掉了自我反身思考的关键一环，特别是在社会历史领域将自然状态和社会状态尖锐对立起来，丰富的理性逐渐被抽象同一化为单一的理性——工具理性，一切都变得工具化，社会运行确定而有序，人的价值和意义也被工具化，一切不复自身的本真。

知性思维神圣化地僭越使用容易使自身不自觉地滑向形而上学。首先，知性思维是正常的思维能力和必要的思维形式，更是思维运思全体中的一环，并不否认事物的内在矛盾和外在联系。而对知性思维神圣化的僭越使用将认为知性思维就是思维运思全体，将思维中的规定，以世界观外化的形式，强行赋予客观世界，世界万物都会呈现出孤立、静止和片面，最终滑向形而上学。其次，知性思维是相对静止态，以内置环节的形式内蕴于辩证思维之中，是整体运动态下的暂时相对静止态，目的是将事物的差别性暴露出来，进而明晰概念边界。而对知性思维神圣化的僭越使用必然将差别和同一凝固化，形成绝对静止态，万事万物保持非此即彼的绝对隔绝，滑向形而上学的僵固思维，是反辩证法的体现。最后，知性思维是对事物进行合理抽象，严格遵循形式逻辑的规定，对事物进行抽象解析，分门别类地考察事物间的明晰界限。而对知性思维神圣化的僭越使用将认为知性思维可以任意突破抽象界限，随意将有限扩张至无限，打破有条件而进入无条件状态，模糊和扭曲了事物的本来面目，最终滑向形而上学。

（三）知性思维外在化——异化

从黑格尔开始，"辩证法"这一概念迎来了春天，获得了正面的肯定，取消了康德的"物自体"设定，奠基于"绝对精神"，实现了从对"存在"之追问向对"真实"之追问的转向，这里的"真实"是在自身中自发地追寻"绝对精神"，发掘思维自身的内驱力，实现思维从感性——知性——理性的运思过程。而恰恰是对知性的僵化理解，直接导致了对黑格尔辩证法（或辩证逻辑）创造性范式变迁的认知偏差，割裂了形式与内容的统一，模糊地具有了"反形式逻辑"的外貌，进而在认知上先入为主地悬设了一个前提：把辩证法作为与形式逻辑（形而上学意义上理解）对立的思维方式和方法论原则。此种模糊认知导致的结果，必然是排斥了作为思维常识的古典逻辑。在黑格尔看来，"真正的逻辑"要从描述知性的处理方式和普遍逻辑本身谈起，若把知性环节外在化于整个运思过程之外，那知性就只能被视作单纯剥夺了彼此关系间的系统关联，诉诸于孤立、固定和有限的诸范畴，无法对世界本身的整体把握施以加持，更无法展现其作为思维环节特有的自发性内驱力，将"暂时停留"变成永恒分割，"在有限性的诸形式那里，绝对物与有限物之间只存在知性意义上的那种对立，即一种外在的关系"①。这便是知性思维外在化，在经验层面理解辩证法与形而上学之间的关系，核心是否认思维和存在间的矛盾及其矛盾关系的发展，具体说就是知性思维外在化于整体性思维，强调独立存在的特定状态下，"思维和存在"是直接和不变的统一。在哲学理论层面上，难以理解或放弃理解"思维和存在"是在矛盾和发展中实现的统一。

　　知性思维的外在化其本质是一种异化表现。马克思对对象化和异化的关系作了清晰的表述，"对象化表现为对象的丧失和被对象奴役，占有表现为异化、外化"②。对象化是对自身的自否定，出离自身，形成"丧失"和"被奴役"的对立，表现为一种外在化，而从一种外在化形态过渡到另外一种外在化形态。这里马克思特意注释出异化和外化的关系，马克思在手稿中并列使用两个德文术语"'Entfremdung'（异化）和'Entäußerung'

---

① 荆晶．《耶拿逻辑纲领》：黑格尔思辨逻辑的萌芽［J］．哲学动态，2020（11）：72-73.

② 马克思恩格斯文集：第1卷［M］．北京：人民出版社，2009：157.

（外化）来表示异化这一概念"。而"外化"这个德文词汇经常还有另一种解释，"用于表示交换活动，从一种状态向另一种状态转化"①。知性思维的外化就是从一种对象化的状态向另一种对象化的状态转化，直接后果就是将知性阶段独立于整个运思过程，以开端即终点的姿态加以独立呈现，知性思维便从"暂时停留"变成"永恒隔绝"，无法实现反身复归，其本质就是异化。

二、对知性思维的辨析

（一）知性思维与形而上学思维

形而上学思维方式从提法上就带有浓厚的本体论意味，亚里士多德著述了一本关于事物本性本原的书，取名为《形而上学》，自称为"第一哲学"，与之对应，将以可感可知的自然物为研究对象的物理学被称为"第二哲学"。后来一位哲学院长在重新编著时，将"第一哲学"放在《物理学》之后，直译为《物理学后》，此时并无形而上学之义。经过漫长的中世纪，将哲学的研究对象聚焦于超越物理学对象的可感知物背后的上帝、灵魂和自由意志，这便是近代哲学"形而上学"的前身。近代唯理论和经验论都关注形而上学，但观点截然不同，唯理论代表笛卡儿视"形而上学"为各种知识的"第一原理"，主要研究超越感觉经验的抽象本体，经验论者则反对"形而上学"，要求回复一切感性存在，此处的"形而上学"代表了唯心主义哲学，没有普遍的方法论意义。

在黑格尔看来，知性思维作为一种思维方式，严格遵守着抽象同一，在非此即彼的知性选择中，无法实现对矛盾和发展中具体同一的直接把握，以一种非现实的方式在观念中和头脑里反复推论，尽管是进入思维状

----

① 马克思恩格斯文集：第1卷［M］．北京：人民出版社，2009：783-784.

态的门槛，但因为其呆板和固执，显得不太适宜哲学思考。恩格斯也对知性作为形而上学的思维方式加以"框子"式的评价——"在绝对不相容的对立中思维"①。对于事物的评价要么存在，要么不存在，不能既是 A 又不是 A，也不能既是 A 又是 B。两个不同的事物必须有严格的界限和区分，僵持着不可交融。在常识领域是极为可信且被尊重的，但对于广阔的研究领域来讲，就会产生不可调和的矛盾。因为形而上学思维具备如下三个特征：（1）严格遵从抽象同一的概念逻辑设定，知性思维统摄下的从概念中来到概念中去。（2）知性思维具备有条件性和有限性，形而上学思维的研究对象多为有限的和有条件的事物。（3）知性思维执着于绝对差别，孤立地审视着一成不变的差异存在。知性思维与形而上学思维在此是一致的，都表达了一种对"变化生成"的拒斥和"绝对差异"的坚守。

知性思维是思维过程的一个必经环节，如果将知性思维作形而上学式的理解，往往会产生绝对化的误读，认为知性思维已经是整个思维发展过程的完结，对概念的差别性坚守，不允许概念间存在模糊不清，更不允许概念之间存在过渡转换，黑格尔将之称为理念自身的"错觉"。传统的形而上学思维以机械式态度传达了思维中对立的不可调和，杜绝了对立面间相互转化的可能性，独断论就此产生。知性思维也因此被误读，若抛弃掉知性思维对知性的绑架，知性实际上是认识的一个必要前置环节，它绝非是开端即终局的独断式存在，而是既非起点也非终点的圆圈式思维的一个内置环节，从低到高不停地进行往复迭代。

（二）知性思维与辩证思维

黑格尔在《小逻辑》中谈到"逻辑思想就形式而论有三个方面：（a）抽象的或知性［理智］的方面；（b）辩证的或否定的理性的方面；

---

① 马克思恩格斯文集：第 9 卷［M］. 北京：人民出版社，2009：24.

（c）思辨的或肯定理性的方面"①。从这段概述中不难发现，黑格尔将逻辑思想（思维进程）划分为三个层次：第一个层次是知性思维，第二个层次是辩证思维，第三个层次是思辨思维，层级由低到高共同构成了一次非线性思维递进进程，我们自觉将黑格尔的方法论与黑格尔的辩证法等同起来，将第二环节的辩证思维独立凸显出来。然而事实是整个思维运思进程中包括了三个逻辑渐进环节，辩证思维因其是唯一具有革命性、批判性和否定性的环节，教科书特别喜欢将辩证思维这个"否定性"环节视为黑格尔整个方法论的代表加以浓墨重彩的描绘。这样知性思维就和辩证思维不自觉地对立起来，也被动排除到辩证方法（方法论）之外。

但黑格尔的本意并非如此，"这三方面并不构成逻辑学的三部分，而是每一逻辑真实体的各环节，一般说来，亦即是每一概念或每一真理的各环节。它们可以全部被安置在第一阶段即知性的阶段，如是，则它们便被认作彼此孤立，因而不能见到它们的真理性"②。应该首先明确的一点是，黑格尔在《小逻辑》中的逻辑划分是存在论、本质论和概念论，知性思维、辩证思维和思辨思维是非线性环节的形式划分，两者是内容和形式的关系，每一方面的内容都内蕴着这三个环节。面对知性思维的自身局限，三个环节被纳入僵化的知性形式中，被同一律完全统摄，这种割裂使得知性思维囿于现象界而无法通达真理。梳理哲学史不难发现，被知性绝对化的思维过程就是一部西方哲学史，以知性形式把握抽象的或知性〔理智〕，确立了知性的形式法则，形式逻辑关注抽象形式化的概念、判断和推理，亚里士多德的《范畴篇》《解释篇》和《分析篇》都属于对概念和判断的

---

① 〔德〕弗里德里希·黑格尔. 小逻辑〔M〕. 贺麟，译. 北京：商务印书馆，1980：172.

② 〔德〕弗里德里希·黑格尔. 小逻辑〔M〕. 贺麟，译. 北京：商务印书馆，1980：172.

推理演绎，康德称之为"分析论"；以知性形式把握辩证的或否定的理性的方面，辩证理性被知性化，被康德称之为"辩证论"的亚里士多德《论题篇》；以知性形式把握思辨的或肯定的理性的方面，此部分哲学史上并无直接对应逻辑理论，因康德为知性划界，知性无法通达彼岸世界，处于不可言说的神秘直观，知性思维无法跨越的界限，被排除在"逻辑"规定之外。黑格尔的辩证思维扬弃了知性思维的关照点——将知性思维、辩证思维和思辨思维皆安放于思辨的或肯定的理性环节，从思辨理性的立场反思知性、辩证的理性和思辨的理性，消解了知性逻辑形式的外在化，将三者以不同的方式统一于发展的全体之中。这样，知性摆脱了知性思维的绑架，知性思维是从属于整个思维全体的一个环节。

（三）知性思维内在化——扬弃

辩证思维将知性思维视为自己的首要前置环节，内蕴于自身之内，实质上就是从知性出发，经过一次对象化（自否定）抵达辩证的理性，因为事物都具有出离自身的对象化倾向，再次对象化（否定之否定）抵达思辨的理性，这不是再次呈现异化状态，而是从外在化向自身复归，也就是内在化，称之为"扬弃"。知性思维的内在化具体表现为扬弃，马克思将扬弃精确表述为，"扬弃是把外化收回到自身的、对象性的运动"①。异化和外化在马克思当下的语境是基本同义，所以知性思维的外在化是一种异化，从自身出发并向自身做复归运动，就是知性思维的内在化，表现为扬弃。

知性思维作为整个运思过程的一个环节，它有自身的任务，首先要明确承认事物的确定性和稳定性，否则就不会有后面的辩证思维和思辨思维，只有在知性思维阶段不做停留，既不做绝对化理解，也不做神圣化夸

---

① 马克思恩格斯文集：第1卷［M］. 北京：人民出版社，2009：216.

大，才能更好的实现自我复归，更好地扬弃自身而通达真理。这个内在化的过程不是一次性的动作完成，而是圆圈式渐进性自环，没有知性思维的非此即彼，就不可能有理性思维的亦此亦彼，理性不是对知性的否定，而是体味到知性的自我要求与渴望，通过将知性思维内化于思维全体中的方式，打破知性思维的自身局限，勾连无限和有限、无条件和有条件，实现对知性思维的自我扬弃。

三、对知性思维的澄明

（一）知性思维的特点和适用范围

知性思维，是通过知性范畴对感性直观后的材料进行整理解析，达到带有确定性的抽象规定。因此知性思维具有如下特点：（1）确定性。知性思维区别于其他思维方式，最为显著的特征就是其运思结果必然呈现"非此即彼"，在知性思维的使用范围内，A 就是 A，非 A 就是非 A。知性思维所获得的知识就是坚固而确定的。（2）抽象性。知性思维是进入思维运思全体的第一阶段，是从感性具体进入到抽象同一的门槛，通过解析的方式，剥离事物的相同点，建立抽象的普遍性。知性思维的抽象性是析取出有限条件下类事物相对不变的共相，既有别于感性的具体，也不同于理性的具体，根本原因还是知性思维自身的特点决定，不能理解事物的内在矛盾和外在关联，唯有继续跃升至辩证思维，在对立统一中整体把握事物，才能从抽象的空洞走向抽象的具体。知性思维形成的是抽象的静止概念，辩证思维是富有内容的具体概念。（3）片面性。知性思维的运思方式是对感性直观后的材料进行解析式考察和审视，对整体下的环节进行分割和拆解，在自然和历史中进行抽离和剥解，进而逐一加以研究考证。所以，知性思维的认识结果都是有限条件下的片面呈现。

对知性思维的绝对化理解容易导致"独断论"，对知性思维的神圣化僭越使用容易划入"形而上学",所以澄明知性思维的适用范围就显得十分必要。依据知性思维方式的三个特点,不难发现知性思维方式的适用范围。(1)日常应用范围。知性思维因为合乎常识,所以这种思维方式是"极为可信的。……常识在日常应用的范围内虽然是极可尊敬的东西"①。在日常应用的范围内,人们为了生存和方便沟通,达成一个普遍性的共识是非常有必要的,这便是常识。人们依据约定俗成的常识来规范日常的言行,此时常识的作用便是实现人与人之间的沟通,沟通需要稳定和持续,那么沟通的规范就必须具备明晰性和界限感。因此,在日常应用范围内,A就是A,不能同时是A又是非A,不然日常生活将会非常的混乱不堪,正是出于此种需要,人们的日常生活遵循知性思维的同一性规定。(2)科学活动范围。科学活动不满足定性的分析,更是关注定量的测算,运用抽象概念,建立抽象模型,解释客观世界,揭示事物背后规律的精准化、定量化和形式化的思维认知活动。科学活动超越了日常应用的常识,将最终认知呈现的直观性、非批判性和非实证性提升为抽象化、数理化和逻辑化。黑格尔明确承认知性思维在数学领域的重要作用,"在数学里,量就是排除了它的别的特性而加以突出的范畴"②。知性思维因遵从抽象同一律,实现从一个知性范畴过渡到另一个知性范畴,借以凸显其抽象同一性。(3)本体论哲学范畴。知性的思维方式自古希腊哲学就开始萌发,本体概念的最大特点就是抽象性和本原性,本体论的意义也是追寻本原的同一,传统本体论是按照知性思维的解释原则而构造,因为本体论追求的是万事万物的终极同一,现实世界的千奇百态都需要抽象归结或还原为"一",本质上是对世界"第一因"的追寻和探索。知性思维依据抽象同一的规律

---

① 马克思恩格斯文集:第9卷 [M]. 北京:人民出版社,2009:24.

② [德] 弗里德里希·黑格尔. 小逻辑 [M]. 贺麟,译. 北京:商务印书馆,1980:173.

构造出的世界本原具有高度抽象性和广泛普遍性。黑格尔曾竭力反抗知性思维，但其冗余庞杂的哲学体系却也无法摆脱知性思维这种"绝对的势力"的阴影笼罩，知性思维不仅适用于本体论哲学范畴，更是捍卫了传统本体论哲学体系。

（二）知性思维是国人欠缺的一种思维方式

知性思维一直是国人所欠缺的一种思维方式，大家对毛泽东所著《实践论》中的"去粗取精，去伪存真，由此及彼，由表及里"早已耳熟能详，从思维运思过程来说，都是从感性到理性的飞跃，但如何飞跃的过程却尚未详细提及，其实国人的思维方式更倾向于现实感受后的开悟，孔子的"有教无类"也有此意。总体说，从历史来看缺乏知性思维的训练习惯，讲理也是重规范轻逻辑。

国人务实不务虚，重视实践活动，而忽视纯概念推导，倡导"知行合一"的实践观，科学知识和实践活动必须相辅相成，重视科学认识，但更重视落实情况。这种高度重视实践活动的结果就是很难出现亚里士多德的"形而上学"等纯粹理论思维，这样的知性思维必须兼具概念准确明晰和形式确定规范两个方面，以确定性为最高追求取向，而实践活动无法摆脱不确定性的风险，不能更好地保证信息的传递和实践活动的有效完整。"知行合一"的实践观要求必须唤醒国人对知性思维的高度重视和正确认知，如何更好规避实践活动中可能遇到的各种风险成为需要进行重点考量，可行的路径之一便是用知性思维引导实践活动，知性思维可以确保知识概念的清晰明确，以此为前提，后续的推理和实践活动都可以在最大的程度上减少风险的发生。过度重视实践活动，轻视知性思维的前提性基础作用会埋下许多不安定因素。

国人忽视逻辑学，重视伦常规范。国人对于日常行为规范和社会关系非常重视，这种思维方式是人与人之间关系的伦常思维方式，是非全面、非科学的思维方式，逻辑学始终未成为主流，知性思维遵循的首要准则便是同一律。在同一运思过程中，对概念和判断的使用要求是同一意义下不可相互混淆，是形式逻辑的基本要求。黑格尔将知性思维的逻辑起点规定为同一律，而国人对于同一律的淡化直接造成了知性思维的边缘化。

（三）知性思维内在化是马克思对黑格尔辩证法合理内核的继承体现

首先应该明确的是黑格尔批判对直接性的知性思维进行外在化理解，认知结果势必带有强烈的抽象性和机械性。他主张一种与之对应的辩证思维方式，避免用知性思维的普遍抽象性范畴强行析解多样丰富的现实具体，这样只能得到思维概念下空洞的抽象同一，而是将知性思维作为整个运思整体的一个内置环节，不是整个思维过程的终点。在这个阶段，最大的特点是知性思维的结果总是和现实事物的直观具体相对立，黑格尔发现其优点，在理性和实践范围内，知性思维保证了认识的确定性和稳定性；缺点也很明显，因知性思维自身局限，容易陷入"非此即彼"的矛盾中。此时，知性思维不做阶段性停留，避免了怀疑主义和独断论，继续向辩证思维"复归"，进入到辩证思维阶段，主要的任务就是自否定，辩证法既然以否定作为结果，那么这样的结果必然包含了肯定性的理解，自身和自身的出离一定相互依存，没有对方，自身也将失去存在的意义。自然过渡到"最后"的思辨思维阶段，辩证法最终的结果呈现必然是肯定性的建构，而非否定性的无穷消解，所以最后一定是越来越丰富的具体，哲学必然从事和服务于具体的思想。可见，在矛盾中辩证地理解对立统一是知性思维内在化的核心所在，这是一个螺旋上升的过程，本质上就是知性思维经历了对象化，异化和扬弃一系列变化，让自身实现了"从抽象到具体"的内在化复归。

马克思对此观点认同的全体过程也是循环迭代的不断复归，直至《资本论》写作时期，再次重新研读了黑格尔的《逻辑学》，终于发现黑格尔辩证法的合理内核的革命要义，概念除了表征脱离现实的空洞抽象，经过知性思维内在化的处理，完全可以作为整个体系端点上的科学抽象，前提是其中包含了历史发展和社会现实的萌芽，这样一来，以此抽象出发，通过矛盾的不断自展开，终将实现抽象具体在思维进程中的全体再现——"具体的概念"。黑格尔的辩证方法已初具"自超越"的外在形态，但本质上还是对现实生发的一种逻辑猜想。因为黑格尔的出发点不是现实生活过程，而是从思维出发，通过逻辑世界中"空转"而来的对现实世界的哲学隐喻表达。马克思却是将现实作为出发点，从历史进程的维度加以理解和阐释，是一种历史生成性的辩证法，通过将知性思维内在化于整体思维进程中，经过辩证思维的对象化和思辨思维的扬弃式复归自身，马克思实现了对于黑格尔辩证法的彻底解构与超越。

参考文献

▲ 外文文献

［1］Lukács G. History and Class Consciousness：Studies in Marxist Dia-lectics ［M］. Cambridge：MIT Press，1972.

［2］Tamás Krausz. "Searching for Alternatives in Eastern Europe." Monthly Review，vol.4，no. 12（2019）.

［3］Vogel S. For and Against Nature ［J］. Rethinking Marxist，1999，11（4）：102-112.

［4］Alfred North Whitehead. Process and Reality ［M］. New York：The Free Press，1978：3.

［5］Maurice Merleau-Ponty. The Structure of Be-havior ［M］. Alden Fisher，Pittsburgh：Du-quesne University Press，2002.

［6］Theodor W. Adorno. Translated by E.B Ashton. Negative Dialec-tics ［M］. Routledge Press，2006：318.

［7］Theodor W. Adorno. Translated by E.B Ashton. Negative Dialec-tics ［M］. Routledge Press，2006：149.

［8］Gettier. "Is Knowledge Justified True Belief？" Analysis， vol. 6, no. 121–123（1963）.

［9］Baumberger，Christoph，Claus Beisbart and Georg Brun Arthur. What is Understanding? An overview of recent depbetes in epistemolgy and philosophy of science ［M］. Routledge，2004.

［10］Kareem Khalifa Arthur. Understanding，Explanation and Scientific Knowledge ［M］. Cambridge University，2017.

［11］Jon Elster.An Introduction to Karl Marx ［M］. Cambridge：Cambridge University Press，1986.

［12］Jon Elster. Making sense of Marx ［M］. Cambridge：Cambridge University Press，1985.

［13］Stepben Houlgate.Hegel. Nietzsche and the criticism of metaphysics ［M］. Cambridge：Cambridge university press，1986：123.

▲ 著作类

［1］马克思恩格斯文集（第1、2、3、5、8、9、10卷）［M］. 北京：人民出版社，2009.

［2］马克思恩格斯选集（第2、3、4卷）［M］. 北京：人民出版社，2012.

［3］马克思恩格斯全集（第3卷）［M］. 北京：人民出版社，1995.

［4］马克思恩格斯全集（第13卷）［M］. 北京：人民出版社，1962.

［5］马克思恩格斯全集（第19卷）［M］. 北京：人民出版社，1963.

［6］马克思恩格斯全集（第46卷上）［M］. 北京：人民出版社，1979.

［7］马克思恩格斯全集（第46卷下）［M］. 北京：人民出版社，1979.

［8］［德］卡尔·马克思. 剩余价值学说史（第1卷）［M］. 北京：人民出版社，1975.

［9］列宁全集（第55卷）［M］. 北京：人民出版社，2009.

［10］毛泽东选集（第1、2、3卷）［M］. 北京：人民出版社，1991.

［11］邓小平文选（第2、3卷）［M］. 北京：人民出版社，1993.

［12］中共中央党史研究室. 中国共产党简史［M］. 北京：中共党史出版社，2001.

［13］中共中央宣传部. 习近平新时代中国特色社会主义思想学习纲要［M］. 北京：学习出版社，人民出版社，2019.

［14］［德］哈贝马斯. 交往行为理论（第1卷）［M］. 曹卫东，译. 上海：上海人民出版社，2004.

［15］［德］弗里德里希·黑格尔. 法哲学原理［M］. 范扬，张企，译. 北京：商务印书馆，2007.

［16］［德］弗里德里希·黑格尔. 黑格尔著作集（第10卷）精神哲学［M］. 杨祖陶，译. 北京：人民出版社，2015.

［17］［德］弗里德里希·黑格尔. 黑格尔著作集（第3卷）精神现象学［M］. 先刚，译. 北京：人民出版社，2015.

［18］［德］弗里德里希·黑格尔. 精神现象学：上卷［M］. 王玖兴，译. 北京：商务印书馆，1979.

［19］［德］弗里德里希·黑格尔. 精神现象学：下卷［M］. 王玖兴，译. 北京：商务印书馆，1979.

［20］［德］弗里德里希·黑格尔. 逻辑学（上卷）［M］. 杨一之，译. 北京：商务印书馆，1976.

［21］［德］弗里德里希·黑格尔. 逻辑学（下卷）［M］. 杨一之，译. 北京：商务印书馆，1976.

［22］［德］弗里德里希·黑格尔. 小逻辑［M］. 贺麟，译. 北京：商务印书馆，1980：179.

［23］［德］弗里德里希·黑格尔. 哲学史讲演录（第二卷）［M］. 贺麟，王太庆，译. 北京：商务印书馆，2016.

［24］［德］弗里德里希·黑格尔. 哲学史讲演录（第四卷）［M］. 贺麟，王太庆，译. 北京：商务印书馆，2016.

［25］［德］弗里德里希·黑格尔. 哲学史讲演录（第一卷）［M］. 贺麟，王太庆，译. 上海：上海人民出版社，2013.

［26］［德］康德. 纯粹理性批判［M］. 邓晓芒，译. 北京：商务印书馆，2004.

［27］［德］康德. 判断力批判［M］. 邓晓芒，译. 北京：人民出版社，2002.

［28］［德］康德. 实践理性批判［M］. 邓晓芒，译. 北京：人民出版社，2003.

［29］［德］莱布尼茨. 人类理智新论［M］. 陈修斋，译. 北京：商务印书馆，2010.

［30］［德］文德尔班. 哲学史教程（上卷）［M］. 罗达仁，译. 北京：商务印书馆，2015.

［31］［德］文德尔班. 哲学史教程（下卷）［M］. 罗达仁，译. 北京：商务印书馆，2015.

［32］［德］谢林. 先验唯心论体系［M］. 梁志学，石泉，译. 北京：商务印书馆，1997.

［33］［俄］索洛维约夫. 西方哲学的危机［M］. 李树柏，译. 杭州：浙江人民出版社，2002：46.

［34］［法］卢梭. 论人与人之间不平等的起因和基础［M］. 李平沤，

译. 北京：商务印书馆，2007.

[35][法] 孟德斯鸠. 论法的精神 [M]. 许明龙，译. 北京：商务印书馆，2007.

[36][荷] 斯宾诺莎. 知性改进论 [M]. 贺麟，译. 北京：商务印书馆，2017.

[37][美] 马尔库塞. 现代文明与人的困境——马尔库塞文集 [M]. 李小兵，译. 北京：三联出版社，1989.

[38][匈] 卢卡奇. 历史与阶级意识 [M]. 杜章智，任立，燕宏远，译. 重庆：重庆出版社，1989.

[39][意] 德拉-沃尔佩. 卢梭和马克思 [M]. 赵培杰，译. 重庆：重庆出版社，1993.

[40][英] 阿瑟. 新辩证法与马克思的《资本论》[M]. 高飞，译. 北京：北京师范大学出版社，2018.

[41][英] 乔治·贝克莱. 人类知识原理 [M]. 关文运，译. 北京：商务印书馆，2017.

[42][英] 波普尔. 猜想与反驳 [M]. 傅季重，译. 上海：上海译文出版社，1986.

[43][英] 霍夫曼. 实践派理论和马克思主义 [M]. 周裕昶，杜章智，译. 北京：社会科学文献出版社，1988.

[44] 北京大学哲学系外国哲学史教研室. 西方哲学原著选读（上）[M]. 北京：商务印书馆，1981.

[45] 邓晓芒. 黑格尔辩证法讲演录 [M]. 北京：北京大学出版社，2005.

[46] 邓晓芒. 康德哲学讲演录 [M]. 桂林：广西师范大学出版社，2008.

［47］邓晓芒.实践唯物论新解：开出现象学之维［M］.武汉：武汉大学出版社，2007.

［48］邓晓芒.思辨的张力［M］.北京：商务印书馆，2008.

［49］邓晓芒.思辨的张力——黑格尔辩证法新探［M］.北京：商务印书馆，2008.

［50］高清海.马克思主义哲学基础：上册［M］.北京：北京师范大学出版社，2012.

［51］高清海.马克思主义哲学基础：下册［M］.北京：北京师范大学出版社，2012.

［52］高清海.哲学与主体自我意识［M］.北京：北京师范大学出版社，2017.

［53］郭忠义，侯亚楠.中国奇迹与意识形态［M］.北京：中国社会科学出版社，2018.

［54］郭忠义.经济转轨与制度理念变迁［M］.沈阳：辽宁大学出版社，2001.

［55］郭忠义.社会理性与市场经济的兴起［M］.北京：经济科学出版社，2001.

［56］贺来.辩证法的生存论基础：马克思辩证法的当代阐释［M］.北京：中国人民大学出版社，2004.

［57］李西祥.马克思历史辩证法研究——历史唯物主义的辩证法阐释［M］.北京：中国社会科学出版社，2012.

［58］李泽厚.马克思主义在中国［M］.北京：生活·读书·新知三联书店，1988.

［59］陆杰荣.形而上学与境界［M］.北京：中国社会科学出版社，2006.

［60］陆杰荣，等．形而上学研究的几个问题［M］．北京：中国社会科学出版社，2012.

［61］［英］罗素．西方哲学史［M］．何兆武，译．北京：商务印书馆，2001.

［62］孙利天．论辩证法的思维方式［M］．北京：吉林人民出版社，2006.

［63］孙利天．让马克思主义哲学说中国话［M］．武汉：武汉大学出版社，2010.

［64］孙正聿．理论思维的前提批判［M］．北京：中国人民大学出版社，2010.

［65］孙正聿．马克思主义辩证法研究［M］．北京：北京师范大学出版社，2012.

［66］孙正聿．马克思主义哲学智慧［M］．北京：现代出版社，2016.

［67］孙正聿．孙正聿哲学文集（第5卷）［M］．长春：吉林人民出版社，2007.

［68］［美］弗兰克·梯利．西方哲学史［M］．葛力，译．北京：商务印书馆，1979.

［69］王福生．求解"颠倒"之谜：马克思与黑格尔理论传承关系研究［M］．北京：中国社会科学出版社，2010.

［70］王国坛．感性的超越［M］．沈阳：辽宁大学出版社，2005.

［71］王国坛．马克思对传统感性思想的超越与重建［M］．北京：中国社会科学出版社，2012.

［72］王南湜．辩证法：从理论逻辑到实践智慧［M］．武汉：武汉大学出版社，2011.

［73］习近平．决胜全面建成小康社会夺取新时代中国特色社会主义伟

大胜利——在中国共产党第十九次全国代表大会上的报告［M］. 北京：人民出版社，2017.

［74］杨耕. 为马克思辩护［M］. 哈尔滨：黑龙江人民出版社，2002.

［75］俞吾金. 被遮蔽的马克思［M］. 北京：人民出版社，2012.

［76］俞吾金. 问题域的转换——对马克思和黑格尔关系的当代解读［M］. 北京：人民出版社，2007.

［77］俞吾金. 重新理解马克思［M］. 北京：北京师范大学出版社，2013.

［78］张世英. 论黑格尔的逻辑学［M］. 上海：上海人民出版社，1981.

［79］张一兵. 回到马克思［M］. 南京：江苏人民出版社，1999.

［80］张一兵. 马克思历史辩证法的主体向度（第三版）［M］. 武汉：武汉大学出版社，2010.

［81］赵敦华. 西方哲学简史［M］. 北京：北京大学出版社，2008.

［82］周辅成. 西方伦理学名著选集（下卷）［M］. 北京：商务印书馆，1987：211-212.

▲ 中文期刊类

［1］Е. П. 西特科夫斯基. 论理性和知性的辩证法［J］. 哲学译丛，1981（6）.

［2］白刚. 从"概念辩证法"到"资本辩证法"［J］. 江海学刊，2009（02）.

［3］白刚. 当代马克思辩证法研究的三个问题［J］. 天津社会科学，2012（7）.

［4］白刚. 当代中国马克思辩证法研究的四大范式［J］. 教学与研究，

2007（10）.

[5] 白刚. 马克思的资本辩证法——辩证法的革命与革命的辩证法 [J]. 江苏社会科学，2010（3）.

[6] 丛大川. 论马克思对黑格尔辩证法颠倒的特点 [J]. 学习与探索，1995（4）.

[7] 崔唯航. 重思"颠倒"之谜 [J]. 南京大学学报，2011（6）.

[8] 邓晓芒. 马克思的黑格尔哲学批判对重建形而上学的启示 [J]. 湖北社会科学，2020（01）.

[9] 高广旭. 存在论阐释与辩证法的理论本性 [J]. 长白学刊，2015（05）.

[10] 高清海，孙利天. 马克思的哲学观变革及其当代意义 [J]. 天津社会科学，2001（5）.

[11] 高清海，孙利天. 哲学的终结与人类生存 [J]. 江海学刊，2003（5）.

[12] 高清海. 人的类生命、类本性与"类哲学"[J]. 长白论丛，1997（2）.

[13] 高清海. 人的天人一体本性——转变对"人"的传统观念 [J]. 江海学刊，1996（3）.

[14] 郭忠义，郭彦辰. 从意识形态的范式变革看中国化马克思主义哲学的逻辑演进 [J]. 党政干部学刊，2010（8）.

[15] 郭忠义，贺长余. 黑格尔辩证法的"否定性"界说质疑 [J]. 哲学动态，2013（4）.

[16] 郭忠义，贺长余. 论辩证法的范式变迁 [J]. 社会科学，2013（2）.

[17] 郭忠义，侯亚楠. 从制高点到地平线——社会主义市场经济的伦

理底线探析 [J]. 求是学刊，2017，44（2）.

[18] 郭忠义，侯亚楠. 唯物史观视域中的"中国道路"[J]. 社会科学，2017（8）.

[19] 郭忠义，王鹏. 论马克思辩证法的时代精神品格 [J]. 辽宁大学学报（哲学社会科学版），2012，40（2）.

[20] 郭忠义，王鹏. 唯物辩证法的前提重建 [J]. 社会科学辑刊，2012（3）.

[21] 郭忠义. 改革开放与辩证精神的回归 [J]. 哲学研究，2011（6）.

[22] 郭忠义. 中国道路：改革开放的时代精神逻辑 [J]. 湖南社会科学，2017（5）.

[23] 郝立忠. 从"两个对子"到"两大形态"[J]. 哲学研究，2003（10）.

[24] 何萍. 马克思历史辩证法的理性结构 [J]. 南京大学学报，2012（5）.

[25] 贺来."思维"与"存在"的异质性与辩证法的批判本质 [J]. 天津社会科学，2015（03）.

[26] 贺来. 论辩证法的生命智慧 [J]. 长白学刊，2000（1）.

[27] 刘福森. 从实践唯物主义到历史唯物主义 [J]. 理论探讨，2001（6）.

[28] 刘福森. 马克思哲学研究中的方法论问题——实践唯物主义与历史唯物主义之争的理论实质 [J]. 现代哲学，2015（4）.

[29] 刘国章. 马克思唯物辩证法的新探索 [J]. 安徽大学学报，2008（1）.

[30] 刘同舫. 启蒙理性及现代性：马克思的批判性重构 [J]. 中国社会科学，2015（02）.

〔31〕陆杰荣，王国富. 论马克思现实性哲学内在蕴涵的形而上维度〔J〕. 马克思主义与现实，2008（03）.

〔32〕陆杰荣. 从西方形而上学的内在逻辑看马克思哲学变革的实质〔J〕. 马克思主义研究，2004（6）.

〔33〕陆杰荣. 形而上学的"在世"规定及其"实践"功能〔J〕. 社会科学辑刊，2010（2）.

〔34〕吕梁山. 现代性的理性维度及其中国境遇〔J〕. 学习与探索，2016（5）.

〔35〕马启民. 毛泽东思想的重要遗产："走自己的路"思想研究〔J〕. 西安建筑科技大学学报（社会科学版），2021（03）.

〔36〕叔贵峰，符越. 马克思辩证法方法论的理论来源及其运用——基于哲学辩证方法对科学方法的超越视角〔J〕. 辽宁大学学报（哲学社会科学版），2019，47（02）.

〔37〕叔贵峰，张笑笑. 马克思哲学中辩证思维的反思结构〔J〕. 湖南社会科学，2018（06）.

〔38〕叔贵峰，周帅辰. 高清海"类哲学"对辩证法"自否定"原则的当代推进〔J〕. 天津社会科学. 2021（02）.

〔39〕叔贵峰. 辩证法能取代形而上学吗？——从思维方式看辩证法与形而上学之间的关系进〔J〕. 沈阳师范大学学报（社会科学版），2006（03）.

〔40〕叔贵峰. 青年黑格尔派宗教批判原则的逻辑演进〔J〕. 哲学研究，2012（06）.

〔41〕孙承权. 是自然辩证法还是历史辩证法——西方马克思主义的辩证法观论析〔J〕. 学习与探索，2012（1）.

〔42〕孙利天. 关于辩证法的十点意见〔J〕. 人文杂志，1989（3）.

［43］孙利天．论辩证法的人生态度和理想［J］．吉林大学社会科学学报，1993（2）．

［44］孙利天．马克思的唯物史观对黑格尔辩证法的颠倒［J］．马克思主义与现实，2008（2）．

［45］孙利天．信仰的对话：辩证法的当代任务和形态［J］．社会科学战线，2003（6）．

［46］孙琳．现象学与辩证法：哈贝马斯重构合理性的方法论探讨［J］．江汉论坛，2020（01）．

［47］孙正聿．辩证法：黑格尔、马克思与后形而上学［J］．中国社会科学，2008（3）．

［48］孙正聿．辩证法与精神家园［J］．天津社会科学，2008（3）．

［49］王福生．重思《巴黎手稿》中的异化概念［J］．吉林大学学报，2014（3）．

［50］王国富，王双双．马克思历史确定性理论及其辩证维度［J］．辽宁大学学报（哲学社会科学版），2014，42（04）．

［51］王国富．从形而上到形而上学——西方哲学对确定性的执着追求［J］．辽宁工业大学学报（社会科学版），2009，11（04）．

［52］王国富．论本体论思维方式的困境及其实践论阐释［J］．社会科学战线，2004（05）．

［53］王国富．论马克思哲学对绝对超越论的实践超越［J］．社会科学战线，2010（07）．

［54］王国坛，高跃．在批判旧世界中发现新世界——马克思哲学方法论研究［J］．北方论丛，2014（06）．

［55］王国坛，王东红．在实践基础上实现人与自然的和解［J］．哲学研究，2009（05）．

［56］王国坛．"实践观点之后"与实践客观性问题［J］．学习与探索，2008（6）．

［57］王南湜．马克思哲学阐释中的黑格尔主义批判［J］．社会科学战线，2008（3）．

［58］王南湜．毛泽东实践智慧的辩证法——马克思主义辩证法疆域的中国式拓展［J］．哲学研究，2021（09）．

［59］王南湜．认真对待马克思的"历史科学"概念——关于历史唯物主义理论特征的再理解［J］．哲学研究，2010（1）．

［60］王南湜．作为实践智慧的辩证法［J］．社会科学战线，2003（6）．

［61］王庆丰．柏拉图与辩证法的开端［J］．长白学刊，2010（4）．

［62］王庆丰．如何理解马克思辩证法的批判本质［J］．江西社会科学，2013（10）．

［63］王天成．从人学到形而上学［J］．吉林大学社会科学学报，2013（1）．

［64］王天成．黑格尔概念辩证法中的个体生命原则［J］．天津社会科学，2005（2）．

［65］王天成．黑格尔形而上学维度的革新［J］．吉林大学社会科学学报，2007（4）．

［66］王天成．黑格尔知性理论概观［J］．吉林大学社会科学学报，2010（3）．

［67］王天成．生命意义的觉解与辩证法的任务［J］．吉林大学社会科学学报，2005（7）．

［68］王天成．形而上学重建的基本路径［J］．社会科学辑刊，2013（2）．

［69］王晓升．形而上学经验如何可能——阿多诺的形而上学构想及其启示［J］．马克思主义与现实，2020（12）．

［70］习近平．辩证唯物主义是中国共产党人的世界观和方法论［J］．思想政治工作研究，2019（2）．

［71］习近平．在庆祝改革开放40周年大会上的讲话［J］．前进，2019（1）．

［72］习近平．在庆祝中国共产党成立95周年大会上的讲话［J］．党的文献，2016（4）．

［73］谢伟思．他目光远大［J］．党史通讯，1983（20）．

［74］颜青山．知性的概念史与知性哲学［J］．学术月刊，2021（06）．

［75］杨国斌．卢卡奇：从自然辩证法到历史辩证法［J］．河南师范大学学报（哲学社会科学版），2005（03）．

［76］姚大志．什么是辩证法［J］．社会科学战线，2003（6）．

［77］张盾．在什么意义上黑格尔辩证法是马克思哲学变革的思想源头［J］．复旦学报，2007（3）．

［78］赵松．辩证法的历史形态：从朴素辩证法到实践辩证法的发展［J］．学习与实践，2018（10）．

▲ 学位论文类

［1］白刚．瓦解资本的逻辑——马克思辩证法的批判本质［D］．长春：吉林大学，2006．

［2］付威．阿多诺"否定的辩证法"研究［D］．沈阳：辽宁大学，2014．

［3］韩志伟．实践与辩证法——从对象性思维方式到实践性思维方式［D］．长春：吉林大学，2004．

［4］贺长余. 从革命到发展［D］. 沈阳：辽宁大学，2013.

［5］侯亚楠. 唯物史观视域中的"中国道路"研究［D］. 沈阳：辽宁大学，2017.

［6］李建萍. 辩证法与生命——从黑格尔的精神到马克思的生产［D］. 长春：吉林大学，2019.

［7］李明. 中国改革实践的理性逻辑研究［D］. 沈阳：辽宁大学，2016.

［8］彭双贞. 辩证法与唯物史观的内在统一——马克思辩证法的理论变革［D］. 长春：吉林大学，2022.

［9］石阔. 从思辨辩证法到实践辩证法［D］. 长春：吉林大学，2009.

［10］石燕. 马克思恩格斯辩证法思想及其在当代中国的运用和发展［D］. 合肥：安徽大学，2017.

［11］孙旭武. 现实与逻辑——论马克思对黑格尔辩证法的颠倒及其意义［D］. 长春：吉林大学，2010.

［12］王福生. 从思辨到革命——马克思对黑格尔辩证法的颠倒［D］. 长春：吉林大学，2004.

［13］王鹏. 论"中国奇迹"背后的辩证精神［D］. 沈阳：辽宁大学，2012.

［14］张吴奇. 辩证法的构成：从黑格尔到马克思［D］. 上海：华东师范大学，2022.

［15］张宗艳. 黑格尔思辨概念研究［D］. 长春：吉林大学，2013.